本丛书为青岛地方文化研究中心和青岛大学中国文化海外影响力协同创新中心重点规划项目。

本丛书获青岛市社科规划办立项，丛书的出版得到青岛市社科规划办及青岛大学中国文化海外影响力协同创新中心的资助。

崂山
文化研究丛书

崂山文化名人考略

窦秀艳 杜中新 著

人民出版社

《崂山文化研究丛书》总序

　　崂山位于齐地之东部，僻处海滨，砥柱洪流，在很长的历史时期里，都属于人迹罕至之地。然崂山之名，不仅在历史上很早就广为人知，而且在当代国际社会，也堪称是东方名城青岛的特殊标志。在国外，如果有人知道崂山而不知道青岛，也许并不是一件不可理解的事。

　　崂山美名的广泛传播，固然与其"三围大海，背负平川，巨石巍峨，群峰峭拔"[①]、深幽而罕见的自然风光不无关系。而就实际的情形来看，道教及与之相关的一系列神秘文化，也许是引起古今中外人士关注崂山的更重要的因素。在崂山道教正式诞生之前，齐地即已因方仙道、黄老之学以及黄老道而闻名遐迩。这不仅构成了崂山道教特有的显赫"家世"，也成为其后来植根深厚、叶茂枝繁的地域文化沃壤。因此，从汉代的张廉夫、唐末五代的李哲玄，到北宋的华盖真人刘若拙，再到金元之际的全真诸高道，都不约而同地选择崂山作为隐居、修道之所，可谓英雄所见略同。崂山道教后来能发展为"道教全真天下第二丛林"，出现"九宫八观七十二庵"的盛况，虽离不开全真教历代高道的大力弘扬，但神秘独特的自然环境与悠久深厚的文化传统，更是缺一不可的。

　　崂山道教的发展，进一步提升了崂山的知名度。从明代万历年间起，佛教中人也开始把目光投向这里，但道教在这里有深厚的根基，晚

---

　　① 《道藏》第25册，文物出版社、山海书店、天津古籍出版社联合出版，1988年版，第819页。

来的佛教注定无法占据上风。憨山、自华、慈霑，虽然都是僧人中的佼佼者，但憨山所建海印寺在万历佛道之争中被毁，即墨黄氏、周氏两大家族为自华所建的洪门寺（又名西莲台），到了清代乾隆末年就已倾圮。只有慈霑任第一代住持的华严庵，经数次重建，后更名为华严寺，至今仍存，这也是崂山目前唯一的佛寺。虽然崂山佛教远不如道教兴盛，但同样不可忽略。

山海胜境、神仙传统，吸引了道、佛二教，而这三大资源的汇合，进而引发了世人无穷的好奇之心。虽然道路崎岖难行，历代仍不乏名人雅士前来探胜观光。直到德国占领青岛期间（1897—1914），开辟登山通道十六条。此后，沈鸿烈主政青岛时期（1932—1937），进山道路得到进一步的修缮，游人更是接踵而至。而古今文人墨客来游者，往往将人生之悟、身世之慨与山水之美融为一体，即兴为文。岁月沉积既久，不仅道佛文化自成体系，自有历史，名人也为崂山日益增色，他们留下的那些流布人口、传之后世的诗词文赋，更成为崂山人文的重要组成部分，使这座清奇幽深的名山，增加了更加丰富深沉的人文意味。因而，梳理、总结崂山之人文，也就显得更加重要。在这方面，古人已经做了很多，从明末黄宗昌撰写第一部《崂山志》、近代太清宫道士周宗颐撰写《太清宫志》起，修撰各类《崂山志》及探究崂山道教历史发展者，实在不乏其人。因而，崂山宗教文化与历史、来游崂山的名人及其诗文著述，已在无形中构成了人文崂山的重要组成部分。尤其在每年前来崂山的游人动辄过千万①的今日，把崂山文化以通俗易懂的方式，准确地

---

① 据崂山区统计局《2012年崂山区国民经济和社会发展统计公报》、《2013年崂山区国民经济和社会发展统计公报》，2012年崂山区接待海内外游客995万人次，其中，国内游客863.5万人次，入境游客131.5万人次；2013年接待海内外游客1147万人次，其中，国内游客1119万人次，入境游客28万人次。分别见崂山区委区政府门户网站"崂山统计局"，http://tjj.laoshan.gov.cn/n206250/n500254/index.html，2013年2月5日、2014年2月21日。

介绍给所有海内外游客，就显得更为重要。

这样的一种认识，对我们来说并非一时的心血来潮。早在笔者初到青岛工作的 1992 年，就发现崂山道教史及文化史的相关介绍中，存在着不少似是而非的问题。1993 年 9 月 15 日至 18 日，中国旅游协会旅游文学专业委员会（中国旅游文学研究会）第六届年会暨 93 青岛国际旅游文化研讨会在青岛市召开，会议由青岛大学文学院具体承办。笔者当时提交的论文是《崂山道教及其在中国道教史上的地位》（后刊于《东方论坛》1995 年第 3 期），这是我探讨崂山道教文化最早的一篇文章。自此之后的二十多年来，我本人断断续续写了一些有关崂山道教、崂山志或崂山文化的文章，也尽可能收集了与崂山文化有关的典籍。其间，还在青岛市崂山文化研究会中负责过宗教文化专业委员会的工作。研究会出版的《崂山研究》第一辑（中国海洋大学出版社 2006 年版）、第二辑（中国海洋大学出版社 2008 年版）所收的一批论文，也可以看作是在上述认识的指导下，组织部分师友所做的一点工作。当时的参与者，有两位也是本丛书的作者。

经过多年的思考和准备，我们逐渐形成了选择典型的专题和典籍对崂山文化进行系统整理的思路。苑秀丽教授与笔者共同出版的《崂山道教与〈崂山志〉研究》（中国社会科学出版社 2011 年版）一书，是这项研究工作的第一部著作。与此同时，我们启动了本丛书的写作。丛书围绕典型专题与代表性典籍两大重点，首先选定了如下七本著作作为第一批研究课题：

《崂山道教与佛教研究》，通过历史文献和田野调查的方式，全面收集崂山道教、佛教的相关史料，对崂山宗教的发展历史、重要事件、高僧高道、宫观兴废等进行系统、深入的研究，考镜源流，订正讹误，在前人研究基础上，对崂山道教、佛教做进一步深入的探讨。

《崂山文化名人考略》，对先秦至近现代的崂山文化名人进行全面梳理，将一千多位崂山文化名人分为本籍文化名人、寓居文化名人、记游文化名人、宗教文化名人四大类，对他们的生平和与崂山相关的事迹及著述等进行研究和考证，增补前人著述之缺漏，订正以往研究之舛误。尽可能完成一部集学术性、工具性、资料性为一体的崂山文化名人研究著作。

《崂山志校注》，对明末即墨人黄宗昌父子所撰的第一部《崂山志》进行全面的校勘、整理和注释。以民国二十三年（1934）本为底本，仔细参校手抄本、民国五年（1916）本《崂山志》及嘉庆十三年（1808）刻本《崂山名胜志略》等其他 7 个版本，对各本择善而从。同时，纠正以往各本失误，并广泛参考各种相关书籍，对书中的难解字词、重要事件、历史人物、典章制度、宗教知识等，做出准确、简洁、通俗的注释。力争为读者提供一个最好的《崂山志》校注本。

《劳山集校注》，《劳山集》为近人黄公渚（1900—1965）歌咏崂山美的专集，收词 137 首，诗 138 首，游记 13 篇。在众多歌咏崂山的文集中，地位独特，成就突出，甚至可以说至今无人能出其右。《劳山集》初印于香港，无标点，且在内地从未正式刊印。本书首次对《劳山集》进行标点、校勘、注释，并对黄公渚生平、创作、学术等做了初步研究，是国内外第一部《劳山集》标点排印本和校注本。

《周至元诗集校注》，周至元（1910—1962）著有《崂山志》、《游崂指南》、《崂山名胜介绍》等多部介绍崂山的著作。其《崂山志》也是黄宗昌《崂山志》之后最具代表性的一部。他存世的一千余首诗歌，也多写崂山，但至今没有一个全本。本书以周至元子女自费印刷的《周至元诗文选》（1999 年）、《懒云诗存》（2007 年）为基础，全面搜集周至元存世诗歌，并做了详细的校勘、注释和订讹，是收集周至元诗歌最全的第一个注释本。

《崂山诗词精选评注》，从历代数千首崂山诗词中精选了从唐代至近代一百五十多位诗人歌咏崂山的诗、词二百余首，每首诗词在原文下，均介绍作者生平事迹，疏解难解字词，并从诗词内容和艺术特点切入，对诗词加以简要的评析。

《崂山游记精选评注》，从各种文献记载的众多崂山游记中，精选29篇游记，对每篇游记进行细致校勘，纠正前贤的校点失误，对难解字句、典章制度、宗教知识等做了通俗的注解，并从艺术上做了简洁的评析。

上述七部著作，或立足于崂山道教佛教和文化名人，或选择最具代表性的崂山文化典籍，或精选历代崂山游记和诗词中最有代表性的篇章，以点面结合、突出重点的方式，对崂山文化最有代表性的部分，进行研究和整理，将其中最精华的部分介绍给读者。我们相信《丛书》的出版，将为读者也为海内外游客了解青岛和崂山开启一扇全新的窗户，对于提升崂山和青岛知名度、推动地方旅游发展，改变青岛文化底蕴相对不足的现状，都将起到积极的促进作用。

七部著作均为青岛市委宣传部与青岛大学合作共建的青岛地方文化研究中心的规划项目，分别在2013年和2014年，获批为青岛市社科规划办重点资助项目。青岛市委宣传部理论处处长、规划办主任王春元博士及相关评审专家，对项目给予了高度肯定。他们的鼓励和支持，是我们完成丛书不可缺少的动力；我校分管文科的副校长夏东伟教授，科研处张贞齐处长，社科办主任、科研处副处长欧斌教授，也都始终关注着项目的进展。正是他们的支持，丛书才得以在较快的时间内完成并面世。在此要首先表示真诚的感谢！

丛书出版过程中，人民出版社以贺畅老师为代表的一批优秀编辑和校对，对书稿内容多有订正，其严谨的编校作风，扎实的专业功底，不仅使丛书消除了很多失误和不足，也给我们留下了很深的印象。在此我愿代表课题组全体成员，表达崇高的敬意和谢意！

　　丛书的作者都是高校研究中国古代文学和传统文化的教师，没有大家数年来的共同努力，这套丛书也许还在进行中。重点研究以山海胜境和神仙传统为依托而形成的宗教文化、名人（家族）文化及各类重要典籍，是包括课题组成员、青岛市古典文学研究会成员在内的一批在青工作的同道，对青岛地方文化研究坚持多年的一个基本思路，也是我们多年来"中心藏之，何日忘之"的愿望。如果这套丛书的出版能成为一个良好的开端，为地方文化研究的深入起到抛砖引玉的作用，则正是我们所衷心期望的。

刘怀荣

2015 年 4 月 8 日于青岛大学

目　　录

前　言

　　崂山，地处山东半岛东南部，它以巨峰为中心，分别向外延伸出 4 个主要支脉：巨峰支脉、三标山支脉、石门山支脉和午山支脉。其余脉，"北至即墨市，西抵胶州湾畔，西南延伸到青岛市区"①。崂山固以山海奇观著称于世，素有"神宅仙窟"、"海上名山第一"的美誉，古语云"泰山自然高，不如东海崂"。作为中华文化名山、中国道教文化发祥地之一，崂山"蒸云变霞，酝灵蓄秀"，它不但孕育了不其太史房凤、易学家胡翔瀛等无数"才哲国华"，缔造了崂山厚重的山海文化，而且以其峰峦特秀、水势漾洄吸引了一批又一批骚人名士养志修道、登临览胜。在这里，秦皇汉武求仙问药、逄萌养志修道、郑玄濡墨涵养、李白餐霞食枣，他们留下了精美绝伦的诗词美文和懿行佳话，为崂山文化增光添彩。

　　作为山东地方文化的重要代表，崂山文化历史悠久，积淀深厚，它孕育于古东夷文明，是土生土长的，具有鲜明的地方特色；同时它又是多元的，在传承和发展过程中兼收并蓄，古今融汇，土洋结合，儒释道合一。在两千多年的历史长河中，在崂山文化的缔造和传承中，崂山人才辈出，文化名人璀璨，他们或者是本籍，或者是寓居，或者是游历，或者是出家入道；或者在朝从政为官，或者在野务农、经商、讲学；或者精通诗词文赋，或者擅长音律书画；或者寄情于山海，或者栖心于田

---

　　① 《青岛市志·崂山志》"第一章 地理环境"，青岛市史志办公室编，新华出版社 1999 年版。

园，都通过多种形式与崂山发生着联系。他们在崂山生活和游历的足迹，特别是他们对崂山的记录、吟咏和描绘，丰富了崂山文化的内涵，成就了崂山文化的辉煌，也使崂山声名远播、名扬天下，正如明代文人陶允嘉所言："夫此一崂也，得祖龙而始名，得太白而始显，得邱处机而始大显，地固以人哉。"（《游崂山记》）莱阳名士张允抡在黄宗昌《崂山志》序中也说："山之高深，以人为高深者也，无人，则山不灵。"

对崂山历史文化名人，不少史志典籍中都有著录，但由于许多人物生活的年代距今比较久远，他们的资料存世不多，流传不广，加上典籍芜杂甚至散落，有些人物我们至今尚缺乏全面深入的了解，对其生平、字号、爵里、诗词、题刻、著述等还没有准确的记录。如明御史蓝田十二世孙蓝水（1911—2004），原名桢之，号东厓，留有咏崂山诗数百首，其《八水河玉龙瀑》诗较为有名，流传甚广。但不少著者把蓝桢之视为清代人，甚至有人称其为"清代进士"。这种因姓名、字、号不同而把同一个人误为多人的情况较为常见，而同时也有把不同的人误为同一个人的情形。如明代鳌山卫人王九思，因字为"敬夫"，有著者误将其与史称明"前七子"之一的陕西鄠县进士、曾任吏部主事和郎中的王九思（字敬夫，号渼陂）混同一人。名人题刻是崂山重要的人文景观，是崂山作为文化名山的重要标志和象征，但由于长年的风雨剥蚀，加上人为破坏，许多题刻已经不存，遗存下来的题刻也有不少已漫漶难辨。即使是保存完好的题刻，因书法字体等因素，也可能出现辨识错误。如崂山巨峰南侧最高处留有民国时期青岛市工务局局长邢契莘所书"思危"石刻，其下草书镌刻："余掌青市工务五载有馀，披荆斩棘，深惭无忆。值兹国家多故，每登此山，若懔冰渊，爰镌此以谂来兹。中华民国廿六年四月，嵊县邢契莘。"有著者误将"工务"作"公务"，将"若"作"谷"，将"懔"作"怀"，将"冰渊"作"水润"，将"爰"作"爱"，将"谂"作"念"，将"莘"作"华"（或作"草"）。而因传抄之误造成的以讹传讹则更为普遍，如将"惟此独尊"

误为"唯此独尊",将"海东灵秀"误为"东海灵秀",将"陈介卿"误为"陈永日",等等。崂山文化名人及其作品是一种独特的资源,对崂山文化的缔造者和传承者进行挖掘和研究,是当代文史工作者的责任和使命。特别是在网络信息化高度发达的今天,加强对崂山文化名人的"保护性开发和研究"显得尤为迫切。近年来在对崂山文化的研究中,可谓成果丰硕,出版有关崂山历史文化研究的刊物、专著上百种,发表有学术论文数百篇。既有崂山艺文作品的整理纂辑,也有对崂山山水名胜景观的介绍,既有关于崂山掌故传说故事的记录,也有对崂山建筑、音乐、宗教、历史和人物的研究,等等。这些研究成果为我们了解和进一步研究崂山文化和文化名人提供了重要的借鉴和参考。我们的这部著作就是在前辈学人研究的基础上完成的。

本书以崂山文化名人为研究对象,全面搜集整理从古迄今对崂山文化形成、发展和传播作出贡献或有影响的人物,并借鉴前人的分类标准,将他们大致分为本籍文化名人、寓居文化名人、记游文化名人、宗教文化名人等四大类。对每位人物的时代、生平、爵里、字号、主要文化活动和文化成就予以著录,并侧重于揭示他们与崂山和崂山文化的关系,突出其对崂山文化的形成和传播中的贡献。对收录的每一位人物,我们都广泛查阅史志典籍、存世家乘族谱以及研究著作,然后对掌握的各种资料详加考辨。如为了考辨明代鳌山卫人王九思的生平,我们查阅了《鳌山王氏族谱》、清顺治《光州志》卷二"秩官·州判"、乾隆《光州志》卷十四"秩官志"、光绪《新修阌乡县志》卷十三"职官表一"、乾隆《临晋县志》卷二"令尹篇"、光绪《获鹿县志》卷十"官师志"、民国《临晋县志》卷六"职官谱"以及《山东通志》《即墨县志》等,知其为明正德十二年(1517)岁贡,在明嘉靖时曾任河南府阌乡主簿、汝宁府光州州判,后升山西平阳府临晋县知县,调北直隶真定府获鹿县知县,与明弘治九年(1496)进士王九思实非一人。对部分文化名人的生卒年,我们也进行了补充和考证。如清代文人黄坦,清同治《即墨县志》称其为康熙癸卯(1663)举人,"恬淡不慕荣利,坐卧图史中以自娱。书法出入晋唐，诗古文词雄深雅健，下逮宋元词曲，无弗赡也。主骚坛数十年，为同邑诗人之冠"，《即墨县志·艺文志》《黄氏家乘》《黄氏诗钞》以及许多诗文集都收录其作品，但此前史志书籍中都未有其生卒年的明确记载。通过对《黄氏家乘》中所收诗文集序、记、铭、引以及黄垍传、墓志铭等的研究，我们不仅可以略知其生平事迹，而且准确地推知其出生于明崇祯二年（1629），卒年不晚于清康熙甲戌年（1694）。清代胶州文人张谦宜，一生著述宏富，但对其生平，长期以来一直存在模糊认识，道光《重修胶州志》、民国《增修胶志》和宣统《山东通志》等都著录其为康熙四十五年（1706）进士，"年八十三卒"，我们根据《絸斋诗集》《絸斋论文》中诗文及序跋，并查《明清历科进士题名碑录》，可知其生于清顺治六年（1649），康熙三十二年（1693）中举人，康熙五十一年（1712）中三甲第六十名进士，雍正九年（1731）卒。对一些传说和典故，我们也进行了考辨。如"泰山虽云高，不如东海崂"，常见于游崂散文游记中。据我们考证，这句话源自东晋晏谟的《齐地记》（又名《齐记》），而后人在征引时出现了不同的版本和文字差异。唐李吉甫《元和郡县图志》云："大劳山、小劳山，在县东南三十八里。晏谟《齐记》曰：'太白自言高，不如东海劳。昔郑康成领徒于此。'"①《太平寰宇记》："大劳山、小劳山。……《齐记》云：'泰山自然高，不如东海劳。昔郑康成领徒于此。'"②《太平御览》和元代于钦《齐乘》则引作"太（泰）山自言高，不如东海劳"③，明清后又引作"泰山虽云高，不如东海劳"或"泰山高，不如东海劳"。崂山是道教名山，相传全真教"七真"曾至

---

① （唐）李吉甫：《元和郡县图志》卷十一，中华书局1983年版，第308页。

② （宋）乐史：《太平寰宇记》卷二十，中华书局2007年版，第421页。

③ （元）于钦：《齐乘》卷一："大小二劳山，即墨东南六十里岸海名山也，又名劳盛山……《齐记》云：'泰山自言高，不如东海劳'。"《太平御览》卷四十二："劳山。伏琛：《齐记》曰：'不其城南二十里有大劳山小劳山，在海侧。'晏谋（谟）：《齐记》曰：俗云'太山自言高，不如东海劳'，即此也。"（中华书局影印本1960年版，第204页。）

崂山"讲道传玄，宏阐教义"，但史志中仅有长春真人丘处机"云游访道劳山"的记载①，并且丘处机著《磻溪集》中收有其咏崂诗40首，崂山上清宫、太清宫、白龙洞等处也留有其诗词题刻，元李道谦编《七真年谱》中亦云其"游鳌山"，因此，对丘处机曾来游崂山，学界基本上没有疑问，但对其来崂山的次数和时间，长期却存在着不同看法，大多数学者认为丘处机曾分别于金泰和八年（1208）及大安元年（1209），两次莅临崂山，我们也采用了这一说法。华楼宫是崂山的重要道观，始建于元泰定二年（1325），许多著述中均言其为全真道华山派道士云岩子刘志坚所建，但据元大学士、光禄大夫赵世延为刘志坚撰写的《云岩子道行碑》所载："师生庚子岁五月十三日，终于大德乙巳四月十七日子时，春秋六十有六"，则刘志坚生于1240年，卒于1305年，华楼宫应是其去世20年后门人黄道盈等所建。诸如上述问题，还有很多，我们都根据史料和学者研究成果予以更正，读者在阅读本书时当有鉴别和体会。崂山文化名人的咏崂诗词、题刻及其著述是本书研究的重要内容，但限于篇幅，本书一般仅作著录；对所引用的诗词，都经过了多种版本的核对；对崂山文化名人题刻，除征引史志书籍和相关著述外，还多次深入崂山进行实地考察并拍照，难于辨识者，则求教于文字和书法专家。总之，对收录的人物，我们力求做到较为客观、准确的介绍，努力避免和减少疏误，同时对这些人物一般不进行主观性评价。

我们希望，《崂山文化名人考略》这部著作，不仅可以为崂山文化研究提供确凿翔实的资料，成为人们全面系统地认识崂山文化的源流和发展脉络的一部重要工具书，而且通过它可以进一步向世人展现崂山和青岛的历史文化，增加世人对崂山和青岛的了解，扩大崂山和青岛的影响，促进对崂山的旅游开发和经济发展，同时，有助于提升青岛的城市形象。

---

　　① 参见明万历《莱州府志》、黄宗昌：《崂山志》及清乾隆《掖县志》、同治《即墨县志》等。

一、本籍文化名人

本部分收录的文化名人包括：本籍历史文化名人；本籍记游崂山文化名人；留有作品、著述的本籍历史人物；未有作品但对崂山文化的形成和发展作出贡献的人物。

【即墨大夫】战国时期齐国即墨邑长官，史籍记载者有三位，姓名皆不可确考。其一为齐威王时人。《史记·田敬仲完世家》："威王召即墨大夫而语之曰：'自子之居即墨也，毁言日至。然吾使人视即墨，田野辟，民人给，官无留事，东方以宁，是子不事吾左右以求誉也。'封之万家。"其二为齐闵王时人。《史记·田单列传》："燕引兵东围即墨，即墨大夫出与战，败死。"其三为齐王田建时人。齐王建欲去秦国朝见秦王，即墨大夫力谏齐王联合诸国抗秦，而不要"舍南面之称制，乃西面而事秦"。但齐王不听即墨大夫而听秦使陈驰之诱骗入秦，"饿而死"（见于《战国策·齐策》）。关于他们的故事，后世流传颇广，并将他们并称为"即墨三大夫"。元至正十二年（1352），即墨县令董守中在庙学中修"九贤祠"，将即墨三大夫列为九贤之首，塑像供奉。

【房凤】字子元，西汉琅琊不其（今青岛市城阳区）人，以射策乙科为太史掌故，举方正，为县令都尉，失官。后由大司马骠骑将军王根奏补为长史，又擢升为光禄大夫，迁五官中郎将。后出任九江太守、青州牧。王莽摄位后，归故里，讲学于不其山下。他博学多识，常聚众讲学，曾与古文经学家刘歆等共校经传，是《春秋谷梁传》的主要传授人，所治《谷梁传》被称为"房氏之学"。死后葬于不其城，1959 年春，其墓在城子村北庵后沟北岸被发现。

【王吉】（？—前 49），字子阳，西汉琅琊皋虞（今即墨市温泉镇）人。少好学明经，以郡吏举孝廉为郎，补若卢右丞，迁云阳令。汉昭帝时举贤良为昌邑中尉，宣帝时先任益州刺史，后任博士、谏大夫，因上疏被拒，遂谢病归琅琊。元帝继位，复遣使征之，于赴长安途中病故，年八十七，葬即墨县东皋虞社。琅琊诸葛丰志其墓，祀名宦乡贤。《汉书》有传。王吉是今文《尚书》和《易经》、《诗经》、《齐论语》等儒家经典的著名传授人，与安平君田单、齐王田横、御史大夫王骏、胶东相王成、不其令童恢及即墨三大夫，被后人誉为即墨九贤。清同治《即墨县志》收有其《谏昌邑王疏》、《上宣帝政事疏》、《谏昌邑王书》。今即墨市温泉镇西皋虞村西北处有王吉墓群，1982 年被青岛市政府列为文物保护单位。

【王骏】字伟山，西汉琅琊皋虞（今即墨市温泉镇）人，王吉之子。少时师从梁邱贺学习《易经》，以孝廉举为郎，擢迁谏大夫、赵内史、幽州刺史，迁司隶校尉，历京兆尹，后累升御史大夫。著有《鲁论说》二十卷。卒葬皋虞社祖茔，祀乡贤祠。《汉书》有传。

【王崇】字德礼，西汉琅琊皋虞（今即墨市温泉镇）人，王骏长子。以父恩荫为郎，历任刺史、郡守。汉哀帝建平三年（前 4），以河南太守征入为御史大夫，左迁为大司农，后徙卫尉、左将军。汉平帝即位后，王莽摄政，任大司空，封为扶平侯。岁余，谢病归。为傅婢所毒而薨，年六十三，葬皋虞社祖茔，祀乡贤祠。《汉书》有传。

【张步】（？—32），字文公，西汉琅琊郡不其（今城阳）人。西汉末年，王莽篡汉，群雄并起，与其弟等乘机起兵，聚众数千，割据齐地，自号"五威将军"。更始元年（23），更始帝刘玄派遣部将王闳为琅琊郡太守，张步拒之。东汉建武元年（25），梁王刘永自称天子，封张步为辅汉大将军、忠节侯，督青、徐二州。建武三年（27），汉光武帝派太中大夫伏隆（伏湛之长子）持节招降张步，封其为东莱郡太守，刘永复封张步为齐王，张步杀伏隆后复投刘永。建武五年（29），光武帝遣大将耿弇讨伐张步，张步兵败投降，被封为安丘侯，徙居洛阳。建武七年（31）八月，张步自洛阳抵琅琊，拟率众入海反汉。次年，为琅琊郡太守陈俊所杀。据《后汉书·伏湛传》记载，张步曾遣使随伏隆上朝，上书并将崂山沿海盛产之鲍鱼（古称"鳆鱼"），作为珍品献于汉光武帝。

【朱仲明】元代即墨人。举人，曾任即墨县教谕。游崂山时，留有《金液泉》、《玉皇洞》、《华楼崮》、《清风岭》、《翠屏岩》、《凌烟崮》等诗，为现存最早的咏华楼景观诗。《华楼崮》："群峰萃崒簇华楼，天老人间境界幽。辟谷仙翁发长啸，一声铁笛洞外秋。"《金液泉》："玄津一脉引仙根，月下方诸滴露痕。凭力辟开元石窟，静涵云影吐真源。"《玉皇洞》："石窍崆峒透上方，云封紫翠郁苍苍。谁开混沌烟霞窟，呼吸阴阳纳晚凉。"《翠屏岩》："叠岘撑空列翠屏，四围花木抱幽馨。雄盘地轴三山外，界破齐烟九点青。"

【孙仁鉴】金代即墨人。词赋、经义两选魁首，即墨历史上的第一个进士，官滨州太守。清同治《即墨县志》称其"廉而不酷，厉而有容，政声四播，称贤太守。"其弟仁杰，登词赋甲科，官至尚书。《即墨县志》称其"事亲孝，居乡谦谨"，"文武兼备，竭诚尽节"。

【杨泽】字惠民，自号学耕，明代即墨人。明成化四年（1468）岁贡，曾官北直隶武邑县（今河北省）县令。善诗文，游崂山时，留有《上苑》、《黄石宫》、《游华楼》、《鹤山》等诗多篇，《上苑》云："上苑盘松阵，半山宫殿森。嶙峋深石洞，烂熳叠花簪。峭壁文苔篆，巉岩曲鸟吟。仙人桥下水，声响曳鸣琴。"《黄石宫》："山巅一醉醒，百虑真忘绝。虚白映松窗，危峰吐残月。"此二诗为清同治《即墨县志》收录，《上苑》一诗现镌刻于崂山太平宫门前路南巨石上[1]，青岛市书法家杜颂琴书。

【蓝章】（1453—1526），字文绣，号劳山翁，明代即墨人。明成化二十年（1484）进士，官安徽婺源县令、潜山县令，擢贵州道监察御史，巡按浙江、山西太仆寺少卿、大理寺右廷尉，迁都察院左金都御史，因忤刘瑾下狱，谪抚州通判。刘瑾败，蓝章复起，任陕西巡按都御史、南京刑部右侍郎、两淮盐法都御史等。明正德十二年（1517），乞休致仕归故里，于崂山华阳山南麓筑别墅，建"华阳书院"，教书育子，著文会友，自号"大劳山人"。去世后，嘉靖皇帝赐御书"慎厥身修"，葬崂山灰牛石。嘉靖十二年（1533）赐葬邑北四里赐兆茔迁葬。嘉靖十七年（1538）敕建祠庙于城中，肖像祀之，祀名宦乡贤。朝廷曾十一次为其立"进士坊"、"少司寇坊"、"父子进士坊"等坊表。著有《大劳山人遗稿》、《八阵合变图说》、《群英遗墨》、《西巡录》、《劳山遗稿》等。留有咏崂诗《劳山》："遥看山色层层碧，渐觉溪流汩汩深。匹马径寻萧寺树，老僧应识野人心。行云何意遮奇石，啼鸟多情和苦吟。不是将身许明代，便从逄子老幽[2]岑。"明成化二十三年（1487），蓝章曾撰《重修慧炬院佛殿碑》碑文。1996年，蓝章十三世孙蓝水搜集整理出版《大崂山人集》。今华阳书院遗址尚有蓝章书"枕石漱流"、"谈经地"、"曲水流觞"、"松关"、"八仙台"、"仙境"、"重游旧地"等石刻。

---

① 《山东即墨杨氏诗集》中后两句为："峭壁文苔篆，巉岩曲鸟音。仙人桥下水，声响洩鸣琴。"见《山东文献集成》第二辑第42册，第690页。

② "幽"，黄肇颚：《崂山续志》、周至元：《崂山志》作"山"。

【杨良臣】（1461—1528），字舜卿，号南庄，明代即墨人，杨泽长子。明弘治十一年（1498）举人，初授山西太平县令，后因父亡守孝归故里，期间于城南另建一宅名"南庄"，并于庄内建"瞻云楼"，吟诗著文。三年孝服满后，调任山西泽州黎城县令，因单骑抚"寇"，明世宗敕褒其"忠勤可嘉"，擢为太原府通判，殁于官，祀乡贤、名宦。著有《南庄遗诗》。曾游崂山，留有《华楼》等诗篇，清代嘉庆年间即墨文人黄守和辑《劳山诗乘》收其诗五首。

【杨良佐】明代即墨人，杨良臣之弟。留有《鹤山》诗一首："丹成不记年，松老尽秃头。潮撼千山月，云封七磴楼。龙吟蟠黑涧，鹤翥下仙洲。莫说蓬瀛路，栖真借此丘。"①

【牛鸣世】② 明代即墨县里仁乡城阳社（今城阳区流亭镇西果园村）人。明正德年间（1506—1521）曾任鳌山卫指挥佥事。正德十年（1515），牛鸣世"奉敕巡察海道"，从仰口登陆，游太平宫，登狮子峰，留《太平宫即事》诗二首给太平宫的陈海波道人，镌于太平宫南院眠龙石上，诗云："绿树依稀似雁行，玉泉错落水淙淙。乾坤此洞留其境，风雨危镌连巨松。狮子口中浸石乳，仙人桥上竖霞幢。合当不尽登临兴，露满松筠月满窗。""门藤呼客入云门，风雨岩陵势欲吞。仙犬伏云行白日，山猿收果渡黄昏。樵人漫言餐霞术，道士常浇种玉园。到此可偿尘市愿，便从何处问天孙。"末署"正德乙亥仲秋晦日奉敕巡察海道献陈海波道人牛□□书，元中命刻石。"此为崂山宫观中较古的刻石遗迹之一，1982年曾修复。大学士毛纪曾作《游崂山次韵答牛金都》。

---

① （清）黄肇颚：《崂山续志》著录作者为杨良臣。
② 《崂山简志》、《流亭街道志》作"牛维新"。

【蓝田】（1477—1555），字玉甫，号北泉，明代即墨人，蓝章长子。少聪颖，善诗对，明弘治五年（1492）乡试中举人，嘉靖二年（1523）中进士，官授河南道监察御史，后出按陕西。为官刚正敢言，多次弹劾权贵。嘉靖十年（1531），因受陷害遭贬罢归，在宅内后院筑"可止轩"，与好友黄作孚、杨盐等诵诗读书，抚琴作画。嘉靖十四年（1535），同好友冯裕、刘澄甫等在青州北郭禅林成立"海岱会"诗社，借诗抒怀。精于诗词书画，被誉为"万言倚马才"，御史蔡经等曾赞蓝田曰："文行无愧于上世，声光有益于东莱。"著有《蓝侍御集》、《北泉集》、《东归倡和》、《白斋表话》、《白斋随笔》、《白斋续笔》、《白斋诗集》等。祀乡贤。《明史》有传。清同治《即墨县志》收录其《纠大臣疏》等诗文多篇。蓝田曾多次游历崂山，留《登华楼》、《鹤山洞》、《宿巨峰白云洞》、《山行》、《三标山》、《太平宫》、《劳山道中》、《劳山次韵》、《登狮子峰》、《慧炬院上人》等咏崂诗数十篇，《登狮子峰》云："高峰危坐临沧海，暮雨萧骚冷似秋。潮落潮生天地老，月圆月缺古今愁。金丹负我何时就，碧海娱人可暂留。谁识远游轻举意，请从渔子买扁舟。"现镌刻于崂山狮子峰前，为书法家蒋维崧于1981年草书。嘉靖元年（1522），蓝田登崂山巨峰，夜宿巨峰白云洞①，援笔题于石上："居白云洞者，自张某始也"②，并撰写了《巨峰白云洞记》，这是现存第一篇记述崂山渊源的游记。华楼山金液泉石壁上方镌有"莱州府同知南津陈栋、登州道指挥平山王住同游。北泉蓝田题。"嘉靖十二年（1533），与其弟蓝囷等陪同山东参政陈沂游崂山，留题刻多处。鹤山仙鹤洞西有其诗刻《同陈石亭太史游鹤山洞次韵》："洞府北岩里，微

---

① 崂山有二处白云洞：一处在崂山雕龙嘴村西，一处为巨峰白云洞（俗称"避牛石屋"）。黄宗昌：《崂山志》，周至元：《崂山志》、《崂山名胜介绍》、《游崂指南》，蓝水：《崂山古今谈》中，均有记载。本书中有关白云洞的游记、诗词、题刻等，一般指雕龙嘴村西之白云洞。

② 清同治《即墨县志·艺文志》引蓝田：《巨峰白云洞记》："夜宿洞中，援笔题于石曰：'居白云洞者，自张某始也。'李谪仙诗曰：'我昔东海上，劳山餐紫霞。'"有著者云"题'劳山餐紫霞'于石上"，应系传写之误。

茫草径通。潮声惊席上，山色落樽中。野鹤何年去，孤云此日同。还将远游意，挥笔向霜风。"他还在崂山北九水之太和观与道长毕玄云一同创办"即墨书院"，又称"九水书院"，传授经书和道乐。今即墨博物馆藏有蓝田的《花卉图》等绘画作品。1992年，《蓝田诗选》由青岛出版社出版。

【蓝囦】字深甫，号南泉，又号巨峰，明代即墨人，蓝章次子。明嘉靖间贡生。著有《巨峰诗集》，留有《秋日五首》、《春山》、《登楼看山》、《观渔》等诗篇。明嘉靖十二年（1533）九月，曾与兄蓝田等陪同陈沂游崂山，陈沂在狮子峰狮子口内的题记中有"同北泉蓝田观日出于峰上，其弟囦亦在。"

【蓝因】字征甫，号东泉，明代即墨人，蓝章第三子。以父荫任江宁知县，后升庆阳府通判，致仕归。与兄蓝田、蓝囦齐名，世称"蓝氏三凤"。著有《东泉诗集》（又名《京兆诗集》），其中有《和巨峰家兄游东山遇雨韵》："春深才办山郊行，应被东风笑薄情。田家有喜新过雨，关塞无虞已罢征。更抛世故成牵虑，只解农夫足养生。野水寒烟芳草遍，石桥斜日杏花明。"

【王兴】字起宗，明代即墨人。其父王真（字德一），原湖北麻城县人，因随燕王朱棣靖难，授封山东世袭指挥使司指挥使，世守即墨鳌山卫，晚年定居胶州，卒祀乡贤。王兴，史志称其"饶膂力，善骑射"，授鳌山卫指挥佥事，永乐年间，以平定唐赛儿起义有功，授昭武将军，著有《平妖记》。

【王九成】（1491—?），字舜夫，号石泉，明代即墨鳌山卫人。明嘉靖七年（1528）举人，官郧阳府通判、保定府通判、保定府同知兼理紫荆等关带管易州兵备道,阶奉政大夫①。著有《石泉识言》、《樵余涉笔》、《鹤山集》。曾游崂山,撰有《游华楼山》、《鹤山联句用杜少陵九日诗韵》诗,并写有《鹤山登眺引》游记。嘉靖四十五年(1566)正月,年76岁时撰写《重修太平宫碑记》,末署"鳌山后学前乡贡进士判保定府事兼管紫荆等关七十六翁王九成撰。"隆庆四年(1570)春,撰《醒睡庵碑记》,末署"鳌山八十岁翁前乙榜进士,阶奉政大夫,同知保定府事兼理紫荆等关带管易州兵备道石泉王九成撰"。碑记除详记崂山道家宫院修建事宜外,并阐发了道家要义。

【王九思】字敬夫②,号西淳,明代即墨鳌山卫人。正德十二年(1517)岁贡,历任河南府阌乡主簿、汝宁府光州州判,升山西平阳府临晋县知县,调北直隶真定府获鹿县知县③。有文誉,擅丹青,著有《兵事纪年》。晚年曾与诸名宿历游二崂,赋诗为乐,留有《鹤山联句和韵》:"醉倚鹤峰放眼宽,壮怀佳景共成欢。风回海面裁磨镜,云过石头偶卸冠。红叶斜阳还趋暖,翠翎乔木不知寒。人生聚首真难事,此日此行莫浪看。"

---

① 《鳌山王氏族谱》:"五世,九成,字舜夫,号石泉,嘉靖戊子(1528)亚元,任湖广郧阳府通判,敕授承德郎,升北直保定府通判。"(明)万历《郧阳府志》卷九"秩官表·通判":"王九成,即墨人,举人,嘉靖十九年任。"(清)雍正《山东通志》卷十五"选举":"王九成,鳌山卫人,通判。"(清)光绪《保定府志》卷四"职官表二":宣德年通判"王九成,即墨举人。以上世代未详,姑识于此。"(清)同治《即墨县志》卷七"选举"著录其为"乙卯科嘉靖三十四年"举人,疑误。

② 明代陕西鄠县(今户县)王九思(1468—1551),字亦为"敬夫",号渼陂。弘治九年(1496)进士,选庶吉士,授检讨,调吏部主事,升郎中,谪寿州同知。著有《渼陂集》、《碧山乐府》等。曾为蓝章撰《都御史蓝公生祠记》。

③ 参见《鳌山王氏族谱》。(清)顺治《光州志》卷二"秩官·州判":"王九思,胶州人,升阌乡县知县。"(清)乾隆《光州志》卷十四"秩官志":"州判官……孟芳之后有谷玺……(嘉靖)十年任。玺之后有李瑶,……瑶之后有王九思,胶州人,升阌乡县知县。"(明代胶州下辖高密、即墨二县)(清)顺治《阌乡县志》卷三"官师"无载。据(清)光绪《新修阌乡县志》卷十三"职官表一",王九思嘉靖时曾任阌乡县主簿;据乾隆《临晋县志》卷二"令尹篇"和民国《临晋县志》卷六"职官谱",王九思嘉靖时曾任临晋知县;光绪《获鹿县志》卷十"官师志·知县":"王九思,山东鳌山卫监生,(嘉靖)二十一年任。"

【王纳善】字子陈，号冠峰，明代即墨鳌山卫人，王九思之子。岁贡，初选舒城训导，迁贵州平越府教授。晚年告归乡里，以诗酒自娱，曾三次被推举为乡饮正宾，年八十五卒。著有《柱峰草堂诗稿》。

【王镐】字京夫，明代即墨人，王邦直之父。嘉靖间贡生，任顺天府潐县训导，升任山西临县教谕。博学多识，被蓝田赞誉为"大学奥义，无不贯彻，诸子百家，无不精研"，著有《潐志》、《临志》。

【王邦直】（1513—1600），字子鱼，号东溟，明代即墨人。嘉靖间岁贡，任盐山县丞，后罢归。崇祯十五年（1642），入即墨县乡贤祠。王邦直因"忧律吕之失传，伤诸儒之附会，故不惮劳苦"，殚精声律之学，"聚书千百卷，坐卧小阁二十年"，成《律吕正声》六十卷。自谓"悬诸日月不刊之书"，清初王世贞《池北偶谈》称："周公（周如砥）云班固《律历志》载即墨徐万且氏治太初历第一，而子鱼追配之于千载之后。"《律吕正声》对我国声律学的发展历史进行了考证和阐述，同时，对律吕相应等声乐理论提出了自己的见解。书中还收录了伯牙学琴等音乐故事，记有部分琴谱和民谣。明万历年间，翰林周如砥将该书上于国史馆，清代收入《四库全书》。

【王英教】字孔育，明代即墨人。廪生，袭浮山所千户。留有《登浮山即目》诗："倚仗立岩峣，风清远虑消。网罗争浦溆，禾黍种山椒。垒息中原火，城吞外国潮。老兵闻据石，含笑话渔樵。"

【黄作孚】（1516—1586），原名黄作义，字汝从，号䄂斋，明代即墨人，黄正①次子。诸生时，以孝闻里。嘉靖二十五年（1546）中举人，嘉靖三十二年（1553）中进士，官兵部观政，例授文林郎，任山西高平县令。《高平县志》谓其"临政宽缓，任人不疑"。两年后因受诬告罢归。晚年居家与乡人讲求古礼，保护和维修即墨文物古迹。即墨进士周如砥称："语曰：正人在朝朝重，在野野重。盖先生有焉。"② 祀名宦乡贤祠。为表彰其贡献，万历二十年（1592），朝廷颁布诏书，在即墨城里为其修建了"恩荣坊"，该牌坊1958年被拆除。著有《切斋诗草》，并曾校勘同邑人王邦直《律吕正声》。黄作孚归里后，隐居崂山之浮山，并修筑朝阳庵③，作为读书处，留有五言诗《浮山朝海庵》："浮山雄海畔，乘兴一登临。拂草寻幽径，攀萝陟峻岑。水天连共远，岛屿接还深。纵览乾坤阔，擎杯发啸④吟。"浮山南麓的荒草庵，因其隐居于此，故又名黄草庵。清黄守平辑《黄氏诗钞》⑤ 收入其《园居》、《小蓬莱磐石坐饮》、《山中九日》等诗15首。

【黄作圣】字汝睿，号思斋，明代即墨人，黄正四子，黄作孚之弟。与兄黄作孚共同在崂山石门山西麓的幽谷中创建书院，并聘请名师教授子女。后为避农耕山樵之扰，于原书院之东约三里石门山主峰下另建屋三间，白天读书，晚上仍回原书院休息，故有上、下书院之称。黄家子弟黄嘉善、黄宗昌、黄宗庠、黄宗臣、黄坦等都曾在书院就读。今书院遗址巨石上书有"明黄嘉善书院旧地"、"下书院"，并有"书院简介"等。

---

① 黄正，字用中，号东村，清同治《即墨县志》称其"世业农，性仁厚，重然诺。"有五子：黄作肃、黄作孚、黄作哲、黄作圣、黄作霖。
② （明）周如砥：《黄切翁先生传》，《黄氏家乘》卷七，《山东文献集成》第一辑第18册，第29页。
③ 又名浮山寺、朝阳寺、潮阳庵、朝海庵、潮海庵、全圣观，一说建于汉代或元代。
④ （清）黄守平辑《黄氏诗钞》（中共山东省委党校图书馆藏稿本）"啸"作"笑"，《山东文献集成》第二辑第42册，第340页。（清）黄肇颚：《崂山续志》同。
⑤ 下文"《黄氏诗钞》"均指此本，有特别说明者除外。

【周民】（1523—1579），字振卿，号陵东，明代即墨张家埠村（今段泊岚镇章嘉埠村）人。隆庆元年（1567）岁贡。七岁能诗工对，读书过目不忘。因其弟周赋（字良卿）早亡，遂放弃仕途，抚养子侄如纶、如锦、如砥、如珠、如京等人，布衣终身。后其长子如纶为万历十四年（1586）进士，次子如锦为万历二十八年（1600）选贡。周赋长子如珠（字季光，号娟泽），敕授忠勇校尉、神机营把总，敕赠文林郎、湖广安陆县知县。周赋次子如砥，为明万历十七年（1589）进士，官国子监祭酒。周赋三子如京（？—1580，字季皋），为明万历七年（1579）举人。即墨城曾为周民树"扶植犹子坊"，以旌其德。

【杨舟】字尔浮，号载轩子，人称载轩居士，明代即墨人，杨良臣次子。嘉靖四十三年（1564）岁贡生。隐居崂山华阳，筑庐曰"载轩"，纵情山水，咏诗书画，弹棋鼓琴，会友唱合，著有《载轩诗集》、《载轩子遗稿》。蓝田撰有《载轩子小传》，写有《载轩子歌》、《访载轩子》诗。杨舟游崂山时留有《山居即事》、《太平宫》、《仙宫远眺》、《华楼次韵》、《登华楼》、《黄石宫》等诗。《登华楼》云："萧疏古院闲来步，匝地苔钱雨后绿。道人修帚欲何为，扫却松阴待鹤宿。"其《太平宫》、《仙宫远眺》为清同治《即墨县志·艺文志》收录，青岛崂山区档案馆藏有其书画作品《神鹿》。

【杨盐】（1524—1621），字尔贡，号炼庵，明代即墨人，杨良臣第三子。明嘉靖四十年（1561）举人，授山西吉州学正，后擢升南直隶沛县令。为官清正耿直，不媚上官。遭诬陷归里后，居"味道楼"，琴书自娱。祀吉州名宦祠。著有《味道楼集》，其中有《秋晚登山》、《鹤山》、《吊即墨古城》、《次柱山游山韵》、《海村秋夜》、《游海印不遇憨山上人》等诗。明万历二十年（1592），曾撰《重修大劳观神清宫碑记》。

【杨懋科】字赤雉，明代即墨人，杨盐三子，黄宗臣的岳父。庠生。明天启年间，在天门峰下海门洞上有道人白不夜所建先天庵，道人齐本守居此潜心修行，杨懋科作有《齐道人赞》。

【蓝柱孙】原名葵，号少泉，明代即墨人，蓝田长子。嘉靖间选贡。博学能文，惜英年早逝。著有《少泉遗诗》，其中有《感时》、《九日南庄次韵》、《冬日偶成》、《松坡》等诗篇。《九日南庄次韵》云："万山空翠爽青眸，九日来登百尺楼。鸾鹤远迎仙客驾，茱萸满插野人头。香含菊味菊花酒，清带云光白玉瓯。余墨淋漓文字饮，不须红袖鼓箜篌。"

【蓝史孙】（1527—1560），字汝直，号守泉，明代即墨人，蓝田次子。明嘉靖间贡生。著有《守泉遗诗》、《四朝恩命录》等。留有《山僧》、《淮涉寺》、《送戴道人入崂山》、《村居》、《登山》、《渔家》、《宿寒亭次韵》、《伴云亭》、《北泉杂咏》等游崂诗篇。《山僧》云："晚过朝阳洞，居僧款款留。危峰如卓笔，远岛似停舟。禅榻和云挂，渔灯隔岸浮。莫思方外去，即此是丹邱。"

【王禄兆】（1530—1603），字惟功，号敏斋，明代即墨人。明万历十四年（1586）进士，授工部主事，升户部郎、云南澄江知府，擢临沅兵备、云南按察司副使。为官期间，注重以德化民，劝农桑，兴学校，并捐俸金。万历十五年（1587），曾与黄嘉善等陪同吴郡毛在游崂山，并共饮。

【王纳策】号凤冈子,明代即墨鳌山卫人①。太学生,嘉靖三十年 (1551) 曾任陕西郃阳(今渭南市合阳县)知县。明万历八年(1580)道人刘教云重修崂山塘子观时,曾撰写《重修塘子观玄帝庙碑记》。

【胡从宾】字应荐,明代即墨人。明隆庆元年(1567)举人,授伊阳(今河南省嵩县)知县,后任宛平知县,因慕崂山九水风光,遂在老鸹巷村构筑别墅居之,更村名为"乌衣巷"。明万历年间即墨文人周如锦有《胡京兆乌衣巷》诗,诗中胡京兆即指胡从宾。

【黄锡善】字惟永,号竹山,明代即墨人,黄作孚次子。增贡生,官福建建阳县主簿。《黄氏诗钞》收入其游崂山诗《春日登巨峰》、《赠胡乾阳道人》等二首。《春日登巨峰》云:"石径迢迢转百盘,乘春高蹑巨峰寒。烟云飞去衣犹湿,杯斝传来兴未阑。碧海浮波迷远汉,青峦耸秀俯奔湍。乾坤纵览舒长啸,直欲凌风跨紫鸾。"②

【黄嘉善】(1549—1624),字惟尚,号梓山,明代即墨人,黄作圣长子。少聪慧勤奋,就读于崂山石门山西麓的上下书院。明万历五年(1577)中进士,初授叶县令,转升南直隶苏州府同知。万历十八年(1590),调任山西平阳府府丞。万历二十年(1592),升山西大同府知府。万历二十三年(1595),升山西按察使司副使兼左卫兵备。后历任陕西布政司参政、宁夏巡抚兼都察院右金都御史、都察院右副都御使、兵部右侍郎、陕西三边总督等职,累官至兵部尚书兼京营戎政,爵加太子少保,升太子太保,褒赠"四世一品",并赐立"四世一品"牌坊。

---

① 清雍正《陕西通志》卷五十三:"王纳策,山东淄川人,选贡,任郃阳知县。为人果毅,事无巨细,区画可垂。久远上官,有横索者正色以拒,遂阴中之,去郃邑,士民谈辄泣下。"

② 据(清)黄守平辑《黄氏诗钞》,中共山东省委党校图书馆藏稿本。(清)黄肇颚:《崂山续志》中"奔"作"惊","凌"作"乘"。

万历四十八年（1620），引疾归即墨。加封太子太傅、太子太师。逝后熹宗皇帝辍一日视朝，赐祭九坛，外加一坛，造坟安葬，诰赐特进光禄大夫、上柱国太保，祀名宦乡贤祠。著有《总督奏议》、《抚夏奏议》、《大司马奏议》、《见山楼诗草》等，万历三十六年（1608），曾刊印同邑人王邦直《律吕正声》。万历八年（1580）曾受即墨县令许铤之邀为第一部《即墨志》作序。万历十五年（1587），在家守制时主修第一部即墨黄氏族谱（《黄氏宗派图》）并序。留有《溪上》、《和憨山韵送达观禅师西游》、《谢憨山上人过访》、《和少东周明府韵奉赠》、《还山述怀》等咏崂诗。《溪上》云："杖策寻幽境，石头看水流。何来成浩淼，望去即沧洲。依岸群飞鹭，狎波乱没鸥。坐深凉月满，应似五湖秋。"《黄氏诗钞》收入其诗19首。

【王心学】字存吾，号少野，明代即墨鳌山卫人，王纳善之子。万历七年（1579）选贡，敕赠承德郎，大同府通判，诰赠奉训大夫，乾州知州。工书法，著有《琴谱》、《少野遗言》、《楷草执笔说》。

【周如砥】（1550—1615），字季平，号砺斋，明代即墨张家埠村（今段泊岚镇章嘉埠村）人，周民之弟周赋次子。父早卒，母于氏殉亡，伯父周民抚养其成人。明万历七年（1579）中举人，万历十七年（1589）中进士，选庶吉士，终国子监祭酒，晚年归故里。卒赠礼部右侍郎，谥文穆，谕赐祭葬，墓前立神道碑和"大司成坊"，并在即墨城里为其立"世恩坊"，在北阁立"经筵学士坊"。列名宦，祀乡贤。周如砥以文章名天下，著有《论语讲义》、《青藜馆集》、《国史漕运志》、《道德经注》、《周氏管见》、《周太史文集》、《青藜馆法帖》等。游崂山时，留有《黄石草堂》、《法海寺》、《白云庵》、《春日偕江健吾孙肖溪游含风岭》、《再过含风岭》等游崂诗篇。《法海寺》云："云尽寒山石窦开，西风古寺一徘徊。树当十月犹青色，碑载前朝总绿苔。护法似闻天犬吠，听经曾有夜龙来。须知胜地宜樽酒，未许夕阳促客回。"黄肇颚《崂山续志》、同治《即墨县志》收其诗文多篇。万历四十二年（1614），撰写了《重修鹤山遇真庵碑记》，详记鹤山景观及遇真庵历史，对研究崂山道教有参考价值。其中云"泰山虽言高，不如东海崂。崂山最秀奇者，尤首推鹤山焉"，现被镌刻在鹤山石壁上。

【周如纶】（1552—1601），字叔音，号少东，一号日观，明代即墨人，周民长子，周如砥从弟。明万历四年（1576）举人，万历十四年（1586）进士，初令襄阳，后迁工部都水司主事，致仕于山西代州司马。著有《周工部集》、《游隆中记》、《什一草》、《见少集》、《翠园法帖》。清同治《即墨县志》、黄肇颚《崂山续志》收其记崂诗《黄石宫》："鸦鹊峰头草阁悬，幽人爱此学长年。地通瀛海川原润，天近扶桑日月偏。何物笙箫来洞底，无端鸡犬下云边。诸山尽处人间路，得意谁回急水船。"

【周如锦】（1560—1633），字叔文，号大东，明代即墨县人，周民次子，周如纶之弟。明万历二十八年（1600）选贡，官至盐运司运判。性恬淡，不乐仕进，于区内王哥庄村东北小蓬莱处建"紫霞阁"别墅隐居，石坊门正面额上镌刻着"小蓬莱"三字，反面额上镌刻着"一望海天"四字，石柱上刻着李白的诗句："我昔东海上，劳山餐紫霞"。工诗善书，著有《紫霞阁文集》。写有《牢山考》、《鳌山考》等文，详考"牢山"、"鳌山"、"劳山"之名渊源流变，并留有《宿蓝侍御华阳山房》、《书带草》、《黄石宫》、《劳山怀古》、《王乔峆》、《小蓬莱观海》、《胡京兆乌衣巷诗》、《九日前偕范正甫东游海上》等众多咏崂诗，多被黄肇颚《崂山续志》收录。周如锦长子周濬，字子渊，附贡生，例授文林郎，候补京县县丞，著有《空洞斋集》。次子周演，字子长，附贡生，著有《黯淡斋诗集》。

【袁燿然】字伯旭，号汉城，明代即墨（今城阳区城阳镇城阳村）

人。明万历三十四年（1606）中举人，历任湖南安仁县令、广西道监察御史、江西九江府知府等职。居官清廉，崇祯末年，退职归里，终年62岁。

【王楫】字济之，号涵冲，明代即墨鳌山卫人，王心学之子。明万历二十七年（1599）选贡，授大同府通判，署山阴县事，擢乾州知州。民国《增修胶志》："其先由湖广麻城来徙籍即墨鳌山卫，子孙分居胶州城，试于胶者为州人，试于即墨者为鳌山卫人。"著有《课儿讲义》、《吏隐斋砚谱》、《王氏家乘初编》。

【杨嘉祜】字见素，明代即墨人，杨舟之孙。诸生。著有《叩缶集》。留有《大劳观留赠宋道人》、《望海楼独游》、《村居》、《初春陪胶西谈禹臣买山卜居》等游崂诗篇。《村居》云："茅屋溪山处士家，些须生计倚桑麻。尔来三月无尘事，啼鸟声中看落花。"

【杨兆鲲】（1571—1628），字云举，号巨屏，明代即墨人，杨盐之孙。明天启元年（1621）拔贡，初任安徽亳州推官，后迁浙江云和县令，卒于任所，祀名宦。著有《澹斋集》。曾于万历十九年（1591）首修《即墨杨氏家乘》，并于明万历三十九年（1611）撰《重修大劳观碑记》。留有《春日携友访大崂观》、《游雄崖白马岛》、《康王城梳洗楼》诗。《游雄崖白马岛》云："咫尺蓬莱迷去路，长年三老不复渡。彼仙者兮且杳冥，人生何必悲朝露。"

【孙绳武】（1573—1637），字率先，号福斋，明代即墨人。明万历年间廪贡生，历任陕西盩厔县丞、绥德通判、米脂知县、延安府同知，奉檄监三副将军，后调任五省军前监纪，卒于军。祀名宦乡贤。著有《戍北楼耐苦志》。

【周鸿图】字子固，号昌龄，一号柱南，明代即墨人。其祖父周郊，嘉靖间岁贡，选代州同知，归乡后，凡三举乡饮大宾；父周被，字春泽，万历间岁贡生，选苏州同知。周鸿图为明万历三十四年（1606）选贡，初授陕西略阳令，历官江苏宿迁令、贵州监军同知、平越知府、新镇道副使、思石道参政、陕西靖远道左参政等职。后因病归乡，卒于家。祀名宦乡贤。《明史》有传。著有《长田匀哈捷录》。即墨城里曾为其立有《保厘两省》坊。

【周鸿谟】字子明，号参一，明代即墨人，周鸿图弟。万历三十八年（1610）武进士，历官莱州府把总、文登营守备、东巡抚标下游击、大宁府掌印都司使大三营参将、京城内外巡捕副总兵右军都督府佥事。诰授骠骑将军，赐蟒服玉带。

【周士皋】（1575—1610），原名燿，字子寅，号明厓，一号溟厓，明代即墨人，周如砥长子。明万历三十四年（1606）举人，中举后更名士皋。万历三十八年（1610）进士，选都察院观政，寻卒。著有《明厓诗稿》、《雅音会编》、《制艺》等。

【周燝】（1578—1650），字子微，号方厓，一号丹厓，明末即墨人，周如砥次子，兵部尚书黄嘉善婿。贡生，以父荫官刑部郎，升广东南雄知府，晚岁归乡。曾于崇祯九年（1636）和崇祯十五年（1642）刻其父《道德经集义》、《青藜馆集》。著有《夜奏存草》、《昭忠录》、《玉晖堂随笔》、《玉晖堂集》、《守城日记》等。其《玉晖堂随笔》为一部历史琐闻笔记，具有较高的文学价值和史学价值，其中有许多关于崂山的逸闻传说。留有咏崂诗《题黄孟坚鹦鹉岩》。

【周旭】字元之，明末清初即墨人，周如锦之孙。诸生，著有《黄鹤游集》、《舟中游》、《寒蝉吟》。留有《太清宫》等咏崂诗。

【黄宗晓】（1579—1648），字昱伯，号晦庭，明末即墨人，黄嘉善之侄。附监，例授承直郎，历任河南登封县县丞、山西文水县县丞、潞安卫经历等职。后因厌倦官场恶习，毅然辞官回乡，潜心培养子女，在鹤山南建上庄别墅。宋继澄、宋琏、黄宗庠、黄宗臣、黄坦、黄坩、黄鸿中、黄克中等分别写有咏上庄别墅的诗文，黄宗昌《崂山志》中有《上庄管见》，纪润《劳山记》等，对该别墅亦多有记述。黄宗晓工于书法，邑中碑石墓志多出其手。

【宋统殷】（1582—1634），字献征，号瀛渚，明代即墨人。万历三十八年（1610）进士，授南京户部主事，历户部员外郎、淮安府知府、山西按察使司副使、易州兵备道、山东按察使司副使、山西按察使。崇祯二年（1629），擢右佥都御史、山西巡抚。后因诬罢归。祀乡贤。著有《虚亭偶然集》、《役言集》、《彭城近草》。其次子宋德慎，字惟恭，号墨庵，崇祯十五年（1642）举人，受阳春令，未就而卒，著有《兵法刍言》、《城守管见》。

【蓝再茂】（1583—1656），字青初，号雨苍，明代即墨人，蓝史孙之长孙。清同治《即墨县志》称其"事继母以孝闻，让产与弟，亲族赖举火者甚众"。尚气节，年十二，因华楼宫道士栾道明纠集徒众霸占华阳书院地产事，与之争讼，莱州府道台亲临查处，保护了书院的祖产。崇祯元年（1628）选贡生，任南皮知县。为官清廉，疏冤豁滞，政绩卓著。崇祯八年（1635）辞官归里，整修祖茔祠堂及城内与鳌山卫的文庙，续修族谱家乘，修缮书院学堂等，教授子弟读书习字。后购得周如锦崂山小蓬莱之"紫霞阁"隐栖终身。祀名宦乡贤。清开国状元、大学士傅以渐为其撰写墓志铭，即墨县城立有蓝再茂的"开天恩宠坊"、"松露琳宫坊"坊表两座。著有《实政录》、《纪事》、《瀚牍初刻》、《世嵩堂集》、《蓝氏家谱》。留有记崂诗《山居即事》："春入数峰晴，河流户外声。高怀云淡泊，净目水空明。草木宜青适，安闲足达生。卑藏成后老，不用杖浮名。"

【江之濚】字蓄德，明代即墨人①。万历间选贡，任陕西延安府中部（今黄陵县）知县。精明果敢，执法严明，加意恤民，严而不苛，使治下风清弊绝，后升威州知州，中部县祀为名宦。

【王曦如】字御赤，明末即墨人。诸生。少孤，事母以孝，弱冠补弟子员，后厌薄科举功名，购程朱遗书读之，务为躬行心得之学。尝游崂山，马食道旁禾，遂置钱田中而去。明亡后，衣冠入文庙，长号再拜，以母在，不即死，次年母殁，安葬毕，关门闭户作书训子，大书壁间曰："生为王氏之子，便为大明之臣，义当死即死，若复偷生，所学何事？"遂自缢，乡人私谥曰"文贞先生"，祀乡贤、忠义祠。学使徐炯②称其"于家为孝子，于国为义士，于学为真儒"，刻其遗书存于家，曰《文贞子遗书》并序③。

【黄宗瑗】（1585—1640），字我玉，号良夫，明末即墨人，黄嘉善次子。明万历三十三年（1605）荫官生，历任太常寺典簿、太常寺丞、刑部主事、刑部云南司郎中，例授奉议大夫、修政庶尹。处事谨慎正直，为官清廉。著有《慎独斋诗草》。《黄氏诗钞》收入其诗《赠熊邑侯》。

---

① 据清同治《即墨县志》卷九"人物·勋绩"。清雍正《陕西通志》卷五十三称其为"汶上人"。

② 徐炯，字章仲，号自强，江苏昆山人。（清）康熙二十一年（1682）进士，曾任工部郎中、山东学政按察使司金事、刑部贵州司员外郎、直隶巡道等。著有《五代史记注补》、《五代史补考》等。

③ 据（明）黄宗昌：《崂山志》、清同治《即墨县志》。《文贞子遗书》一卷，今山东大学图书馆藏即墨王氏四勿堂刻本，《山东文献集成》第三辑第21册收入。

【黄宗辅】字靖伯，明末即墨人。明万历年间岁贡生。著有《质木斋诗集》。留有《劳山观潮》、《劳山》、《山行所见》、《东山》等咏崂诗，《劳山观潮》云："平水潮生高十丈，喷如两管触相向。紫贝渊含碧落摇，苍精射激青冥漾。杖底轰豗动远雷，叠雪浪花接天开。天东蓬岛无多路，手指云霞向深处。觅取洪崖共拍肩，笑携二子凌风去。"《劳山观潮》、《劳山》诗为清同治《即墨县志·艺文志》收录，《黄氏诗钞》收入其诗 111 首。

【黄宗昌】（1587—1646），字长倩，号鹤岭，又自号"山史氏"，明末即墨人。明万历四十三年（1615）举人，天启二年（1622）进士，敕授文林郎，历任北直隶雄县知县、清苑县知县、山西道监察御史。《东林列传》称其"为人重名义，不苟为依附"，因"直谏触奸"，崇祯十年（1637）罢归。崇祯十五年（1642），清兵围攻即墨城，黄宗昌率里人据守，家中五人殉难。明亡后，因慕郑玄而在崂山康成书院旧址南侧修筑玉蕊楼隐居，自称为"崂山中人"，并请莱阳名士张允抡、进士宋继澄等设馆授徒。祀名宦乡贤。《明史》有传。著有《疏稿》、《恒山游草》、《于斯堂诗集》、《黄长倩诗》、《和韵诗》、《因人成事录》等文集数十卷。留有《游华楼》、《山中春兴》、《故园》、《浮山记》、《玉蕊楼记》、《白鹤峪记》等许多记咏崂山诗文，《黄氏诗钞》收入其诗 73 首。清同治《即墨县志》收录其疏及诗文多篇。曾遍游崂山，寻访崂山宫观庙宇及道长，抄写碑刻铭文，在广泛收集资料的基础上，撰写《崂山志》八卷，除记载崂山的历史名胜、人物宗教、古迹物产、别墅建筑外，还收有蓝田、陈沂、邹善、高出、陶允嘉、汪有恒、高宏图等明代文人游记，并附有王曦如执节死事，惜未成而逝，后由其子黄坦续完，顾炎武、宋继澄、张允抡为之序。全书共约 6 万余字，是第一部全面记述崂山的志书，对研究崂山的历史和文化具有重要价值。《崂山志》初以抄本传世，嘉庆十三年（1808），海阳诸生毛淑璜取《崂山志》中《名胜》一卷刊之，附入郭廷翕注十五条，题名《崂山名胜志略》。民国五年（1916），即墨黄敦复堂出版、即墨新民印书馆发行刊印全本《崂山志》，民国二十三年（1934）铅印重刊。自黄宗昌修志后，"崂山"一名逐渐被世人采用并沿袭至今。黄宗昌所建玉蕊楼在其所撰《崂山志》卷七中有记述，后纪润在《劳山记》中誉之为"吾邑第一山庄"，宋继澄曾有五言律诗《山庄》记此楼，今玉蕊楼已不存。崇祯十六年（1643），黄宗昌还曾在今华严寺之西筑庵，并聘慈沾上人任住持，后华严庵毁于兵火，其子黄坦继承父志，与慈沾共同重建华严庵于今址。

【黄宗扬】（1588—1653），字显倩，号巨海，明末即墨人。明万历四十年（1612）举人，考授推官。明亡后，闭门读书，修身养性，不问世事。著有《鸿集亭诗草》，其中有《赠崂山道人》、《忆故人山居》、《忆山中别墅》等咏崂诗。《忆山中别墅》云："二劳山色近如何，衰病十年恨未过，曲径荒台芳草遍，小桥流水落花多。乾坤白首空藏剑，湖海青樽敢放歌。惭愧辋川别墅在，可能搔首问烟萝。"《黄氏诗钞》收入其诗20首。

【黄宗庠】（1599—1654），字我周，号仪庭，明末即墨人，黄嘉善第三子。明崇祯十年（1637）举人，崇祯十六年（1643）进士，通政使司观政。清同治《即墨县志》称其"肆力于学"、"为人简重有威，远近尊信之"。明亡后，恬淡不乐仕进，在崂山华楼山西北白鹤峪筑镜岩楼隐居，"读陶诗，临颜楷，断余事以自励"①，自号"镜岩居士"。著有《镜石楼诗集》，其中有咏崂诗《望海》、《雨中望崂山》、《雨中忆上庄竹园》、《镜岩楼》、《夏日镜岩楼即事》、《冬日镜岩楼即事》、《游白鹤峪》、《雨中登楼》、《半山观海》、《白鹤峪悬泉咏》、《白鹤峪述旧》、《莲花庵》、《丰山观海》等多篇。《游白鹤峪》云："山深泉愈

---

① （明）黄宗昌：《崂山志》卷三"名胜·白鹤峪"。

响，石险路难穷。屋隐千林杪，烟生一径中。湿云窥洞白，霜叶等花红。何物清尘虑，萧萧满涧风。"①《黄氏诗钞》收入其诗67首。

【孙兆禧】（1599—1680），字怡如，明末清初即墨人，孙绳武之子。庠生。置义田千余亩，祀先赡族。祀乡贤。著有《敦本堂约》、《永思录》、《即墨孙氏宗谱》。郭琇曾为之撰《敦本堂约序》。

【范养蒙】字正甫，号觉我，明末即墨人。明万历四十五年（1617）岁贡生，曾任沾化县训导。著有《青来斋文集》。游崂山时，留有《山家》、《游飞虹洞》、《法海寺道中》、《同崔广文曙山登巨峰》等诗。《法海寺道中》云："海气腾朝雾，山岚四野齐。衣沾青霭重，人踏白云低。茅屋松林外，钟声古坞西。生平幽寂意，到此欲岩栖。"

【王泽洽】字松壑，明末即墨人。明天启年间（1621—1627）岁贡生。工诗善文。游崂山留有诗《飞虹洞石洞》，为同治《即墨县志》收录，诗云："洞里幽光好，嵯峨石路新。风松千古味，烟柳四时春。抚榻山花舞，开帘野鸟驯。岭云独来往，浑是不知贫。"

【范炼金】字大冶，明末清初即墨人，范养蒙之侄。诸生，入清不仕，以古文词赋名闻当时，著有《周汉葆光》、《绿箇轩集》。游崂山时，留有《题鹤山洞》、《天井山》、《南天门》、《劳山访王松壑山庄》、《避乱石门山》等诗篇。《题鹤山洞》云："鹤来石室静梳翎，几叩玄关启玉扃。坐对海天一岛白，倚看山树四围青。丹邱日月春团圃，姑射烟霞碧结屏。人去千秋云未散，万桃深处半函经。"多为介绍鹤山之文章所引用。

---

① 据（清）黄守平辑《黄氏诗钞》，《山东文献集成》第二辑第42册，第365页。（清）黄肇颚：《崂山续志》"杪"作"表"，"窥"作"归"。

【黄培】（1603—1669），字孟坚，号封岳，一号卓叟，又号憝遗老民①，明末清初即墨人，黄嘉善之孙。荫官生，世袭锦衣卫指挥金事，历官南镇抚司管司事金事、锦衣卫管卫事指挥同知等职，诰授怀远将军、轻车都尉。明亡后，归故里隐居。清康熙元年（1662），黄培拣选其所作 266 首诗刊刻成册，名《含章馆诗集》，分赠亲友，后被乡人以有反清诗句为由告发，酿成清康熙四年（1665）著名的文字狱，株连顾炎武等 200 余人，黄培因此于康熙八年（1669）四月初一日在济南被处以绞刑，逝后葬于水清沟（今属青岛市市北区）。清顺治八年（1651）秋，曾与黄坦、李慎先等同游崂山多日，写有《游山日记》，另有《山居》、《游小蓬莱》、《巨峰》等咏崂诗。《黄氏诗钞》收入其诗 393 首。

【蓝深】（1606—1674），字毓宗，号明水，明末清初即墨人，蓝再茂长子。清顺治八年（1651）恩贡生，任江南临淮知县。练民兵，御海寇，通商贾，减赋税。"有大盗未捕获，监司掠治他小盗，令诬服，属县速毙之以灭口，深曰：'吾不忍以人命悦上官'，遂投劾归。"② 祀乡贤。曾修《即墨蓝氏族谱》，著有《家训》。

【黄宗臣】（1608—1659），字我臣，号邻庭，明末即墨人，黄嘉善第四子。荫中书舍人，不仕。明崇祯十二年（1639）举人。善诗工画，著有《四警编》、《澹心斋诗集》，留有《宿狮子峰》、《宿醒睡庵》、《游华楼》、《华严庵》、《望海》、《白云庵》、《游上宫》、《登下宫西山》、《游那罗延窟》、《题蓝侍御华阳书院》、《快山堂竹亭》等许多记

---

① 据（清）黄守平辑《黄氏诗钞》，《山东文献集成》第二辑第 42 册，第 461 页。（清）黄肇颚：《崂山续志》"钞"作"表"，"窥"作"归"。

② 清同治《即墨县志》卷九"人物志·勋绩"。

游崂山诗篇，《宿狮子峰》云："石上开樽有浊醪，海天东望月轮高。夜声时到秋山寺，半是松风半是涛。"《宿醒睡庵》："古寺层岩几度过，高林残月影婆娑。当年醒睡传幽胜，今日云山入梦多。"[1] 五言诗《白云庵》为同治《即墨县志》收录，《黄氏诗钞》收入其诗45首。

【**黄坦**】（1608—1689），字朗生，号悒庵，又号省庵，自号秋水居士，明末清初即墨人，黄宗昌长子。明崇祯十二年己卯（1639）副榜拔贡，敕授文林郎、浙江浦江县知县，致仕乡饮大宾。诰赠奉政大夫、镇江府同知。明亡后，受黄培诗案牵连解职归里，继父志续成《崂山志》，并扩建即墨县城中的准提庵，又于清顺治七年（1650）捐资重建华严庵。祀名宦乡贤。著有《秋水居石谱》、《紫雪轩诗余》、《秋水居诗集》等，留有许多咏崂诗，其《上庄望海》、《上庄望海次韵》、《宿华严庵次韵》皆咏崂名篇。《上庄望海次韵》云："东南悬象尽，云际起新涛。绝岸成孤屿，连天识断鳌。中流舟楫渺，过目雁鸿高。奔浪殊难御，长风振二劳。"《宿华严庵次韵》："林杪晚生烟，寒光与树连。云归山雨后，松落海涛前。孤磬传清夜，长波没远天。一时入境寂，不复梦游仙。"《黄氏诗钞》收入其诗144首。

【**蓝润**】（1610—1665），原名滋，字海重，号凫渚，清代即墨人，蓝再茂次子。顺治三年（1646）进士，选庶吉士，授编修。顺治十年（1653）任侍从时奉旨改名润，历官江南上江督学、福建右参政、广东左参政、江南按察使、山西布政使等，终湖广布政使。品行端方，为官清廉，顺治帝曾赞曰："居官如蓝润，可法也。"祀名宦乡贤，县东三里建有其坊表"星岳钟灵坊"。著有《余泽录》、《聿修堂集》、《臬政

---

① 据《即墨黄氏诗钞九种九卷》本，《山东文献集成》第四辑第 33 册，第 379 页。（清）黄守平辑《黄氏诗钞》"夜声"作"夜深"，"当年醒睡传幽胜，今日云山入梦多"作"当年醒睡人何在，只有云山入梦多"。见《山东文献集成》第二辑第 42 册，第 367 页。

纪略》、《入粤条议》、《入乡祀录》、《玉署吟》、《东郊吟》等。留有《福堆岸新建文昌塔记》、《马鞍山建庙碑记》、《旺山亭铭》等文，对研究崂山道教历史及景观有一定的参考价值。另有《草堂落成》、《华阳即事》、《崂山道上》、《春日坐旺山亭》、《省克轩》、《亦园》、《环绣堂》、《哭先太史公墓》等记崂诗。

【袁肇基】字长人，号蓝雪，清代即墨（今城阳区城阳镇城阳村）人，袁燿然子。顺治十六年（1659）恩科举人，授河阳知县。著有《雪航近草》。

【杨遇吉】（1613—1681），字晋生，明末清初即墨人，杨兆鲲长子。明末崇祯年间诸生。清同治《即墨县志》称其"负性慷慨，多谋略"，曾夜赴莱州乞援解即墨城之围，殁后以孝义旌之。著有《乞师记略》（又作《解围记》）。明隆庆年间，即墨举人胡从宾在乌衣巷筑有别墅，因胡氏后人与杨遇吉结为亲谊，遂将此别墅赠予杨遇吉，遇吉乃同其弟进吉、连吉携家隐居于乌衣巷，并写有《移居劳山》、《甲寅移居》诗记之。《甲寅移居》云："堪笑年来事事乖，此身只合在岩猥。意中想望随流水，梦里生涯成冷灰。漫道青蝇为吊客，且喜麋鹿是吾侪。竹窗布被忘朝夕，日到晨炊门始开。"

【王柱今】字松心，明末清初即墨大枣园村（今属青岛市李沧区湘潭路街道办事处大枣园社区）人。明万历十三年（1586），其父王子信在村里及崂山岔涧建书院，名曰"卧云轩"，王柱今就读其中。明廪监生，好读书，敏于文。后因屡试不第，遂在卧云轩教授生员。有三子：长子如辰（字中台，号北野）清顺治十一年（1654）乡试第七名举人，次年会试中进士，官至广西提学道按察司佥事，著有《北野逸诗》；次子如春（字令始）康熙十七年（1678）中举人，著有《粤游草》；三子如云，康熙十一年（1672）进士。柱今、如辰、如春父子三人皆入乡

贤祠。康熙二十三年（1684），如辰之子王懿又中举人。康熙二十四年
（1685）春，清廷诰赠王柱今资政大夫，在枣园村中央立石牌坊两座，
以表其功德。东牌坊正额题"龙章三锡"，西牌坊题"义方式训"，下
刻王柱今祖孙父子的履历功名官职。顶层牌楼在"文革"中被毁，
2002 年，李沧区政府、市文物局按原貌进行了全面维护修缮。这是青
岛地区现存最早的功德石牌坊，也是山东省仅存的两处石牌坊之一（另
一处在今山东省蓬莱市戚继光故居）。2013 年 10 月 10 日，大枣园牌坊
被列为山东省文物保护单位。

【蓝泹】（1614—1658），字澄海，明末即墨人，即墨蓝氏十世孙。
明崇祯十四年（1641）武进士，历官南京金陵守备、南京神威营左营
都司。明亡后，潜居蓝氏茔地"南茔"，于灰牛石山下、原蓝章故茔西
筑庐三间作读书楼，取名"三树堂"。著有《弓箭论》、《李卫公兵书
解》。民国二十三年（1934），青岛市市长沈鸿烈视察崂山，将南茔正
式定名为"书院"。

【蓝漪】字德充，号沧溟，明末即墨人。诸生。著有《耐寒斋诗
稿》。其中有咏崂诗《烟雾涧》："飞雾飞烟绕涧渠，依山傍水远村居。
东望岛屿青葱色，仿佛仙人旧结庐。"

【蓝湄】字伊水，号素轩，清代即墨人。康熙三十八年（1699）贡
生，官曲阜县训导。著有《素轩诗集》，留有《山行》、《山居》、《宿
逸筠轩》、《东厓书院》、《东庄亦园》等吟崂诗。《山行》诗云："策蹇
崂山道，俯看万壑低。眼前黄叶满，杖底白云齐。鸟雀迎相狎，海天望
弗迷。何来钟磬远，矫首日沉西。"

【姜元衡】（1620—1685），字玉璇，号默庵，清代即墨庙头村人，
祖籍莱阳。顺治六年（1649）进士（榜名黄元衡），授翰林院庶吉士，

散官授编修，迁左春坊左赞善兼内翰林弘文院检讨。顺治十一年（1654），任江南主考官，升内翰林弘文院侍讲。顺治十四年（1657）提督直隶学政，康熙十八年（1679）以腿病乞休。善工书画。曾告发黄培收藏刊印"逆诗"，并上《南北通逆》禀文，指控顾炎武等"故明废臣"和对清廷怀有二心之人。顾炎武《与人书》："姜元衡者，莱州即墨县故兵部尚书黄公家仆黄宽之孙，黄瓒之子，本名黄元衡，中进士，官翰林，以养亲回籍，揭告其主原任锦衣卫都指挥使黄培、见任浦江知县黄坦、见任凤阳府推官黄贞麟等一十四人逆诗一案，于（康熙）五年六月奉旨发督抚亲审。"

【杨进吉】（1621—1655），字大复，明末清初即墨人，杨兆鲲次子，黄宗瑗之门婿。崇祯间贡生，工诗文，善行草。著有《客雉草》。明亡后与其兄遇吉、弟连吉隐居崂山乌衣巷，曾品评乌衣巷村周围景点为"乌衣八景"："四围青嶂"、"莺语梨花"、"避暑岩潭"、"墨矶垂钓"、"东山待月"、"长河秋涨"、"千林红叶"、"雪满群山"，并分别赋诗赞之。《莺语梨花》诗云："深山习静避尘喧，春暖梨花莺语繁。百啭娇音春似海，千林香雪月为魂。迎风乳燕斜穿径，逐水桃花共到门。斗酒真堪随意醉，绿阴高卧已黄昏。"

【杨连吉】（1623—1697），字汇征，明末清初即墨人，杨兆鲲三子，周燝之门婿。明崇祯年间庠生，工诗文。明亡后，与其兄遇吉、进吉于乌衣巷隐居，览山赋诗，寄情山水。著有《悠然庐集》，咏崂诗有《还山》、《乌衣巷梦游得句》、《答四弟望南山用原韵》、《山居》、《移居山中》、《山居秋凉》等。《还山》云："九月下山三月还，门庭如故草芊芊。东风吹绽杏花色，始悔城中又半年。"

【杨还吉】（1626—1700），字六谦（又作启旋、启还），号充庵，明末清初即墨人，杨兆鲲四子。明崇祯十一年（1638）随兄居乌衣巷。

岁贡生，康熙十七年（1678）举博学鸿词，不仕。工诗词书法，著有《即墨旧城考》、《云门草》、《燕台集》等。同邑郭琇曾为之撰年谱。咏崂记崂山诗有《长春洞》、《狮子峰》、《小蓬莱》、《宿仙古洞》、《题康公祠》、《桃花洞》、《微雨望石门山》、《山居秋夜闻涛》等多篇，同治《即墨县志·艺文志》收入其七律《过童府君墓》："海上双凫飞复还，府君祠墓正东偏。当年歌哭人何在，此日威仪思黯然。玉佩风来松自舞，石麟秋老月空悬。南阳帝里萧条甚，独有空山纪汉年。"其子杨文鼎，著有《孝山遗诗》。

【黄壎】字子友，自号友晋居士，清代即墨人，黄宗庠长子。康熙八年（1669）岁贡生。工诗善文，著有《友晋轩诗集》、《友晋轩诗二集》、《友晋轩诗三集》、《友晋轩诗余》、《日知录》，留有《东山》、《东山即事》、《游浮山》、《游小蓬莱晚宿张茂卿山房》、《过故人山亭》、《春游晚宿南庄》等咏崂诗。《游浮山》云："闻道浮山好，探幽偶一临。云烟连大壑，台树倚高岑。听偈鱼龙出，看碑岁月深。先人题咏在，追慕复成吟。"《黄氏诗钞》收入其诗205首。

【黄垍】（1614—1680），字汤谷，清代即墨人，黄宗扬之子。康熙十年（1671）岁贡生，官费县教谕。工书法诗文，著有《栗里诗草》。其游崂诗《九水道中》云："怪石嶙峋路可封，一川九曲出盘龙。溪边疑有胡麻饭，身在桃源第几重。"①《黄氏诗钞》收入其诗15首。

【黄埙】字子明，清代即墨人，黄宗庠次子。诸生。为人沉静，早逝。著有《修竹山房诗集》，内有《访友人山中不遇》、《山居步封岳兄韵》、《雨后看山限林深心琴字》等记咏崂山诗，《雨后看山限林深心琴

---

① （清）黄守平辑《黄氏诗钞》作"怪石嶙峋路欲封，川迥九曲作盘龙。"《山东文献集成》第二辑第42册，第423页。

字》："夏日晴后望，苍翠郁疏林。返照群峰净，新流万壑深。凉风侵竹簟，爽气静人心。远近余清籁，宵来已入琴。"①《黄氏诗钞》收入其诗21首，《全清词》收入其词51首。

【黄坦】（1629—?）②，字子厚，号澄庵，自号崂山白鹤岚主人，清代即墨人，黄宗庠四子。顺治八年（1651）副榜贡生，康熙二年（1663）举人，因病不仕。博通经史子集，书法出众，清同治《即墨县志》称其"恬淡不慕荣利，坐卧图史中以自娱。书法出入晋唐，诗古文词雄深雅健，下逮宋元词曲，无弗赡也。主骚坛数十年，为同邑诗人之冠"。著有《夕霏亭诗集》、《白鹤岚集》、《夕霏亭诗文稿》、《露华亭词》、《露华亭诗余》、《法书辨体》、《草法辑略》、《举业正则》、《格令辑略》、《拂石居谈余》等③。留有《山居铭》、《游白鹤岚悬泉记》、《拂石居记》、《露华亭记》和《白鹤岚悬泉歌》、《登狮子峰观海》、《白鹤涧》、《游浮山朝阳寺》、《登紫霞阁》、《紫霞阁观日出》、《书带草歌》、《宿修真庵》、《九水仙古洞》、《游慧炬院》、《忆醒睡庵旧游》、《少司寇高念东游劳山赋赠》、《忆快山》、《忆快山堂》、《忆快山书舍》、《小蓬莱观海》等许多记崂咏崂的诗文。《和蓝季方九日东山独游》云："万叠崂峰大海临，千林落木正萧森。云光触地人烟接，雪浪浮空岛影沉。青嶂悬泉开石窦，白沙古渡拥华阴。凭高不尽苍茫意，为托冥鸿寄远心。"《黄氏诗钞》收入其诗743首，沈德潜辑《清诗别裁集》收其诗2首。

---

① 《山东文献集成》第二辑第42册，第440页。

② 宋琬撰：《白鹤岚处士传》："早入泮宫，二十三已售矣……三十五荐于乡"；黄宗崇：《夕霏亭集序》："贞麟长余一岁，坦长余二岁，余年四十有一也"；黄坦：《露华亭诗余自序》："（康熙）乙卯（1675）……年四十有七"；宋琬：《白鹤岚处士孝廉黄公澄庵墓志铭》："少吾十四岁，其喜为诗与古文辞"。宋琬生于1615年，卒于1694年。由此可知，黄坦生于1629年，卒年不晚于1694年。《山东文献集成》第一辑第18册，第192、414、422页；第19册，第47页。

③ 参见清同治《即墨县志》、黄守平纂：《黄氏家乘》、黄守平辑《黄氏诗钞》。

【黄贞麟】（1630—1695），字方振，号振侯，又号石步，清代即墨人，黄宗晓之孙，黄培侄。清顺治十一年（1654）举人，顺治十二年（1655）进士，顺治十八年（1661）授凤阳府推官，曾因康熙五年（1666）黄培案而受牵连。康熙九年（1670）改直隶盐山县知县，曾经续修《盐山县志》，后擢户部山西清吏司主事，署云南司郎中、监督左翼。为官清廉，刚正严明，康熙十七年（1678）因失察侵盗罢归。归后在快山堂西建华萼馆，聘青州进士赵其昌①为师，教授子弟。累赠中宪大夫、翰林院侍讲侍读学士。《清史稿》有传。著有《璱屏轩文集》、《快山堂诗集》、《豫章游草》、《燕台诗集》及自编年谱《纪年》等。曾历游崂山，留有《雨中忆山庄》、《望见劳山》等记崂诗。《黄氏诗钞》收入其诗111首。

【黄贞固】 字立霭，清代即墨人。岁贡，例授文林郎，历任西城、中城兵马司副指挥。著有《尺亭闻见录》。

【黄贞观】 字大观，号尧年，清代即墨人。康熙十四年（1675）岁贡。工书法诗词，著有《永德堂诗草》。《黄氏诗钞》收入其诗9首。

【黄宗崇】（1631—?）②，字岳宗，自号石语亭主人，清代即墨人，黄嘉善之侄。清康熙十一年（1672）岁贡生，康熙十四年（1675）为拔贡③。一生以教书为生。工诗文书画，著有《石语亭诗草》、《宝砚楼

---

① 赵其昌，字世五，号北郭，清初青州彦神镇人。康熙己酉科（1669）举人，己未科（1679）进士，曾任直隶雄县知县。
② （清）黄宗崇：《夕霏亭集序》："余与侄珀、孙贞麟年相若也……贞麟长余一岁，珀长余二岁，余年四十有一也。"《山东文献集成》第一辑第18册，第414页。
③ （清）黄守平纂：《黄氏家乘》卷三："黄宗崇，字岳宗，康熙壬子（1672）拔贡生，乙卯（1675）北直副榜。"《山东文献集成》第一辑第17册，第476页。

遗文》等。留有《石语亭记》、《夜游九水记》、《那罗延窟记》、《赠明霞洞王道人小记》、《慈沾上人浮屠记》、《浮山记》等游记、文章。康熙十二年（1673），撰《玉皇殿碑记》。另有《九日同季枥张先生王僧虔游九水三首》、《雨中杏花盛开与张季枥同饮玉蕊楼》、《鹤山秋色》、《晚眺》等记咏崂山诗。《黄氏诗钞》收入其诗29首。

【周日灿】字熙如，号天近，清代即墨人。顺治二年（1645）恩贡生，顺治六年（1649）任处州府同知，顺治十年（1653）升广东按察使金事南韶道。祀乡贤。著有《入觐条陈》。清康熙二十六年（1687），曾撰《重建东华宫碑》碑文，今碑文已佚。游崂山时留有《海印寺访憨山上人》诗："地迥空诸界，天围敞四封。泉鸣深浅涧，云驶往来峰。法象留遗蜕，经声起梵钟。虽云开五叶，到此总归宗。"

【郭琇】（1638—1715），字瑞甫，又字瑞卿，号华野，清代即墨郭家巷人。5岁随生父郭开先避乱文登宋村集，8岁回里，同年出继为伯父嗣。传其少时曾读书崂山塘子观，顺治十一年（1654）补授博士弟子员。康熙八年（1669），同弟郭璡读书仙姑庵①，乡试中举人。康熙九年（1670）中进士，初任吴江知县，累任江南道监察御史、左金都御史、太常寺卿、内阁学士兼礼部侍郎、吏部右侍郎兼翰林院学士、都察院左都御史兼经筵讲官等职，后因连上《参河臣疏》、《纠大臣疏》、《参近臣疏》三疏遭忌恨而削职还乡。康熙三十八年（1699）复起为湖广总督，加兵部右侍郎、右副都御史衔。康熙四十四年（1705）以病乞遭拒，翌年因权臣排斥而罢归。归家后，钟情于崂山山水。卒祀乡贤，入吴江县名宦祠，诰授通议大夫，例授资政大夫。《清史稿》、《莱

---

① （清）黄肇颚：《崂山续志》卷九：仙姑庵"距邑东三十五里四舍山中，郭华野先生读书处也。先生……少励志清苦，读书庵中"；郭氏雍正家刻本《华野疏稿·年谱》："己酉三十二岁，春正月，同璡弟读书仙姑庵。"

州府志》、《即墨县志》、《江南通志》等有传，民间流传许多关于他为官清廉、勤于政事、整顿吏治、清除弊政的故事。曾主持撰《吴江县志》，著有《华野疏稿》（亦称《松璧奏疏》）等，曾修《即墨郭氏族谱》并序。

【胡瑄】字昆雪，清代即墨人。康熙二十四年（1685）三甲第三名进士。著有《舞鹤轩诗草》。

【胡翔瀛】（1639—1718），初名良桐，字峄阳，号云屿处士，又号不其二劳山人，世称峄阳先生，清代即墨（今城阳区流亭镇）人。曾先后在流亭和即墨县城教书。一生潜心经学，易学尤为精深。著有《易象授蒙》、《易经徵实解》、《竹庐家聒》、《柳溪碎语》、《寒夜集》等。胡峄阳常与友人同游崂山，与百福庵道长蒋清山、隐居崂山的莱阳名士孙笃先交往甚密。死后被胡氏族人尊为十世祖、三太爷，并在流亭村修建胡峄阳祠堂，有联曰："儒也为儒，仙也为仙，精神与墨水同长；歉而不歉，乱而不乱，唯居之崂山最稳。"据传崂山民间常说的"千难万难不离崂山"一语，即为其所言。由于胡峄阳通晓占卜、易数，在城阳一带流传着许多关于他的传说和奇闻逸事，并增加了许多神奇色彩，胡峄阳被尊为神仙，《莱州府志》、《灵山卫志》、《即墨县志》、《即墨胡氏族谱》等书均载录其事。崂山华严寺的寂光洞、即墨马山等处，都供奉着胡三太爷的神位。2008 年，关于胡峄阳的传说，作为重要历史文化遗产，被列入青岛市市级非物质文化遗产名录。

【范士骥】字称若，号北野，清代即墨人。康熙五十五年（1716）岁贡，与胡翔瀛、高宏图、张允抡等被称为"崂山七十二君子"。著有《四书集解》、《易经集解》、《启蒙》。

【韩邻佐】字良辅，清代即墨城东北枣行人。廪生。善楷书，尤工为诗，性好山水，精于义理之学，与同时代的范士骥、胡峄阳并称为即墨"理学三老"。年四十八卒，邑人解瑶（字琢章，号柳溪，著有《松斋文集》）曾撰有《韩良辅先生传》，冯文炌亦有《韩先生传略》。韩邻佐撰有《崂山望海赋》赞曰："崂山蠢兮海洸洋，登且望兮若木乡。浴日月兮相望，海外有截兮波不扬。"[1] 颇有文采。

【纪润】号梅林，亦作墨林、默林，清代即墨县北曲村（今属城阳）人。康熙年间诸生，擅长书画，与流亭胡峄阳、道人蒋清山交情深厚，常结伴游山。著有《东园草》。游览崂山时，留有《八仙墩》、《劳山头》、《山游同沈仲知、黄介眉》、《华楼晓起》等诗篇。另撰有《崂山纪略》和《劳山记》游记一篇，在《劳山记》中摘录了崂山大量楹联，对研究崂山历史文化具有重要史料价值。《劳山记》曾于1919年由青岛墨林印书馆正式印刷发行，书名为《最新崂山记》。

【宋绍先】字承哉，号艾山，清代即墨人，宋统殷之孙。诸生。曾游崂山，清同治《即墨县志》收有其《游内九水》诗："路出千林杪，探奇时一过。地偏人迹少，山静鸟音多。倚仗听岩溜，看云入涧阿。尘容净如涤，不必俟清波。"

【宋肇麒】字麟徵，清代即墨人，宋绍先之子。贡生。游崂山时，留有《忆崂山游》[2] 诗："昔我登临处，春风策杖游。岩垂花倒发，洞合水重流。怪石东峰古，仙桥小洞幽。山中成小憩，怅望忆同俦。"

【蓝启亮】字纯元，号寅庵，清代即墨人，蓝润三子。廪生，荫官贡生。早逝。著有《省可轩遗诗》，收有《赠吴采臣》、《寄徐方伯惺》、

---

① 引自（清）黄肇颚：《崂山续志》。
② 清同治《即墨县志》作《太平宫》。

《赠高邑侯》、《怀旧二首》、《送宋蒸翁之任广平太守》诗。

【蓝启延】 字益元，一字延陵，号退庵，清代即墨人，蓝润四子。清康熙二十六年（1687）举人，康熙三十九年（1700）进士，授广东乳源县令，补陕西西和县知县，卒于官。著有《延陵文集》。

【蓝启晃】 字复元，号惺庵，清代即墨人，蓝深嗣长子。天性孝友，于女姑庄置义田三顷，以收族人之失业者。康熙十三年（1674）贡生，任蒙阴县训导。致仕归，举乡饮大宾。著有《文印堂语录》。留有《东庄亦园》、《静思》、《雨中宿华楼》等记崂诗。

【杨铭鼎】 字健斋，清代即墨人。庠生。著有《浮橘斋集》。留有《聚仙台》、《游华严庵那罗延窟》等咏崂长诗，其中云："山有仙兮水有龙，觅胜纷纷相接武。海上名山随地有，天下奇观此为首。"

【周祚显】 字有声，号星岩，清代即墨（今龙山街道大留村）人。康熙三十六年（1697）进士，初令广西富川，再迁户部主事，转刑部侍郎，出任陕西道监察御史，终兴泉道。著有《清遗堂稿》、《周侍御集》、《奏疏》等。游鹤山时，留有《鹤山》、《题花萼馆》等诗篇。《鹤山》云："鹤去今何在？洞开一径蹊。曾无箫史驻，惟有白云栖。华表余晖照，海天曙色齐。登临兴正切，忽已月轮西。"

【黄大中】 （1649—?），字元徽，号劳村，清代即墨人，黄贞麟长子。康熙十六年（1677）举人，官浙江武康知县，卒于官。著有《璆屏轩诗集》，留有《再读书璆屏轩》、《望崂山》等记咏崂山诗，《望崂山》云："东南林壑美，天外削芙蓉。爽接沧州月，春回白雪峰。人烟环岛屿，村舍傍鱼龙。那得长康笔，云山画几重。"《黄氏诗钞》收入其诗18首。

【王懿】（1651—1722），字文子，号巨峰，清代即墨大枣园村（今属李沧区湘潭路街道办事处）人，王柱今之孙。康熙十一年（1672）拔贡，康熙二十三年（1684）举人，康熙二十七年（1688）进士，授翰林院庶吉士，改任编修，授文林郎。历任会试同考官、户部给事中、刑部掌印给事中、顺天府丞、大理寺少卿、顺天府尹、大理寺正卿、工部右侍郎、新疆巴里坤（今巴里坤哈萨克自治县）屯田总督等职，官至从一品。曾兼任经筵侍讲，为雍正皇帝之师。诰授通议大夫，例授资政大夫。著有《奏议》、《竹里楼诗集》等。王懿墓原葬即墨县南50里处，即今李沧区曲哥庄村以西位置，后在1943年日军扩修沧口飞机场时被毁。大枣园文化广场内现立有王懿塑像。

【蓝启肃】（1653—1700），原名启冕，字恭元，号惕庵，又号竹林逸士，清代即墨人，蓝深次子。康熙二十三年（1684）举人，授内阁中书舍人。善诗工画，著有《清贻居集》，留有《鹤山道望小蓬莱》、《鳌山晚发》、《观海》、《春日读书华阳山房》、《华阳山房再用前韵》、《雨后东园小酌》、《再游华楼》等许多记咏崂山诗篇，其中《鳌山晚发》、《观海》收入同治《即墨县志·艺文志》。《鳌山晚发》云："驱车薄暮望，萧瑟动林垌。日落晚峰翠，云浓归路暝。人声依远浦，渔火聚寒灯。更有河洲雁，哀鸣不可听。"其诗《送郭华野总制湖广》被收入《清诗别裁集》。

【蓝启蘂】字子开，号元方，清代即墨人，蓝漪长子。诸生。擅鉴赏文物，工诗词书法。时莱阳名流宋继澄客居即墨，与黄培、董樵、宋琏、黄贞麟诸人结为诗社，吟诗唱和，蓝启蘂与弟蓝启华亦参与其中。著有《逸筠轩诗集》，留有《怨歌行》、《山居》、《山行》、《登狮子峰》、《赠董处士樵》、《赠宋澄岚先生》等记崂诗，清同治《即墨县志·艺文志》收其五律《天井山》："登临爱此地，俯仰许相从。列坐随秋草，开樽对巨峰。清风如我至，黄菊为谁容。莫漫舒长啸，恐惊潭底龙。"

【蓝启华】字子美，号季方，清代即墨人，蓝漪三子。诸生。著有《余堂文集》、《白石居诗稿》、《即墨列妇传》、《学步吟》。撰有《游鹤山记》、《华阳书院》记游文，另有《登移情里小楼望海》、《独登巨峰望海遥忆旧游和朗生舅韵》、《小蓬莱》等咏崂诗。《小蓬莱》云："大壑渺无际，苍茫日夕流。百年怜逝水，千里送孤舟。岛屿移鳌背，阴晴变蜃楼。空闻不死药，何处是丹邱。"收入同治《即墨县志·艺文志》。

【黄美中】（1656—?），字元美，清代即墨人，黄贞麟次子。清康熙二十五年（1686）拔贡。敕赠文林郎、宁洋县知县。著有《竹凉亭诗集》，留有《雨后山行》、《僧舍》等咏崂诗，《黄氏诗钞》收入其诗15首。

【黄鸿中】（1660—1727），字仲宣，号海群、容堂，清代即墨人，黄贞麟第三子。清康熙四十七年（1708）恩贡，康熙五十年（1711）举人，康熙五十七年（1718）进士，改翰林院庶吉士，授编修，累迁国子监司业、翰林院侍讲侍读学士、提督湖南学政、都察院左副都御史。清雍正元年（1723）任山西正主考，雍正二年（1724）任会试同考官。为政廉勤，治学严谨。著有《两朝恩荣录》、《容堂文集》、《华萼馆诗草》、《华萼馆文集》、《燕游日记》、《湖南日记》等。康熙四十九年（1710）曾撰《邑侯康公入名宦记》。康熙五十一年（1712），撰《墨庄记》。康熙五十六年（1717），撰《重修百福庵碑记》。留有《上庄别墅杂咏》、《迟东厓主人》等咏崂诗，《黄氏诗钞》收入其诗86首。民国徐世昌刊《晚晴簃诗汇》收入其五律《题尧年叔水交山庄》。

【黄彦中】字长文，清代即墨。康熙三十五年（1696）举人，官山东武定州学正。《黄氏诗钞》收入其诗《赠羽士》。

【黄理中】（1662—?）字仲通，号墨山，清代即墨人，黄贞麟第四子。雍正元年（1723）举人，官直隶新城县知县、顺天府涿州知州。诰授奉政大夫，晋封奉直大夫。著有《来鹤亭诗集》，留有《山居》等记崂诗。《黄氏诗钞》收入其诗14首。

【黄敬中】（1665—?），字叔直，号山淙，清代即墨人，黄贞麟第六子。清康熙三十一年（1692）举人，康熙四十八年（1709）进士，历任直隶龙门知县、河南禹州知州、南阳知府。著有《山淙文稿》、《松园诗草》，内有咏崂诗《雨后望崂山》："山外浮云云外山，山空云静物闲闲。雨过扶杖山头望，又见闲云自在还。"《黄氏诗钞》收入其诗21首。

【解瑶】（1667—1757），字琢章，号柳溪，别号松斋，清代即墨人。诸生。工古文词，著有《松斋文集》。道光间周翕镔编《即墨诗乘》、张鹏展《山左诗续钞》均收入其诗，并附有小传。

【范汝琦】字佩华，清代即墨人。诸生。著有《蜗角吟》，留有《聚仙台晚酌》、《晚宿上清宫》、《华楼》、《赠封岳黄大金吾》等咏崂诗，同治《即墨县志·艺文志》收入其《重修文昌阁碑记》文及五律《华楼》诗。

【王肇祚】字伯宣，号恒庵，清代即墨人。康熙间恩贡。著有《贞烈纪略》、《族约编》、《蕲灯录》、《恒庵集》，有《马鞍山》诗："天马行秋至，白云隐薜萝。松门飞鸟集，石室吊花多。随意穿林麓，远尘步涧河。哲人今已杳，惆怅欲如何。"

【周澂】字清澜，号近龙，清代即墨鳌山卫人。康熙四十八年（1709）己丑武科进士。著有《偶吟草》。

【周知非】字遽学，清代即墨鳌山卫（今龙山街道大留村）人，周祚显孙。康熙六十年（1721）三甲第84名进士，官河南确山知县。著有《待恩居诗稿》。

【周璕】字雁侯，清代即墨人。康熙五十一年（1712）岁贡。著有《礼记义解》、《四书义解》。

【江梜舟】字语梅，号雪舫，清代即墨鳌山卫人。康熙四十七年（1708）恩贡。著有《于野堂诗稿》。

【孙士斗】字文波，清代即墨人。康熙五十九年（1720）副贡。著有《即墨志辨》，已佚。

【周细】字蕴青，清代即墨人。康熙三十八年（1699）贡生。工诗善文，著有《中溪诗集》。留有《九水》、《白沙涧》、《上清宫》、《华严庵》、《夜游下宫海上》、《华楼》、《访山居》等咏崂诗篇，同治《即墨县志·艺文志》收入多篇。

【周毓正】又名毓真，字衷恺，号心雪，清代即墨人，周细之子。康熙六十年（1721）进士，官山西浮山知县。罢归故里后，建先祠，置义田，睦姻任恤，尤喜陶冶后进，执经问学者盈门，远近师尊之。著有《中溪集》、《心雪斋集》、《周衷恺小题真稿》。留有《山居》、《书带草赋》等游崂诗文，并撰写有《重修童府君庙碑记》、《重修华楼庙碑记》和《山海图记》，是研究崂山的重要资料。

【周日琛】字伯邑，号五原，清代即墨人。康熙五十二年（1713）副贡，官商河教谕。著有《磨青馆诗草》，内有记崂诗《山雨》："晓雨来峰外，浓烟湿近林。松声遥细细，洞中尽阴阴。重露岩花落，连云海气深。莫言愁客况，清寂静尘心。"

【周逢源】字履安，清代即墨人。庠生。著有《三余斋诗集》，留有《小蓬莱杂咏》、《春日过小蓬莱》等咏崂诗。

【蓝昌後】字斯贻，号西岩，清代即墨人，蓝世茂孙。康熙二十六年（1687）举人，授文林郎，官德州学正，宦绩载《德州志》。著有《西岩遗集》，内有《春初山游》等游崂诗。

【蓝昌伦】字斯广，号彝庵，清代即墨人，蓝启藜子，蓝昌後从弟。康熙五十五年（1716）岁贡生，为寿张训导，殁于官。著有《静愉斋诗草》，留有《夏日上苑》、《题东山书屋》、《溪上精舍》、《雨霁》、《元旦祀司寇公庙》等记崂诗。《夏日上苑》云："一径岩峣道院幽，海天万里望中收。阶前云拥千岩削，松下风生六月秋。龙洞深如巢父谷，狮峰高并尹真楼。相逢羽客消清昼，仿佛嵩阳观里游。"

【黄克中】（1677—?），字述令，号华东，清代即墨人，黄㙔之孙。清雍正元年（1723）举人，官利津教谕。归里后设馆从教，工楷书。著有《涵清馆诗草》，留有《和仲宣三兄上庄杂咏》、《忆快山书舍》、《竹凉亭》、《来鹤庄》等咏崂诗。《黄氏诗钞》收入其诗27首。

【黄体中】字仁在，号镜海，别号竹坡、镜海渔人，清代即墨人。雍正年间廪贡生，候选州同知，不仕。工书法，长于鉴别古书画及青铜器，尤精风水。著有《来山阁诗草》、《山水音》等。晚年入居崂山九水，留有《徐福岛》、《劳山》、《鱼鳞口瀑布》、《山居三十韵》、《黄石崮》、《一水山房》、《来山阁书怀》、《三标山》、《康成书院怀古》、《石渠八景》、《恭和先高平公浮山诗次韵》等许多咏崂诗篇。《劳山》云："名胜甲东海，千岩插碧霄。望洋趋九水，拱岱屹三标。篆叶明书院，神鞭逐石桥。灵踪多恍惚，终古未遥遥。"同治《即墨县志·艺文志》收录多首。《黄氏诗钞》收入其诗 69 首。其长子黄振世，字舒千，号静斋，监生。《黄氏诗钞》收入其诗 1 首。

【黄致中】字元性，号屺思，清代即墨人。监生，官刑部主事、刑部江南司员外郎，著有《北海集》。《黄氏诗钞》收入其诗 11 首。

【黄统中】字如函，号槐亭，清代即墨人。增贡生，官广东阳江知县、饶平知县、广西宾州知州、广东万州知州。著有《即墨人物考》，乾隆八年（1743）主持重修《阳江县志》。

【杨瑛】字华玉，号朴庵，清代即墨人，杨遇吉之孙。贡生，由山东曹县训导擢江西会昌县令，廉明清正，弭盗安民，卒于官。著有《选擢奏疏》。

【杨玠】（1677—1717），字承玉，号继斋，清代即墨人，杨还吉之孙。清同治《即墨县志》称其"六岁作《泰山颂》、《古圣赞》，以神童名。"康熙三十八年（1699）举人，康熙三十九年（1700）进士，康熙四十七年（1708）出仕江西赣县令。著有《奏疏代稿》、《即墨考》、《即墨节妇考》、《清溪文集》、《清溪文稿》、《炎州草》、《清溪杂诗》、《清溪诗录》等，留有《崂山观海》、《登华楼》等咏崂诗，并曾续修《即墨杨氏家乘》。

【杨士鑑】字宝千，号华峰，清代即墨人，杨兆鲲玄孙，郭琇外孙。清雍正二年（1724）进士，授编修，历任浙江道监察御使、吏科掌印给事中、温州府知府、贵州思州知府等。著有《疏稿》、《华峰集》。

【杨士钥】字庭可，号丹峰，清代即墨人，杨士鑑之弟。雍正四年（1726）举人，乾隆十七年（1752）任辽宁建平县知县。工诗，著有《山人瓢》、《浙游草》等，留有《华阳书院》、《黄山观海》等咏崂诗。《华阳书院》："华阳高阁矗山齐，咫尺空濛望转迷。栖鸟傍檐微雨过，轻烟笼树野云低。穿林雁阵翻红叶，夹岸松关枕碧溪。问道辋川何处是，横秋一幅画中题。"

【杨士鏻】字乾一，号南溪，清代即墨人，杨士鑑三弟。清乾隆七年（1742）进士，出仕福建南靖县令。42岁卒，葬乌衣巷东山。著有《南溪草》。

【杨士铅】字俞皋，号大廉、槐亭，清代即墨人，杨遇吉曾孙。清乾隆六年（1741）举人，乾隆十年（1745）进士。历任山西祁县、介休县知县。清同治《即墨县志》称其"为政慈爱简易，民皆便之"，"三年考课称最，丁外艰归服阕，遂不赴补"。曾修《即墨杨氏族谱》并序。

【杨士銮】字殿声，清代即墨人。乾隆十三年（1748）岁贡。著有《华东诗草》。

【杨士钫】字端叔，号邻鹤，清代即墨人，杨士鑑从弟。诸生。著有《邻鹤诗草》，留有咏崂诗《女姑山》："女姑山北海重围，一带清寒压板扉。人坐空堂燃柏子，打窗风雨夜来归。"

【周泽京】字研雨，号柏亭，清代即墨人。乾隆六年（1741）拔贡。著有《鹤村诗集》。

【周泽曾】 字述一，清代即墨人。诸生。著有《樗园诗草》。

【蓝重毂】 字念贻，号息斋，清代即墨人，蓝启肃子。诸生，堂邑县训导。曾参与修纂《即墨志稿》，著有《余泽续录》、《即墨节妇录》、《蓝氏家藏》等。

【蓝重蕃】 （1686—1762），字念宗（又作念曾），号半园，清代即墨人，蓝启肃子，蓝重毂之弟。监生，候选州同知。乾隆四十六年（1739）出任华阳书院山长，作《华阳书院纪略》，详细地记载了华阳书院自建成以来的发展历程及书院的风景地貌、人文景观等，对研究崂山华楼山景物仍具有重要的参考价值。曾参与修纂《即墨志稿》，并撰《即墨志稿跋》。著有《东厓杂著》、《蓝氏家乘》。

【蓝重祜】 字承锡，号淡成，又号蓬莱居士，清代即墨人。廪贡生，正红旗教习，考授知县。著有《蓬莱遗诗》，内有《同潘明府登云龙山步韵》等诗。

【蓝重煜】 字宪武，清代即墨人，蓝启延次子。诸生。著有《上禄草》，内有《雨窗闲眺》、《即事》、《七夕》、《忆家大人赴哈密军》、《磁州早发》等诗。

【冯文炌】 字伯章，号素斋，清代即墨人。雍正元年（1723）拔贡，雍正七年（1729）副贡。曾随蓝启延做幕府，教授华阳书院。晚年选任乐安县教谕，未就任，卒于家。著有《柏荫堂集》、《墨志稿存》、《韩先生传》、《陇上吟》、《批金解唐才子诗》。曾参与清乾隆《即墨县志》的编修工作，并撰序，写有《华阳书院记》。游崂山时，留有《城阳道中》、《宿华阳书院和韵》、《送方我素入大劳》等诗篇。

【范九皋】字莘田，清代即墨人。雍正间诸生。学问渊博，善诗文，著有《唾余集》、《劳山十咏》、《范氏家藏》、《墨邑诗钞》、《墨志稿存》、《列国志徵实》。游崂山时，留有《华楼步韵》、《烟云涧》、《三水》、《八仙墩》、《太清宫》、《华严庵》、《小蓬莱》、《巨峰》等诗作，其《烟云涧》云："涧路何重重，烟云锁碧峰。黄精初煮夜，红蕊正凌冬。绝壁看栖鹤，深山数晓钟。不知尘世外，多少羽人踪。"

【黄济世】（1686—?），字公楫，清代即墨人，黄敬中长子。廪贡生，历任乐陵县教谕、江西雩都县知县。著有《一峰草堂诗集》。《黄氏诗钞》收入其诗《秋夜》等18首。

【黄靖世】（1689—?），字聘又，清代即墨人，黄美中之子。康熙五十二年（1713）举人，官福建宁洋县知县。著有《遂此居诗集》。《黄氏诗钞》收入其诗《春夜》、《忆远》等11首。

【黄焘世】（1691—?），字云若，号蓬山，清代即墨人，黄贞麟之孙。康熙五十年（1711）举人，康熙五十二年（1713）恩科进士，历任四川绥阳知县、遵义府通判、大理寺右评事。著有《蓬山文稿》、《籁台诗草》。《黄氏诗钞》收入其诗《望仙》、《秋风吟》等24首。

【黄簪世】字绂皆，号蓉庵①，清代即墨人。乾隆时附贡生，官浙江淳安知县、海宁知县、顺天府粮马厅通判。曾与金鳌纂修浙江《海宁县志》。他还曾搜集即墨黄氏家族从明嘉靖至清乾隆时期二百年间17位诗人的诗作，辑成《黄氏诗钞》，于乾隆三十一年（1766）刊行。著有

---

① 一作"容庵"。

《庆远堂诗草》。黄守平辑《黄氏诗钞》收入其诗《酬卓峰弟》等 2 首。

【黄晟世】字旭东，清代即墨人，黄统中长子。附贡生。著有《易说》、《于訾堂诗集》。《黄氏诗钞》收入其诗《读蓝海庄续南游草》等 42 首。

【黄芳世】（1694—?），字菊秋，号若洲，清代即墨人，黄致中长子。乾隆六年（1741）顺天举人，官湖北京山县知县、章丘县教谕。著有《偶存集》、《敦复堂诗集》，有《游玉女盆记》。《黄氏诗钞》收入其诗 33 首。

【黄宏世】字坤咸，号石屏，清代即墨人。增贡生。善书画，工篆刻，著有《雪舫诗稿》。留有游崂诗《华楼》，为《黄氏诗钞》和清同治《即墨县志》收入，其中有"松门云结四时雨，涧石风生万壑雷"之句。

【黄恩世】字因心，号南厓，清代即墨人，黄克中之子。诸生。著有《南游草》、《有此屋诗集》。《黄氏诗钞》收入其诗 33 首。

【黄偕世】字同人，清代即墨人。诸生。著有《有容堂诗草》①。《黄氏诗钞》收入其诗 4 首。

【郭廷翼】（1693—1759），字虞邻，号啸庄，清代即墨人，郭琇嗣长子。附贡生。筑有藏书楼曰"慕云楼"，藏书近万册。著有《南游草》、《南行日记》、《郭华野公年谱》。雍正七年（1729）曾修《即墨郭氏族谱》。参与编纂乾隆《即墨县志》，并写有《志辩跋》一文。

---

① （清）黄守平纂：《黄氏家乘》卷四"著述"。

【初元方】（1698—1771），字端崖，号峨村，原籍清代莱阳人，清乾隆十八年（1753），阖家由莱阳北黄村迁居即墨海堤村（今属金口镇）。雍正二年（1724）举人，乾隆四年（1739）进士，历任堂邑县教谕、河南泌阳、灵宝、登封、夏邑、四川珙县、内江、遂宁、富顺、宜宾等知县及河南乡试同考官，授奉政大夫，晋赠中宪大夫、荣禄大夫、光禄大夫、兵部左侍郎、工部尚书。

【郭廷翥】（1700—？），字虞翔，号文岩，清代即墨人，郭琇次子。康熙五十六年（1717）举人，捐纳同知，历任浙江湖州府同知，衢州府、嘉兴府知府。明于断狱，多善政，人称之曰"郭青天"。诰授奉政大夫、例授中宪大夫。

【蓝中玮】（1706①—？），字奎莽，号墨溪山人，清代即墨人，蓝昌後之子。乾隆二十五年（1760）岁贡，候选训导。著有《匣外草》，留有《登浮山》、《狮子峰》、《宿崂山慧炬院》、《登华楼》、《玉鳞口》、《望巨峰》、《玉女盆》、《长春洞》等许多记咏崂诗。

【郭廷翁】（1710—1785），字虞受，号冷亭，一号桹莽，清代即墨人。乾隆六年（1741）举人，官江西宜春、南城县令。工诗善书，精篆刻。告归后，与诸名士结社，赋诗论文，考书画古帖。著有《桑梓之遗》、《桹莽诗集》、《西南行诗草》等。《桑梓之遗》计 77 册，保存了大量山左名人书画。留有《八仙墩》、《谈山》、《结庐》、《夜宿山家闻泉》等记游崂山诗文，后辑为《二劳遗文》十二卷。又曾注黄宗昌《崂山志》，嘉庆十三年（1808），海阳诸生毛淑瑛取黄宗昌《崂山志》中名胜一卷刊之，附入郭廷翁注十五条，题名《崂山名胜志略》。周至

---

① 《匣外草》自叙："乾隆壬寅（1782）仲秋望日墨溪山人蓝中玮七十七岁自识"。

元《崂山志》录其《八仙墩》诗,清同治《即墨县志》载有其文《磐石犹存碑记》,今即墨市博物馆藏有郭廷翕书法作品。

【杜延闿】字骞若,号怡亭,清代即墨人。乾隆三十九年(1774)副贡生,官馆陶教谕。著有《姓略》、《谭略》、《闲窗随笔史略》等。《谭略》成书于乾隆五十七年(1792),多记逸闻传说故事,内中多有涉崂山者。

【黄榛】(1717—?),字硕轩,号漪园,清代即墨人。乾隆十五年(1750)举人。事亲孝友,爱诸弟,深居简出,生活简朴,好诗歌古文,才气纵横,著有《漪园诗文集》(亦称《漪园文存》)。《黄氏诗钞》收入其诗《咏怀》等28首。

【蓝中璈】清代即墨人,蓝重祐长子。附监生,任齐河县训导。著有《带经堂诗集》。

【蓝中琮】清代即墨人,蓝重蕃第三子。庠生。著有《竹窗录》。

【蓝中珪】字汝封,清代即墨人,蓝重蕃第四子。乾隆四十五年(1780)岁贡,任高宛县训导、教谕。著有《紫云阁诗稿》,留有《崂山四咏》、《九水瀑布》、《西莲台》、《夜到华阳书院》、《张仙塔》、《崂山夜行》、《北泉故址》等咏崂诗。《西莲台》云:"晚照空山里,万松护寺基。磬声依石静,旛影动云迟。花落春归日,鸟啼雨歇时。高峰僧对语,何处著尘思。"其妻宋氏与郭廷翕夫人亦有诗文唱和,被收入《即墨诗乘》。

【蓝中高】(1720—1778),字季登,号海庄,清代即墨人,蓝重蕃第五子。乾隆十八年(1753)拔贡,官日照教谕,卒于官。参与编修乾隆《即墨县志》，著有《海庄诗集》、《南游草》，留有记游崂山诗《八仙墩》、《狮子峰》、《春日游华严寺》、《那罗延窟》、《五色岩》、《冬日读书华阳书院次二兄见怀》、《望崂山》、《华严庵夜雨题壁》、《华楼曲》等数十首。《春日游华严寺》云："何处寻春好，华严日暮时。流泉喧竹籁，宿鸟栖林枝。涧曲风生暖，山高月上迟。夜阑烧短烛，梵响更吾宜。"

【蓝中璨】字璀玉，号芸圃，清代即墨人。乾隆三十九年（1774）岁贡生，候选训导。著有《依云居诗草》，内有《过马鞍山》、《赠友人》、《同人夜饮》、《题解母杨太君节孝传后》等诗。

【蓝用和】字介轩，号长村，又号柳下居人，清代即墨人，蓝中璨之孙。乾隆二十一年（1756）举人，初为齐河县教谕，后官广东龙门县知县。清廉爱民，以疾告归。著有《梅园遗诗》、《柳下文集》。

【黄植】（1721—1791），字静轩①，号复斋，清代即墨人，黄榛之弟，黄守恪之父。乾隆三十七年（1772）恩贡。博涉群籍，潜心经史，著有《周易浅说》、《论语会说》、《学庸记疑》、《孟子析疑》、《诗经参考》、《春秋大意》、《易经讲义》、《四书思问录》、《读史偶记》、《史论》、《忠说》、《日知录》、《警枕录》、《水湄草堂语录》、《水湄草堂集》等。晚年尝游崂山，留有《游崂山》、《华严庵》、《那罗延窟》、《宿华严庵》、《不其山怀郑康成先生》、《八仙墩》、《山行》等咏崂诗作。《宿华严庵》云："一榻高闲仙客居，朦胧云月映窗虚。跰跚到处尘缘息，惟有松风响木鱼。"《黄氏诗钞》收入其诗47首。

---

① 又作"芸轩"，见《黄氏家乘》：黄榛：《〈论语会说〉序》，《山东文献集成》第一辑第18册，第507页。

【江如瑛】字渭仁，号梅岑，清代即墨人。乾隆十五年（1750）举人，任冠县教谕。著有《梅岑诗集》。游崂山时，留有《神清宫次壁上韵》、《翠屏岩》、《吊憨山海印寺废址》、《青山道中》、《登那罗延窟》、《吊海印寺故址》、《九水》、《蓝氏山庄》等诗。《神清宫次壁上韵》云："为爱长春洞，登临足盛游。一从黄鹤去，只有白云留。炉火虚丹灶，松阴下石楼。孤峰凭眺处，归雁几行秋。"

【江用淏】字澄斯，清代即墨人，江如瑛从侄。诸生。著有《学吟草》，留有《蜃楼海市歌》咏崂诗。

【江淑榘】字慎斯，号服畴、抑堂，清代即墨人。祖父江允溥，字及民，号源山，清雍正二年（1724）进士，曾任安徽繁昌知县。其父江毓圻，字东屏，乾隆十六年（1751）进士，曾任广东东莞、从化知县。江淑榘考中乾隆五十二年（1787）进士，历官平乡、邯郸知县，升补易州直隶州知州。著有《楚游记》。

【江炳】字明庶，清代即墨人。乾隆四十七年（1782）恩贡。著有《禹贡粹解》、《洪范粹解》、《诗经集解》、《四书集解》等。

【吕克箴】字东和，清代即墨人。增生。著有《道统言行录》、《理学备参》、《洗心辑语》、《读书要言》、《洗心录》、《日新录》、《读书日记》、《括囊集》、《家食集各》。

【周来馨】字偕芳，号云鏊，清代即墨人①。雍正八年（1730）进

---

① 周来馨之父周眉龄，字山眉，庠生。其兄周联馨，字符芳（又字元芳），乾隆九年（1744）贡生，著有《六息轩蒉钞》。其弟周迪馨，字同芳，雍正二年（1724）副贡，著有《克修轩遗稿》。

士，任河南临颍知县，三载以勤劳卒。著有《云壑小草》、《楚中草》、《大梁客中吟》。游崂山时，留有《下清宫》、《华严庵》等诗篇。《华严庵》云："仙宇依稀近眼前，碧峰阴阴接遥天。梦回羡煞闲鸥鹭，飞破夕阳数点烟。"

【周志让】字芸恭，号抑斋，清代即墨人，周来馨之侄。乾隆十九年（1754）明通进士，初任乐安教谕，升广东三水、新会知县，署连州直隶州知州、广州佛山府同知、连山厅理猺同知。著有《六息轩诗稿》、《六息轩制艺》（参见《即墨周氏族谱》）。

【黄立世】（1727—1786），字卓峰，号柱山，清代即墨人，黄贞麟之孙。清乾隆十八年（1753）乡试第四名中举，次年中明通进士。历任广东保昌、潮阳、饶平、花县、新宁等县知县，广东乡试同考官。为官清廉，喜好交游作诗。著有《柱山诗稿》、《四中阁诗稿》、《西河集》、《詹詹录》、《散花传奇》、《柱山诗话》、《桐华轩文集》（又作《遂初文集》）、《诗余》、《杂著》及《长子县志碑碣》等。曾作《述旧集》，对即墨先贤 20 余人逐一介绍并赋诗吟咏。清乾隆三十年（1765），曾修辑黄氏先祖遗编，得诗二十卷、文四卷。《黄氏诗钞》收入其诗 470 首。民国徐世昌刊《晚晴簃诗汇》收入其《高邮怀秦少游》、《峄山湖》、《立秋前一日作》、《过六盘山》诗四首。游崂山诗有《送李君莲塘同历下陈雨人游劳山》、《山寺即事》、《山游》、《游那罗延窟和蓝汝封》、《无影山听杨禹砥弹琴》等多首。

【初之朴】（1727—1807），字怀素，号懋堂，原籍清代莱阳人，清乾隆十八年（1753），迁居即墨海堤村（今属金口镇），初元方之子。贡生。曾任北京北城、东城兵马司正指挥，后升户部贵州司主事，太平仓大通桥监督、户部云南司员外郎、补放徐州知府、颍州知府、南昌知府，后升江西通省督粮道监管水利，诰授中宪大夫，晋赠荣禄大夫、光禄大夫。

【张鹤】又名铃，字阳扶，号啸苏，亦称肖素，清代即墨人。乾隆
三十五年（1770）举人，官福建署县尹，乾隆四十七年（1782）辞官
告归，在崂山北九水大崂村北筑"大劳草堂"居住，后出游河南，任
汝宁书院山长。工诗善文，著有《大劳山房遗集》。张鹤居崂山时，曾
根据外九水的自然风貌，为每一水选一名胜命名，写有《九水纪游》
五言长诗并序，并撰有《大劳草堂记》，记述其隐居崂山之始末。另留
有《不其山观海》、《登下清宫绝顶》、《田横岛》、《老子宫》等游
崂诗。

【周知佺】字登瀛，号蝶园，清代即墨人。乾隆十五年（1750）副
贡，官定陶教谕。博学能文，工诗，著有《二劳山人诗稿》、《汗漫游
集》。留有《黄石宫》、《华楼》等游崂诗，为清同治《即墨县志》收
入。《华楼》："纤纤赤雀去还留，踏遍山头望海头。玉盏千巡醉金液，
仙人万古住云楼。香凝涧草烟徐度，浪暖春花水不流。笑煞武夷风雨
夜，空悬幔幛列琼馐。"

【王鸿泰】字子渐，清代即墨人。诸生。清乾隆五十一年（1786）
秋曾游崂山，"触景生情，过而难忘"，撰写有《增补纪梅林先生崂山
记》，以补纪润《劳山记》之阙。

【黄如琯】字西玉，清代即墨人，黄大中之孙。乾隆三十五年
（1770）岁贡，嘉庆间曾任招远县训导，兼署海阳县教谕。著有《劳劳
亭诗草》。《黄氏诗钞》收入其诗42首。

【黄玉书】字邻素，号芥亭，清代即墨人，黄体中之孙，蓝中高表
侄。增贡生。曾在崂山九水中的一水建有"一水山房"。著有《一水山

房韵书》(《音韵贯》、《古今音韵分合异同源流》)、《一水山房诗集》。留有《观海》、《浮山寺》、《一水山房》、《游下清宫》、《海印寺遗址》、《华严庵》、《天井山》、《那罗延窟》、《游石渠》等记游崂山诗。《海印寺遗址》云:"无边色相总空花,修竹万竿隐暮霞。一去粤东魂不返,云山依旧道人家。"《黄氏诗钞》收入其诗81首。

【黄玉瑚】(1731—?),字东序,号栗亭①,清代即墨人。清乾隆三十年(1765)拔贡,乾隆三十六年(1771)举人,诏试钦取四库馆行走,曾任江苏荆溪、青浦、桃源、溧阳等地知县。著有《白石山房诗存》,留有《八仙墩记》、《天井山记》和《浮山寺》、《华严庵》、《雪后望二崂》、《那罗延窟》、《观海》、《海上人家》等记咏崂诗文。《黄氏诗钞》收入其诗175首。

【黄玉衡】字音素,号南园,清代即墨人,黄体中之孙。乾隆四十二年(1777)拔贡,以病弃举子业,善医,亦精音律之学。工诗善文,著有《二水山房诗集》,留有《九水歌》、《游锦屏岩》、《北园别墅》等咏崂山诗。其中《九水歌》用322字描写了从一水到九水的景色。《黄氏诗钞》收入其诗四首。

【黄如珂】字纫斯,清代即墨人。廪贡生。曾参校乾隆《即墨县志》,著有《柿叶书屋诗集》。《黄氏诗钞》收入其诗83首。

【黄如钧】字平一,号庐阜,清代即墨人。乾隆五十一年(1786)岁贡。著有《庐阜诗集》。《黄氏诗钞》收入其诗《寄家书》、《重游十梅庵赠勿道人》等42首。

---

① (清)黄守平纂:《黄氏家乘》作"号芝田"。

【段琨】（1735—1799），字琴山，号守朴，清代乾隆年间即墨人。工画，善画羊，兼画人物，世称"段羊"。今即墨市博物馆、青岛市博物馆藏有其画。其侄段璘，嘉庆年间贡生，亦工画，其作品即墨市博物馆也有收藏。

【周葆光】字月峰，清代即墨人。乾隆三十年（1765）拔贡，官长清县教谕。游崂山时，留有《游九水》五言诗，其中有"一水当中来，屈曲争喷薄"，"澄潭深见底，投石郁磅礴"之句。

【周志洗】字和亭，号允翕，清代即墨人，周联馨次子。乾隆四十一年（1776）岁贡，例授修职左侍郎，候选训导，赠澄城知县。

【周志闓】字叔和，号北皋，又号沽村，清代即墨人，周联馨第三子。乾隆四十年（1775）进士，任陕西澄县知县等，后告归。于书无所不读，尤精于史汉，擅诗词书法，著有《北皋诗稿》、《北皋制艺》。

【黄如鑑】字菱溪，清代即墨人。乾隆四十三年（1778）岁贡。参与编修乾隆《即墨县志》，著有《鸡谈》，分上、中、下三篇，其中有论及崂山的故事。

【黄如淦】字豫溪，号冰亭，清代即墨人，黄芳世三子。乾隆五十九年（1794）恩贡。著有《学诗草》①。《黄氏诗钞》收入其诗《深秋即事》等16首。

【黄如璨】字研思，号北渚，清代即墨人。庠生。曾参校乾隆《即墨县志》，著有《北渚诗草》。《黄氏诗钞》收入其诗《上庄》、《清明

---

① 民国《山东通志·艺文志》著录为"晚香馆诗草"。

宿上庄有感》等35首。

【黄如玢】字德斯，号分玉，清代即墨人，黄如璨之弟。增生。著有《也可居诗草》①。《黄氏诗钞》收入其诗《秋日漫兴》等15首。

【黄如昫】字东华，号山村，清代即墨人。诸生。著有《山村诗草》。《黄氏诗钞》收入其诗《山中咏怀》、《上庄感旧》等15首。

【黄如沆】字凝度，号澄亭，清代即墨人。太学生。著有《浿南草》。《黄氏诗钞》收入其诗《秋夜》等15首。

【黄如瓛】字石屏②，清代即墨人。庠生。著有《便可居诗草》③。《黄氏诗钞》收入其诗《郊游》等11首。

【黄如玖】字子九，号梅南，清代即墨人，黄立世次子。嘉庆间庠生。著有《芥圃诗草》，留有《狮峰观日》、《书带草歌》、《鹤山望海歌》等记游崂山诗文。《黄氏诗钞》收入其诗44首。

【黄如瑀】（1762—1821），字禹执④，号练江，清代即墨人，黄立世第三子。清乾隆五十四年（1789）拔贡，嘉庆三年（1798）顺天举人，历署寿张训导、青州府学教授、荣成教谕、黄县教谕。先后主潍县潍阳书院、平度胶东书院、青州云门书院，授徒二十年。著有《清咏阁

---

① 据清同治《即墨县志·艺文志》、《黄氏家乘》、《山东通志·艺文志·集部》，（清）黄守平辑《黄氏诗钞》作"便可居诗草"。
② 《即墨黄氏族谱》作"溪屏"。
③ 据民国《山东通志·艺文志》，（清）黄守平辑《黄氏诗钞》作"也可居诗草"。
④ （清）黄守平纂：《黄氏家乘》卷三"选举"，《山东文献集成》第一辑第17册，第473页。《黄氏诗钞》作"字禹玉"，《山东文献集成》第二辑第42册，第664页。

纪闻》、《敦雅堂诗集》、《敦雅堂文集》、《即墨诗钞》。纪晓岚赞其诗曰："练江之诗，……篇寡字严，而一归于自得，胜国以来，山左诗人，常为天下冠，视柱山桥梓何如哉？"《黄氏诗钞》收入其诗48首。

【初彭龄】（1749—1825），字绍祖，号颐园，初元方之孙，初之朴之子，祖籍莱阳北黄村，清乾隆十八年（1753）随祖父迁居即墨海堤村（今属金口镇）。乾隆三十六年（1771），钦赐举人。乾隆四十五年（1780）中进士，选庶吉士，授翰林院编修。历任江西道御史、兵科给事中、太仆寺少卿、光禄寺卿、湖北学政、通政司参议、福建学政、兵部左右侍郎、工部侍郎、刑部侍郎、吏部侍郎、户部侍郎、云南巡抚、内阁学士兼礼部侍郎、安徽巡抚、山西巡抚、陕西巡抚、顺天府尹、江南河防总督、仓场侍郎、兵部尚书、工部尚书等职。在任期间，为官清廉，刚正不阿，耿直敢言，人称"初老虎"，道光皇帝曾亲赐其紫金城骑马，绘图象于万寿山玉澜堂。《清史稿》有传。善文词，工书法，编有《明滇南诗略》。

【初乔龄】祖籍莱阳北黄村人，后迁即墨海堤村，初彭龄之弟。清乾隆五十二年（1787）进士，选翰林院庶吉士，授编修，历詹事府詹事、左右春坊、左右赞善、翰林院侍讲学士。

【焦和生】（1756—1819），字琴斋，号春塘，清代鳌山卫人，占籍奉天府盖平县（今辽宁盖州）。清乾隆四十九年（1784）三甲第36名进士。历官礼部郎中、刑部福建司主事、四川乡试主考官、广东琼州府（今海南省）知府、署雷琼道道员，调湖北兵备道道员，后告归，诰授中宪大夫。著有《连云书屋存稿》等。

【初尚龄】（1759—1841），字岐占，号渭园，清代即墨海堤村（今属金口镇）人，初彭龄之弟。诸生。平生好金石之学，尤癖古钱，藏钱千余种数千枚，皆加考释，著有《吉金所见录》、《历代帝王统系》、《读史说略》。

【马志泮】（1760—1857），字毓秀，号龙坡，别号懒仙，清代胶州西龙湾头村（今属即墨）人。自幼聪慧，钟情诗画，喜爱散文诗赋，著有《葩经辑略》、《红笺记》、《一草杂咏》、《平鳝记稿》和《崂山逸笔》等。其中《崂山逸笔》计有一百一十五篇，有小说、游记、笔记、诗赋等，对崂山的许多山川名胜作了富有神话色彩的描述。其绘画造诣颇高，擅长山水、人物、花鸟，尤以画虾最著名，当地有"马虾子"之称，即墨市博物馆现藏有其绘画十余幅。

【黄范】字德舆，清代即墨人。廪贡生。著有《未信轩诗草》。《黄氏诗钞》收入其诗《秋风忆归》等7首。

【黄杙】字韫邑，清代即墨人。诸生。著有《芸香书屋诗草》。《黄氏诗钞》收入其诗《鱼鳞口望海》、《山中即事》、《望巨峰顶》等6首。

【黄栋】字隆吉，号啸斋，清代即墨人。诸生。著有《辽游草》。《黄氏诗钞》收入其诗《夜雨》、《游罗祖洞》等15首。

【黄桓】字牧先，号西因，清代即墨人，黄济世之孙。嘉庆十二年（1807）岁贡。著有《课余草》，留有咏崂诗《晚宿山庄》等。《黄氏诗钞》收入其诗8首。

【黄桂】字秋五，号友兰，清代即墨人。廪贡生。试用训导，例授修职郎，历任临淄县教谕，陵县训导，东昌府学训导，莒州学正。《黄氏诗钞》收入其诗3首。

【**黄彬**】字雅林，清代即墨人。诸生。《黄氏诗钞》收入其诗 4 首。其咏崂诗《游华楼》云："名山第一古今传，此日登临别有天。金液波流珠颗颗，翠屏岩映月娟娟。南瞻沧海环银带，西眺群峰绕紫烟。到此已如尘世隔，依稀笙鹤驻飞仙。"

【**黄檀**】字亶木，号石年，清代即墨人。增生。著有《课余集》。

【**黄概**】（1766—1844），字文斛，号均持，清代即墨人，黄如玫长子。嘉庆十八年（1813）岁贡，授修职佐郎，任德平县训导、乡饮大宾。游崂山时，写有五言诗《华严庵》。

【**黄岩**】字仪廊，号鲁瞻，清代即墨人，黄玉衡之子。嘉庆二十三年（1818）岁贡。工诗善文，著有《崂海居诗草》，留有《华严寺》、《游华严庵》、《巨峰》、《宿华严庵》、《康成书院》、《寂光洞》、《游大崂观》、《游太清宫》、《望海石观日出》等许多咏崂诗，《黄氏诗钞》收入其诗 20 首。

【**黄蒱**】字贡九，号维祺，清代即墨人。嘉庆二十五年（1820）恩贡生。著有《滤月轩诗集》。《黄氏诗钞》收入其诗《短歌行》等 27 首。

【**李毓昌**】（1771—1808），字皋言，号荣轩，清代即墨人。少时勤于学，厌城中喧嚣，遂入崂山华楼宫读书。乾隆五十九年（1794）恩科举人，嘉庆十三年（1808）进士，以即用知县分发江苏候补。是年，奉命赴山阳县查赈，因拒贿遭谋害。嘉庆十四年（1809），冤案昭雪，嘉庆皇帝亲笔书写《悯忠诗》三十韵，命刻石于李毓昌墓前，赏加知府衔，按四品官例给予赐恤及厚葬；加封其胞叔泰清为武举人（本为武生员）；恩准将其侄希佐过继为嗣，并加恩赏为举人。祀乡贤。李毓昌墓建于嘉庆十四年（1809）夏，坐落在即墨城西北隅的李家营村北侧，20世纪90年代重建，现为青岛市重点文物保护单位。李毓昌著有《树滋堂稿》，写有五言咏崂诗《别郑于阳》："一片华楼月，今宵何处看。遥知沧海客，高卧碧云端。酒薄难成醉，衾孤乍觉寒。不如早归去，从乞钓鳌竿。"

【李秉和】号春台，清代即墨人。清朝中叶，通过经商发财致富后，捐官保康县（今属湖北省）候选知县，同时在本村购置了大片宅基地，修建起豪华的庄园。此后，相继在上海、天津、大连等地开设了120家"春"字号店铺。至清朝晚期，李家成为即墨境内最大的地主。李秉和庄园坐落在即墨县城东北部金口镇李家周疃村，始建于乾隆十五年（1790），占地总面积为150亩，以规模恢弘、建筑结构严谨而成晚清青岛最大的地主庄园，与栖霞牟氏庄园名闻齐鲁。现为青岛市级重点文物保护单位。

【周云从】字人龙，清代即墨人。嘉庆五年（1800）举人，官定陶教谕。著有《桃李园诗草》。

【黄守恪】字商民，号执庵，清代即墨人，黄植之子。嘉庆二十五年（1820）恩贡生。博学多识，著有《虚斋漫吟》、《虚斋日记》。《黄氏诗钞》收入其诗《登明霞洞》、《咏耐冬花》、《咏崂山白牡丹》、《游王乔崮》、《观海》等30首。嘉庆十四年（1809）游崂山时，写有《游崂山记》，除记述游程外，还引经据典考证潮汐缘由，阐发儒释道三教，并记惠龄、周鲁等题刻。曾为《华严庵性如上人纂辑佛经》作序。

【黄守思】字对山，号石圃，清代即墨人。诸生。著有《石圃诗草》。《黄氏诗钞》收入其诗《山行》、《村居》等24首。

【黄守愨】字方甫,清代即墨人。庠生。善书法,著有《庸言思义》、《柏庐家训注解》、《临池管窥》、《晴雪梅花轩遗稿》、《二十四孝四言》。

【黄守和】字心田,号蔼村,清代即墨人。嘉庆间诸生。著有《周易集解》、《四书汇考》、《梦华新录》、《劳山诗乘》、《北游草》、《紫藤居诗草》等。留有《雪中望崂山》、《郑公乡》等咏崂诗。其《郑公乡》云:"秦汉遗踪久渺茫,居民犹说郑公乡。诸生散后余书带,野老相逢问礼堂。一带名山堪托处,千秋大业未全荒。传经为想当时地,处士星高夜有光。"

【黄守宸】清代即墨人。诸生。著有《十亩园诗草》①。留有《华严庵》诗,其中有"潮去龙涎缠塔黑,日高蜃气射楼红"之句。

【黄守平】(1776—1857),字星阶,号莒田,清代即墨人,黄檀次子。清道光十八年(1838)岁贡,例授修职佐郎,候选训导,乡饮大宾。绝意仕进,以教书为生。著有《易象集解》、《千字鉴略》、《黄氏家乘》、《漱芳园诗草》、《黄氏诗续钞》等。好收拾先世典章遗文,"爰搜罗旧章,或得诸败麓之中,或取诸蠹食之余,诸家所藏无不毕集",历时多年,手录成册《黄氏家乘》②,后又经其子孙重新整理完成,内容包括明清时期500余年间有关即墨黄氏家族的诰敕、敕谕、奏章、崇祀纪、褒封、恩荫、选举、著述、碑记、墓表、墓志、传记、年谱、行述、铭、序言、题跋、祭文、告文、坊表、书信等,是一部研究明清历史的重要文献。他还在黄簪世辑《黄氏诗钞》的基础上,进行补编,收即墨黄氏一门三百年间的诗作,自明嘉靖三十二年进士黄作孚起至清

---

① (清)黄守平纂:《黄氏家乘》卷四"著述"。
② (清)黄如珝:《黄氏家乘弁言》,《山东文献集成》第一辑第17册,第214页。

中叶黄守思止，共72人的诗作3997首，为研究明清家族文学提供了第一手资料，具有极高的学术价值。留有《华楼》、《天井山》、《鹦鹉岩》、《观海》、《登楼望南山》等咏崂诗。

【黄锡铭】原名守宸，字新三，号湘佩，清代即墨人。诸生。著有《圊诗草》。

【张文润】字鸿猷，号泽普，又号苹溪主人，清代即墨人。诸生。著有《陶情集》、《诗余》。蔡宠（道光三年任即墨知县，广东海康人，进士）称其为"邑之隐君子也"，赵元章赞其为诗"调高而气逸，味淡而神永"。清同治《即墨县志》收入其《城阳考》一篇。游崂山时，留有《三水》、《不其怀古》、《华楼山》、《登巨峰》、《太清宫》、《华严庵》、《慧炬院》等许多咏崂诗篇。

【李希佐】字宿五，清代即墨人。李毓昌继子。嘉庆十三年（1808）钦赐举人，官寿光教谕。著有《天鉴录》（一名《鉴忠录》），辑其嗣父李毓昌冤案之一切文件。

【蓝均】字平如，号南溪，清代即墨人，蓝用和子。庠生。著有《南溪诗草》，留有《溪上人家》、《春日闲吟》等诗。

【蓝墱】字仙居，号小楼，清代即墨人。诸生。曾续修过《即墨蓝氏族谱》，著有《醉梦吟小草》诗集。留有《游华阳书院》、《太清宫观潮》、《登棋盘石远眺》、《太平宫观日出》、《梯子石》、《华楼宫》、《山行》、《同陈生游海上小蓬莱》、《题华楼山金液泉》、《鹤山远眺》等许多吟崂记崂诗篇。

【蓝恒翯】字翼文，号凤池，清代即墨人，蓝均子。增生。著有

《录猗亭诗集》，内有《田家吟》、《漫兴》、《秋斋即事》、《秋日即事》、《春日溪上》、《春日燕居即事》等诗。

【蓝恒矩】字子静，清代即墨人。廪生，一生教授于蓝氏东厓书院。工书法，善诗赋，著有《下车录》诗文集。留有《小蓬莱》、《登崂山望海》、《北九水》、《三标山》、《天门峰》、《华严庵》、《张仙塔》、《咏试金石》、《咏上清宫银杏》、《咏太清宫耐冬》等许多咏崂记崂诗，另有《吊海印寺故址赋》文。

【蓝恒瓒】字淑玉，清代即墨人，蓝田十一世孙。附生。以塾师为业，善书画，以画竹见长。即墨市博物馆存有其绘画。

【杜曦】清代即墨人。著有《即墨列女志》、《即墨节妇录》、《贞烈纪闻》、《采善录》。

【黄念昀】（1801—1875），字丙华、炳华、冰华，号海门，清代即墨人，黄守平次子。道光二十年（1840）举人，拣选知县。精通经史子集，工文词，善书法，道光年间，曾在即墨举人江恭先创办的"青峪书院"执教，同治十一年（1872）又在"劳山书院"任山长（即院长）。还曾与林溥、周翕镇一起修纂同治《即墨县志》，著有《崂山述游草》，留有《华阳书院》、《宿修真庵》、《狮子峰》、《九水》、《磟石滩》、《神清宫》、《明霞洞》、《上清宫》、《八仙墩》、《童公祠》、《由枣园再游崂山》、《大崂观》、《鱼鳞口》等许多咏崂诗篇。

【黄念瀛】字友石，号仙洲，清代即墨人。乡饮耆宾。著有《藤萝厂杂咏》、《紫云山房稿》、《平仄千文》，留有《书带草》、《观海》、《灵山道中》等咏崂诗。

【黄守细】（1802—1863），字帙邻，号箱山，黄概之子。清咸丰二年（1852）恩贡，候选直隶州州判。工行楷、诗文，著有《箱山诗稿》。留有《灵山》、《灵山道中》、《黄石宫》、《田横岛》、《王哥庄早起》、《峡口庙道中》、《碌石滩》、《碌石滩晚归》、《听江莲峰话青峪诸胜》等许多记咏崂山诗。同治《即墨县志·艺文志》收录其《题周雪亭即墨诗钞》、《绿石滩》诗二首。

【黄念瑟】（1808—1855），字午乔，清代即墨人，黄守平三子。增生。著有《裴庄诗稿》，留有《赠朱松游崂山》、《崂山道中》等游崂诗。

【黄凤文】（1811—1850），字云藻①，号今涪，又号铁樵，清代即墨人，黄如瑀之子。道光间廪生。著有《篆叶山房诗稿》，留有《太乙祠》、《西施舌》、《游陷牛山潮果寺有鳌山卫旧墩》等诗篇。道光二十五年（1845），即墨知县王九兰倡捐，置地680亩为劳山书院学田，黄凤文、黄凤翔②又捐荒地250余亩。曾与周翕镇、周抡文一起纂编《即墨诗乘》。

【黄凤仪】字韶成，清代即墨人，黄如玖之子。恩荣耆宾。著有《读史约编》③。

【黄守怡】字昆和，清代即墨人。诸生。著有《云槐轩诗草》。

【黄守颖】字伊邻，号稚樵，清代即墨人，黄凤文之子。官奎文阁

---

① （清）黄守平纂：《黄氏家乘》："今涪黄公墓志铭"，《山东文献集成》第一辑第19册，第102页。
② 黄凤翔（1804—1863），字云亭，太学生，黄如瑀子，周铭旂岳父。
③ （清）黄守平纂：《黄氏家乘》卷四"著述"。

典籍，加捐同知衔。著有《墨缘斋金石征》、《墨缘斋尺牍》、《墨缘斋诗稿》等①。

【黄震孟】字幼文，号幼邻，清代即墨人。例贡。著有《松石居诗稿》。

【黄成潸】字元文，号溪东，清代即墨人，黄榛之孙。诸生。著有《溪东胜草》。

【周思璇】字宫玉，号松壑，清代即墨人。嘉庆年间诸生。绩学工诗，著有《松壑诗集》。游览崂山时，留有《太清宫》、《华严庵》、《八仙墩》、《游鹤山》、《观海》、《华楼》、《海边石子》、《山家》、《青山道中》等许多记咏崂山诗篇。

【周思缋】字玑玙，一字矶雨，号牧亭，清代即墨人，周志让第三子。诸生。工书法，淡于仕进。著有《牧亭诗稿》，留有咏崂诗《无影山》："城南二三里，风景绝人寰。为爱青山好，肯教白日闲。杏花开屋角，沙岛立溪湾。不觉天将暮，牧童驱犊还。"

【周思缄】字讱轩，清代即墨人。诸生。著有《讱轩诗草》，留有咏崂诗《无影山》："天晴出郊郭，迤逦到前山。雨屐不须著，孤峰容易攀。断云堆石壁，老柳卧溪湾。忽有炊烟起，隔林屋数间。"

【周思绰】字声挥，号西垣，清代即墨人，周志阔长子。诸生。著有《豫游集》。

---

① （清）黄守平纂：《黄氏家乘》卷四"著述"，《山东文献集成》第一辑第17册，第589—第590页。

【周翕钜】字金圭，号亦藜，又号圭峰，清代即墨人，周思缤第三子。嘉庆六年（1801）举人，官鱼台教谕。著有《四书心印》、《天中图说》、《秋虫吟草》。

【周翕镇】字韵若，一字敬斋，号雪亭，清代即墨人。咸丰四年（1854）恩贡。工诗文，同治年间，即墨县令林溥修《即墨县志》，周翕镇任总纂，并曾与周抡文修即墨周氏族谱，与周抡文、黄凤文纂辑《即墨诗乘》，辑录了即墨历史上251人的1198首诗作，为即墨现存最早的诗歌总集。另著有《节孝录》、《节孝续录》、《名臣奏议略》、《拾遗草文集》、《拾遗草诗集》、《墨水文钞》等。

【周抡文】字匠门，号简斋，清代即墨人。清道光间贡生。曾与周翕镇纂修即墨周氏族谱，并曾与周翕镇、黄凤文共同辑录《即墨诗乘》。著有《小岘山房诗稿》。同治《即墨县志》收入其七律《太清宫》诗二首，其一为："振衣濯足两从容，俯仰天涯倚短筇。盘古依然此沧海，吾曹又上最高峰。扶桑突兀开朝日，洞口苍茫起暮钟。长啸一声须郑重，窗前咫尺有蛟龙。"

【周澄文】字莲江，号鉴湖，清代即墨人。道光五年（1825）拔贡，道光十五年（1835）举人，授泰安府东平州学正，例晋文林郎，候选知县。著有《练江制艺》。

【胡延绶】字紫封，清代即墨人。诸生。著有《草楼诗稿》。

【江恭先】（1806—1861），字敬斋，号莲峰，清代即墨仲村（今属城阳）人。道光十四年（1834）举人，历任直隶临城、柏乡知县，代理安州知州。后辞归乡里，在崂山青峪筑舍隐居，设青峪书院，延请黄念昀教其二子读书。黄念昀之子黄肇颚与堂弟随父就读于青峪书院。为对抗捻军，在村里自办团练并任团长，咸丰十一年（1861）在与捻军对阵中殉难。赐恤加道衔（四品），敕建专祠，乡谥忠烈。江恭先曾为本族编修谱书书写序文，留有《仲夏同周仰山广文登青峪北顶》、《季春夕阳即事录呈海门三兄》等诗。

【黄寿豹】（1807—1864），字蔚卿，号东泉，清代即墨人，黄玉衡之孙。道光十七年（1837）拔贡，道光二十三年（1843）顺天举人，咸丰癸丑（1853）大挑一等，诰授奉直大夫，署江苏安东县知县，钦加知州衔清河县知县，例授朝议大夫，即补同知直隶州知州，升用知府，赏戴蓝翎，赏换花翎。后因兵事被夺职，引疾归田。著有《红薇馆文稿》（《红薇馆制艺》）、《新种竹室诗稿》、《木稗精舍法书》、《翰香堂碑帖考》、《碑字集联》①。

【匡源】（1815—1881），字本如，号鹤泉，清代胶州人。道光十九年（1839）中举人，翌年中进士，选翰林院庶吉士，授编修，官至兵部右侍郎、吏部左侍郎、署礼部尚书、经筵讲官、军机大臣，咸丰皇帝顾命八大臣之一。辛酉（1861）政变后被罢官，移居济南，被聘为泺源书院山长兼尚志书院山长。著有《珠云仙馆诗人钞》、《名山卧游录》、《胶州诗钞》、《泺阳书院课艺三编》、《小题新编初二集》、《奏议存稿》等。咸丰元年（1851）三月，匡源曾来游崂山，下榻太清宫，留有《忆劳十二首》、《劳山赋》（又名《答人问劳山》）、《游八仙墩赋》、《听太清宫薛道人弹琴》、《田横岛石砚歌》等许多游山诗文。在《劳山赋》中，他通过崂山与泰山的比较，极力赞美崂山，云"泰山以陆胜，崂山以水胜"；"泰山大且峻，崂山奇复诡"；"泰山严岩如宰辅，

---

① （清）黄守平纂：《黄氏家乘》卷四"著述"，《山东文献集成》第一辑第17册，第592页；卷十八"行述"，《山东文献集成》第一辑第19册，第505页。

崂山落落如高士"，"一如大将建旗鼓，壁垒森立拥旌旄。一如散仙栖洞壑，羽衣鹤氅飞翔翱"。此外，他还为出家崂山的胶州王氏女大方（即广住）禅士立碑于崂山雕龙嘴，并撰写了《大方禅士碑》碑文。

【黄肇煐】（1816—1875），字星瑞，号稚芸，清代即墨人。道光二十九年（1849）拔贡，官青州府学教授。著有《劝孝歌演说》、《辽游草》。留有《故山》、《无影山》等咏崂诗。

【黄肇颐】（1821—?），字伟山，号梦瞻①，清代即墨人，黄守平之孙，黄肇颚之兄。咸丰二年（1852）举人，历任范县训导、濮州学正、济阳县教谕、历城县教谕等。晚年主持本邑"崂山书院"，任山长。喜集藏印石。著有《长康庐文稿》、《长康庐诗草》、《济阳节孝录》，撰有《田横岛石砚铭》。

【黄肇颚】（1827—1900），字仪山，号仲严，清代即墨人，黄念昀嗣子。廪贡生，议叙六品顶戴，候选训导。工书法。著有《崂山续志》、《侍颜楼诗草》、《崂山诗集》等。黄肇颚曾参与同治版《即墨县志》的编写，后又历经十余年，十游崂山，访求遗址，抄录诗碑，博搜金石，在实地考察、广泛搜集资料的基础上，于同治十三年（1874）辑成《崂山诗集》，光绪八年（1882）写成《崂山续志》（又称《崂山艺文志》）。该书十卷，约30万字，介绍崂山名胜140余处、景点200多个，并辑有历代作者238人的1500多篇诗歌、游记、石刻铭文、碑记、传记、杂记等。该书原为手抄本，其分类、整理及缮写由其子黄象轼、黄象辕、黄象辇完成。1986年黄氏后裔将此珍本赠与即墨市史志办，现存即墨市档案馆。即墨市史志办公室历经三年多点校完成，于2008年由山东地图出版社出版，书名《崂山续志》。

---

① （清）黄守平纂：《黄氏家乘》作"孟瞻"。

【周文编】字百原，清代即墨人，周如锦曾孙。诸生。著有《菖蒲馆诗集》，留有《春日约诸君游小蓬莱》诗："万山东下小蓬莱，山在海边海四回。未必金银作宫阙，可能无意碧桃开。"

【周铭旂】（1828—1913），字懋臣，号海鹤，晚号遂闲老人，清代即墨鳌山卫人。清咸丰九年（1859）举人，同治四年（1865）进士，历任陕西醴泉县、大荔县知县、乾州知州、西安凤翔同州府知府等，光绪三十二年（1906）告归。其子周汝霖撰有《周海鹤先生年谱》，其孙周鸿居续编。周铭旂学问渊博，文辞典雅。著有《乾州志稿》、《乾州志稿别录》、《乾州殉难士女录》、《乾州志稿补正》、《乾州志稿补正金石志》、《大荔县续志》、《陕西闱墨》、《易俗琐言》、《艺文集》、《出山草》、《出山草续存》、《遂闲诗集》（亦称《遂闲居诗草》）、《亦政堂家书》等。清光绪三十四年（1908），曾受即墨知县陈毓崧的聘请，任《即墨县乡土志》总纂，志分上、下两卷，设历史沿革、人文、地理三门，增设实业、商务等二级类目，并载有崂山的山水风物，2011年由中国文史出版社出版。留有《梦故乡崂山》、《天井》、《太清宫》等咏崂诗，并于宣统三年（1911）为黄肇颚《崂山续志》作序。

【宫仲梱】（1831—1904），字伊真，清末即墨南石屋村（今青岛市城阳区夏庄镇）人。庠生。学易能卜，不好文词，应聘塾师，以教书为生。清光绪二十四年（1898），德国租借强占胶澳后，其所居村庄亦由即墨划入胶澳李村区，宫仲梱引为耻，累日不食，倡导当地民众仍纳租本县，并北上寻助，未果。光绪三十年（1904）农历二月二十四日夜，在家中愤然自缢，留下"邦有道，危言危行；邦无道，危言行孙"的遗书。安葬之日，送葬者不绝于途。时社会名流王锡极、张绍价、黄象辕等20余人赋诗颂之，并撰《皇清庠生伊真宫先生事略》，印成小册子分发各地。王锡极赞其为"民族义士"，胶澳知名人士、莱阳进士王埒为其作墓志，胶澳进士柯劭忞作挽联赞曰："汉家纵有中行说，齐国宁无鲁仲连。"

【韩丕燿】字焜望，清代即墨人。同治元年（1862）举人，官博兴训导。同治十二年（1873），参与编订《即墨县志》，撰有《山川脉络论》（黄肇颚《崂山续志》手抄本作《山水脉络》），论崂山形势。

【蓝志贲】清代即墨人。廪贡生。著有《医学八法和新集》、《四诊新知合编》、《医案》、《四诊温故合编》。

【蓝志苂】字伯华，号悃臣，清代即墨人，蓝恒翥长子。咸丰十一年（1861）拔贡生，同治元年（1862）恩科顺天举人，选授蒙阴县教谕。著有《论语讲义》、《文稿》、《诗草》，留有《书带草》咏崂诗。

【蓝志蕴】字仲藻，号璞臣，清代即墨人。光绪元年（1875）恩科举人，拣选知县。著有《诗集》，内有《雨花寺步友人韵》、《赠云蒙山直一炼师》诗。

【蓝志茀】字健甫，清代即墨人。光绪二十八年（1902）岁贡生，候选训导，改江苏候补县丞。著有《带经堂诗草》，有《读周祭酒〈陈情疏〉》、《读书叹》等诗。

【黄承護】字子韶，清代即墨人，黄寿豹次子。庠生。写有《西施舌》等记崂诗，其中有"蜃楼蛤市幻空中，高人闻说入蓬瀛。近海渔翁持相赠，和将美酒与香羹"之句。即墨诸生黄凤文、杨友晋（字笙仙）等，亦有《西施舌》诗。

【黄承腾】（1836—1897），字子丹，号幼泉，清代即墨人，黄承護之弟。咸丰八年（1858）举人，拣选知县，议叙五品顶戴。授修职郎，任泗水县训导，选授长山县教谕。工书法，善诗词。曾任光绪《泗水县志》总纂，著有《泉源小识》、《如不及斋笔记》，留有咏崂诗《上庄感旧》。

【矫希贤】字和卿，清代即墨人。廪生，曾任青城教谕。清咸丰十年（1860），读书华楼宫时，曾游华楼山，写有《登华楼记》。另有《山中御寇记》。

【黄象轸】（1841—?），字翼南，号尔方，清代即墨人。光绪元年（1875）恩科举人。例授修职郎，选授德州学正。著有《曼陀罗华馆吟草》。

【钟成聪】（约1845—1901），字万春，清代即墨崂山仲家洼（今崂山区中韩镇钟家沟村）人。同治九年（1870）秋，因太清宫道人强占民山，率领数千民众赴太清宫索还民山，并砍伐被强占的树木。后太清宫到即墨县衙告状，钟成聪等被捕。即墨知县派人进山私访，查明实情后，遂判定被强占的山林仍归民有，钟成聪无罪释放。案结后，即墨县衙于崂山陡前口立石碑一座，记述伐山原委及重新判定的太清宫山场地四至等情。光绪二十八年（1902），钟成聪病故一年后，获议叙五品官俸。即墨县衙赠议叙五品志喜匾额一块，刻"名闻梓里"四字，悬挂于其家门口。

【郑杲】（1851—1900），字东父、东甫，祖籍直隶迁安县。父鸣冈，咸丰二年（1851）任即墨知县，卒于官，家属贫不能归，遂入即墨籍。郑杲光绪五年（1879），山东乡试第一（解元），光绪六年（1880）进士，授刑部主事。以母忧归，主讲济南泺源书院。服阕，迁刑部员外郎。治学广博，著有《春秋说》、《论书序大传》、《春秋三传表》、《公羊通义评》、《谷梁补注评》、《书张尚书之洞劝学篇后》、《笔记》、《杂著》、《东甫遗稿》、《杜诗钞》、《诸经札记》、《杜诗小序》等。

【黄象毂】（1851—1924），字子柯，明末清初即墨人，黄守平曾孙。清光绪十一年（1885）拔贡，光绪十四年（1888）举人，光绪二十四年（1898）大挑二等，候选教谕。善书法。1898年1月22日，驻胶澳德军百余人入侵即墨县城，毁坏即墨文庙圣像。4月22日，赴京参加会试的黄象毂联合山东举人103人，联名上书都察院，告发德兵毁即墨文庙圣像事。后德军被迫赔礼道歉，知县朱衣绣因匿而不报被革职。

【周正岐】（1856—1928），字省山，号疆秋，晚号成蓬老人，清代即墨人。光绪二十年（1894）进士，任四川宜宾知县。曾纂修《即墨周氏族谱》，1927年参与纂修民国《即墨县志稿》，著有《敦悦堂文集》、《读书札记》、《说文隶变》、《通俗字考》及《制艺试帖》等。

【周荣铹①】字小劳，清代即墨鳌山卫人。增生。工诗善文，对地方志颇有研究，著有《即墨旧闻》、《鳌山志略》、《鳌山采访录》、《书带草堂诗稿》、《小劳文集》等。留有记游崂山诗《梦游劳山歌》、《观潮》等。

【周芳亭】字漱园，清代即墨鳌山卫人。庠生。著有《闲闲居诗稿》。游崂山时，写有五言长诗《上清宫》。

【刘显初】（1859—1928），本名国枋，字显初，又字稚遂，号铎

---

① 有作"荣钤"者，疑"荣铹"传写之误。

峰，即墨龙泉镇满贡村人。清光绪十七年（1891）举人，以课徒为业，人称"庄户举人"。民国十二年（1923），曾为崂山神清宫撰写《重修神清宫碑》碑文。

【姚梦白】字俊德①，清末即墨鳌山卫人。廪生。曾参加过即墨县志的编写，著有《雄崖所建置沿革志》。光绪十八年（1892）春游崂山时，写有《游崂纪略》，详记崂山宫观、胜迹，对研究崂山历史和文化具有重要价值。

【杨方柽】字豫村，清代即墨人。其父杨中江，字西溟，诸生，著有《西溟遗集》、《诸葛武侯年谱》等。杨方柽为嘉庆十三年（1808）恩贡，经史子集四部兼治。著有《四易大意约》、《离骚大意约》、《素王正宗》、《洪范大意约》、《月令大意约》、《八阵图说集注》、《兵略》、《太玄经大意约》、《海上生诗集》、《海上生杂著》。

【杨方杶】字叔琴，清代即墨人。庠生。清道光二十八年（1848）曾续修《即墨杨氏族谱》，留有《鳌山烽台行》诗。

【刘廷柯】字梦南，号云樵，清代即墨文人。岁贡生。参与校对同治《即墨县志》，撰有《游鹤山记》，记与黄承腾于同治十三年（1874）游鹤山事。

【刘廷桢】字干臣，清代即墨人。拔贡。曾参与校对同治《即墨县志》，留有《田横岛》、《蓝剑峰以田横岛砚见赠诗以纪之》等记游诗。

【孙肇堂】字青岳，清代即墨人。庠生。官乐安训导。著有《蔬香

---

① 一作"峻德"。

堂诗稿》。游崂山时，留有《田横岛石砚歌为山长黄伟山作》、《游华楼》、《买山》、《秋日游登高埠》等诗篇。

【赵熙煦】清代即墨人。贡生。清同治《即墨县志》收录有其《田横岛》诗，全诗 140 字，其中有"乘传中道刏田横，可怜五百填沟壑"、"岛云日暮黑漫漫，啾啾夜雨山鬼哭"之句。

【张绍价】（1861—1941），字范卿，号乐园，晚号居安，清末民初即墨人。清光绪十九年（1893）恩科举人，拣选知县。与郑杲、王锡极并称即墨清末民初三位大儒，著有《中西学说通辨》、《读中庸笔记》、《左传精旨》、《周易汇说》、《近思录解义》、《居安轩存稿》、《诗选》等，曾有多种题写的碑刻存世。留有咏崂山诗《疯师塔歌》。

【黄象辕】（1864—1921），字子固，号柱庵，又号百花草堂主人，清末民初即墨人，黄肇颚次子。廪贡生，候选训导。清亡后，潜研经籍，参禅理佛，外旁及医卜星相、琴棋书画，著有《易解》、《大学微旨》、《中庸阐义》、《即墨乡土志》、《柏子巷文稿》、《日记》。黄象辕为助父修志曾多次游崂山，并留有许多诗文。曾绘制《华楼胜景图》并作《华楼图记》，光绪十九年（1893）还撰有《游崂记》。其个人《日记》35 本，于 20 世纪 80 年代由其后人捐赠给即墨史志办公室，现存于即墨档案馆。

【周紫登】字纬垣，清代即墨人。游崂山时，留有《望巨峰》、《慈光洞》、《九月九日游岔洞三官庙》等诗。《慈光洞》云："茫茫沧海巨峰东，城郭遥连西北通。借问路旁仙子宅，慈光洞在半天中。"

【解恕】字纫芳，号蓬亭，清代即墨人。诸生。著有《家教雅言》、《半村诗草》、《蓬亭随笔》、《文集》、《文类存编》等。

【李希皋】字辉山，号云亭，清末民初即墨人，李毓昌的族侄。光绪六年（1880）岁贡，候选训导。曾参与清同治《即墨县志》的校对工作。著有《伸雪奇冤录》。

【王锡极】（1867—1937），字卓泉，号蛰庵，清末民初即墨里仁乡城阳社紫芝村人（今属城阳区流亭镇南城阳村）。廪生，宣统三年（1911）恩赐"明经进士"。遍览经史，学识渊博，擅书法，精诗赋，时称"子固文章卓泉诗"。光绪三十三年（1907）开始在即墨城里设馆课徒，从学者众。1924年，即墨县令曹蕴键慕其才名，延请入署，教其二子和望族子弟诗文书法。次年随曹县令徙潍县（今潍坊），约三年归，仍设馆授徒，其学生有罗震文、张伏山、宫文泉、周至元、蓝水等。辛亥革命后，与在青岛隐居前清遗老溥伟、徐世昌、那桐、陆闰庠、王垿、劳乃宣、刘廷琛等结诗社，并被推为诗社之主。著有《卓泉诗集》、《蛰庵赋集》、《游崂文集》等，留有《玉女盆》、《访蓝氏东厓书院》、《华表峰》等诗，并曾点校黄肇颚的《崂山续志》。清末，曾与周铭旂纂修《即墨县志》，因时局动荡未竟。民国十六年（1927）曾参与编修《续修即墨县志》，后志稿毁于兵燹。田横岛曾有巨碑镌刻其诗作《田横岛》，青岛天后宫有其所撰碑铭，海西村等处有其诗碑，皆毁于动乱时期。青岛市李沧区于家下河社区于仙姑塔铭文，为清末法部右侍郎王垿撰、王锡极书。

【纪家坛】（1868—1945），字泽蒲，号文苑，别号顽石、不其，山东省即墨县仲村（今青岛市城阳区城阳街道仲村社区）人。清宣统元年（1909）乙酉科优贡第二名，1913年起，历任山西省蒲县、汾城县、代县、朔县县长，山西省绥察禁烟善后总局局长，山西省行政监察委员会委员等职。1933年，出任河北省涞源县县长，因土匪窜入县城捣毁县衙，被削职为民。返乡后，在本村设私塾教书。为政二十余年间，勤劳为政，廉政亲民，赢得声誉。1922 年 4 月 8 日，《山西公报》载有颂扬纪家坛德政的七律一首："学优则仕莅汾城，五载贤劳起政声。何幕歌兴廉叔度，不其道衍郑康成。村皆植树堂留荫，户免赔粮水比清。今日循良膺上考，伫看显秩叠迁莺。"①

【沈煦】清末民初即墨人。光绪十九年（1893）举人②。曾游崂山，留有五言诗《崂山道中》："连步出云巅，奇峰豁眼前。千山千幅画，一步一重天。寻径问樵客，望霞思谪仙。竹林逢僧话，幽响答林泉。"

【蓝人铎】字振声，清末民初即墨人。鳌山卫廪贡生，试用教谕，例授修职郎。著有《诗集》一卷，留有《疯师塔歌》，其中有"即墨疯僧不知名，仙塔巍然镇山城"，"青词虽好无由问，终日潦倒二崂边"，"年年香火报古墓，片片墨云护浮图"之句。

【侯延宾】（1884—1940），号鸿程，山东省即墨县时于庄（今属南泉镇）人。清光绪二十七年（1901）考中秀才，光绪三十一年（1905）入山东省公立高等学堂。光绪三十四年（1908）考取官费赴英留学生，于英国利资大学攻读矿学 6 年，获硕士学位。后又到德国比茨堡煤矿实习 2 年，获采矿工程师职称，民国五年（1916）归国，历任山东省财政厅矿务科长、山东省矿务调查委员、淄博矿政局局长、峰蒙矿政局局长、山东大学矿学系主任等职。1940 年秋，病逝于潍县。

【蓝人玠】（1886—1954），字介玉，号季子，清末民初即墨人，蓝田十三世孙。清末曾在山东师范学堂学习，宣统辛亥（1911）师范科

---

① 参见《崂山县志》（青岛出版社 1990 年版）、《即墨县志》（新华出版社 1991 年版）。
② 程广顺编著：《半个世纪风雨：1891—1949 青岛教育大事记述》，青岛出版社 2009 年版，第 5 页。

举人，分部补用司务。民国初年任即墨县劝学所所长、师范讲习所所长，后长期在鳌山卫小学、信义中学、即墨高等小学、即墨区初级中学从事教育工作。工于书法，酷爱文物书籍收藏，精于鉴赏。曾参与1927年和1948年两次即墨县志纂编工作，惜未成。

【黄象冕】字黼亭①，号緗斋，清末民国时期山东即墨人，黄宗昌十世孙。优贡生，授修职郎，曾任福山县教谕、贵州即用知县，民国时曾任胶州教育局长，民国二十年（1931）曾为《增修胶志》作序。擅书法，工楷书。著有《尚緗斋及北归杂咏诗草》、《黼亭文集》等。民国五年（1916）黄宗昌《崂山志》刻印时，黄象冕曾作后记，附于卷末。

【黄象昺】字绍殷，黄宗昌十世孙，山东即墨人。庠生。著有《蜗庐居诗草》②。游崂山时，留有《巨峰》、《棋盘石》、《东海》、《太清宫》、《华严庵》、《法海寺》、《华阳书院》、《晒钱石》、《康公祠》等咏崂诗篇。《棋盘石》云："局里乾坤日月频，风车石马灿星辰。仙家一着真成错，竟把洞天输与人。"③

【刘凤翔】（1889—1963），又名刘统鸿，字琴樵，号龙井山人，山东即墨鳌山卫人。幼习国画，逐渐形成自己的绘画风格。工山水，曾遍游名山大川，创作了《天下名山胜景图》，《崂山志》的作者周至元为其写序。中年后隐居崂山，创作了许多以崂山为题材的山水画精品，1935年曾出版《劳山诗画集》，是"崂山画派"的奠基人。《劳山诗画集》写生稿，现存即墨博物馆。

---

① 一作"黼庭、黼廷"。
② （清）黄守平纂：《黄氏家乘》作"《抱拙斋诗草》"。
③ 一说为其弟黄象鼎作。

【李崇德】（1889—1938），字宣三，斋号醉月山房，清末民国即墨人。通晓经史、丹青、书法、篆刻，爱好古琴及竹箫。1930 年刊印古琴谱《琴学管见》上、下两卷，上卷为琴论、律吕、指法等，下卷收录 21 首古琴曲，跋文一篇。即墨市博物馆收藏有其书画作品二十余幅，青岛博物馆藏有一张其收藏使用过的古琴"幽涧泉"。

【张墨林】字小园，民国初年青岛崂东区（今崂山区王哥庄镇）人。才思敏捷，工诗善文，富有才学。清亡后，移居崂山下，简居不出，与道人王悟禅以诗酒相酬唱。周至元《崂山志》收其赠王悟禅诗，其中有"学道愿学邱长春，交友愿交素心人"，"一自道岸侍者至，白云苍松生光辉"之句。

【庄建文】民国时期山东即墨七级人。1936 年，在崂山白云洞盘山道旁石壁上留有《登大仙山观海》和《登二仙山观海赏月》的诗刻。《登大仙山观海》云："海上名山初次临，天然仙境消尘心。风催白浪千堆雪，日照苍溟万道金。"

【解竹苍】（1899—1960），原名解思亮，字竹苍，号城后老农，即墨解家营村人。曾在即墨县教育局任科员、督学。1934—1937 年任即墨县立第七区高级小学校长，1947 年 8 月任即墨教育会常务理事。工书法、绘画，其魏碑作品在民国时期名噪一时。曾参加民国即墨县志的编纂工作。其子解铁青，1945 年任即墨三民镇中心国民学校第一任校长，1947 年 9 月任由国民党即墨县政府创办的《即墨日报》社副社长兼总编。

【黄象岭】（1906—1982），字崑山，山东即墨（今潮海街道新建村）人。小学毕业后曾去青岛同文印刷厂当学徒工，后回即墨开办新民石印局，1937 年更名为新民印书局。除印刷销售信笺、请帖、账簿、表册、契约、谱书、及官方文告外，还承印过《即墨民报》和黄宗昌《崂山志》、《游崂指南》等书籍。1949年秋，黄象嵎将新民印书局的全部印刷设备无偿献给了人民政府。

【宋瑞珂】 （1907—1995），山东青岛崂山区沙子口镇彭家庄人。1923年李村高等学校毕业后在沧口织布厂做工。1924年12月离家报名入黄埔军校三期，1926年毕业，先后参加北伐战争和抗日战争。抗战爆发后，历任国民党第十四师副师长，第一九九师师长，第六十六军副军长、军长，被授陆军少将。1947年7月，在鲁西南战役中被解放军俘虏，1960年被特赦。先后担任上海市政协文史资料研究委员会文史专员、上海市五至七届政协委员、民革中央监察委员、上海市黄埔军校同学会会长等职，撰写有《北伐战争概述》、《八一三淞沪抗战纪实》、《徐州会战概述》、《武汉会战纪略》、《山东青岛早期黄埔同学二三事》、《回忆陈诚》、《宋瑞珂文史资料选集》等数百万字的文史资料。1990年秋曾回青岛探亲，并游览了崂山。

【周至元】 （1910—1962），原名式址，又名式坤，号懒云，自称"伴鹤头陀"，即墨坊子街人。自幼嗜书成癖，能诗文，擅书画，尤精于医术，博于史学，1959年被聘为中国科学院山东分院历史研究所兼职研究员，1960年又被中国历史学会山东分会发展为会员。著有《即墨黄培文字狱资料》、《辛亥革命即墨光复始末》、《于七抗清史略》、《郑康成生平简介》、《周至元诗文选》、《头陀吟草》、《懒云诗存》等。周至元酷爱山水，曾无数次往游崂山，"攀危岩，历邃谷，探奇索隐，往往旬月流连而忘返"，"每见摩崖碑碣题咏游记之足资二崂文献者，便留意抄存"，分门别类，整理成篇，对前人所论加以纠谬补缺，写成《崂山小乘》和《游崂指南》，于1934年由即墨新民印书局刊印。他有感于明黄宗昌《崂山志》止于明季，清周荣锃《鳌山志略》、王葆崇《鳌山采访录》囿于见闻，有乖志体，且诸志文字过简，并有遗漏和谬误，因此自 20 世纪 30 年代开始，他在行医、诊病之余，在经过十数个春秋的走访调查、考察研究的基础上，三易其稿，撰成《崂山志》初稿，1952 年再加修订，全书共八卷，志目依次为：方舆志、形胜志、建置志、人物志、物产志、金石志、艺文志、志余，近 30 万字，详尽记述了崂山的历史沿革、名胜古迹和人文景观等，特别是周至元手录的摩崖、碑刻全文，成为今天人们研究崂山的重要资料。1962 年，周至元病逝于济南，书稿由子女保存，1993 年由齐鲁书社刊行。周至元撰有大量咏崂诗作，《崂山志》中辑录其所作诗、赋、记等 140 余篇。此外，他还著有《崂山名胜介绍》，1952 年由山东人民出版社出版。2004年，青岛画报社又出版了他的《崂山名胜墨帧》，收录其生平所绘崂山风景 30 幅，并配有自题诗，同时收入黄公渚、赫保真等名家作品多幅。鹤山有周至元题字多处。

【蓝水】（1911—2004），原名桢之①，中年改名水，又名夫水，字山泉，号东厓，又号东厂，即墨市西障村人，为明御史蓝田十二世孙，清廪生蓝恒矩第四子。幼年曾读私塾七年，成年后，又教私塾三年，后务农。1961 年至 1973 年，举家搬迁至黑龙江谋生。1978 年后，曾就职于即墨县图书馆，整理馆藏书籍文物，并曾任即墨县第五、六届政协委员。著有《崂山志》、《崂山古今谈》、《东厓诗集》、《返光集》、《五杂俎》、《可止编》、《友声集》等。一生曾数十次游崂山，足迹遍及崂山全境，所咏崂山诗六百余首。其《八水河玉龙瀑》云："百尺峭崖高无已，左右青山近相比。一练高挂悬崖巅，玉龙倒喷西江水。余波流沫随风飘，如抛珍珠坠还起。只应泉源直上通银河，不然何以仰视去天不违咫。"1935 年，开始撰写《崂乘》，历经数十年，于 1980 年完成书稿《我与崂山》，后经崂山县县志办公室审定并更名为《崂山古今谈》，于1985 年 8 月出版。全书共约 14 万字，分"崂山古今"、"崂山百咏"和

---

① 有著者将其著录为清代人，误。

"崂山琐谈"三部分，对崂山的山川、风景、物产、历代人物、释道源流、诗文和轶闻传说等记述甚详。1996 年，在此基础上，又重新修订出版了《崂山志》，为研究崂山历史和文化提供了重要的参考资料。此外，民国二十七年（1938），蓝水还搜集整理并刊印其先祖蓝田的《北泉集》；1996 年，搜集整理汇编其先祖蓝章的《大崂山人集》出版，为后人了解研究即墨蓝氏先贤提供了大量珍贵的资料。

【刘作廉】（1914—1961），艺名刘森，即墨挪城刘村（今属南泉镇）人。10 岁入私塾，14 岁即辍学随父学艺，17 岁投师陈镇举，开始舞台生涯。19 岁时，他在柳腔戏曲舞台上崭露头角。22 岁时他与刘德昌、刘洪石、刘邦君等搭班，在即墨、平度和青岛演出。1945 年返乡，一边经商，一边教戏。1954 年组织半职业的即墨民艺柳腔剧团，1956 年转为专业剧团，刘作廉任团长。工旦角，尤精花旦，表演细腻，唱念俱佳。他在艺术上力求创新，坚持戏剧改革，把梆子、京剧、评剧等剧种的长处融合于柳腔之中，使柳腔在唱腔、板式和音乐伴奏方面不断得到丰富完善，挖掘整理了一批传统剧目，同时培养了一批优秀柳腔演员，对柳腔的传承作出了贡献。1954 年当选为即墨县第一届人大代表，1956 年当选为即墨县政协第一届常务委员。1958 年，曾被错划为右派分子，1961 年病逝。

【高芳先】（1914—1980），字天佐，山东即墨县元庄（今即墨市通济街道西元庄村）人。年轻时在青岛国术馆习武，尤擅摔跤，后任沧口国术训练所教官。1936 年，任青岛市保安大队少尉分队长。抗战爆发后，为鲁东行署少校副官。1942 年任青岛保安总队副总队长，在崂山地区坚持抗日，被誉为"崂山之狮"。抗战胜利后，曾任青岛国术馆副馆长、中华国术会监事、中华太极拳总会顾问、青岛保安旅少将旅长、青岛市警察局局长等职。1949 年赴台湾，任第五十军副军长、台湾"国防部"高参等。1953 年退伍后，居住于台湾台中市，致力于发扬国术。著有《青岛市抗战纪要》等。1945 年 4 月 14 日，在崂山登瀛村石屋岩战斗胜利后，曾在石屋岩右边洞口巨石上书写"以血肉收复青岛"，后又在石屋岩西侧石壁上镌刻"东海增辉"四个大字。

【赵书堂】山东即墨人。自幼学习中医，18 岁时在家乡为人治病。抗战时，曾参加青岛保安总队在崂山抗日，1949 年后去台湾，定居彰化。善中医，好书法，著有《中医诊断学浅释》等。1946 年在崂山沙子口镇设诊所，"平素除为患者服务外，余暇则复往每一名胜，以记游踪。"赴台后，为让居台之同乡"开卷观之可尽知故乡名胜所在地"，据回忆作《青崂游览记》，内分"前言"，"青岛的沿革"，"地势与气候"，"市区的建筑"，"名山胜景"，"公园"，"海水浴场与码头"，"崂山胜景"，"宫庙古迹"，"深山观景"等节。另写有《高芳先将军崂山抗战纪实》，发表在台湾《山东文献》第四卷第 2—4 期上。

二、寓居文化名人

本部分收录寓居于青岛崂山的外籍历史文化名人，包括隐居青岛崂山的名人、在青岛崂山做官为政的名人、因事避居青岛崂山的名人、因生计移居青岛崂山的名人等。

【田横】（？—前202），秦末狄（今山东省淄博市高青县）人，原为齐国贵族田氏的后裔，田儋的堂弟、田荣的弟弟。秦末陈涉起义后，与兄田儋、田荣反秦自立，田儋自立为齐王，不久战死。田荣拥立田儋之子田市为齐王，自任丞相，田横为将。秦亡，楚汉相争，田荣将私自接受项羽封为胶东王的田市杀死，自立为齐王。公元前205年，项羽伐齐，田荣被杀。田横立田荣之子田广为王，自为相。韩信破齐，田广被杀，田横自立为王，兵败后逃到梁地，投归彭越。刘邦称帝后，封彭越为梁王，田横惧诛，率部下五百余人逃入海中一个小岛之上。公元前202年，刘邦遣使招抚，田横带门客到洛阳觐见，因不愿称臣于汉，途中自杀，刘邦以王者礼葬之。居海岛五百部属"闻田横死，亦皆自杀"。事见《史记·田儋列传》。司马迁赞曰："田横之高节，宾客慕义而从横死，岂非至贤！"世人慕田横及其门人义士气节，把其原所据山岛，遂称为"田横山"、"田横岛"、"呜呼岛"等，并于田横岛的最高处修筑五百义士墓，建庙立祠，崇奉祭祀。历代都有文人骚客，对田横及其五百士进行吟咏、传颂。唐代韩愈有《祭田横墓文》，唐代李白、杜甫，宋代苏洵，明代郑成功、周璠、赵熙煓、孙镇、曹臣，清代龚自珍、黄遵宪、张鹤（又名铃）、黄守湘、郭绥之、赵执信、刘廷桢、匡源、林钟柱等都有咏田横诗句。朝鲜使节郑梦周（1337—1392）、李崇仁（1347—1392）、郑道传（1342—1398）、权进（1352—1409）、李詹（1345—1405）等亦有吟咏祭悼田横的诗文。著名画家徐悲鸿曾用两年时间绘出《田横五百壮士图》巨画，现陈列在北京中国历史博物馆。田横墓在今河南洛阳东三十里偃师市。今山东蓬莱有田横山、田横寨，相传田横率五百壮士东走时曾在此筑寨为营。今青岛即墨市有田横岛，位于崂山东北部海域中。《隋书·地理志》、《北史·杨愔传》中就有即墨田横岛的记载，即墨也一直有关于田横和五百义士的传说，并留有遗迹。即墨旧有九贤祠，田横尊列其中。宋乐史《太平寰宇记》"莱州·即墨县"："田横岛在县北一百里。横众五百余人皆死此。岛四面环海，去岸二十五里，可居千余家。"清同治《即墨县志》："齐义士冢，县东百里田横岛中，世传五百义士同葬处。""齐王祠在县东百里田横岛中，祀齐王田横。"后田横祠圮，但"齐王田横暨五百义士之位"的青石牌位尚存。1982年，田横五百义士墓被青岛市政府定为市级重点文物保护单位，1992年被定为山东省重点文物保护单位。

【逄萌】字子康①，汉代北海都昌（今山东省昌邑市）人。曾任亭长，后到长安研读《春秋》。闻王莽杀其子，对友人说："三纲绝矣，不去，祸将及人。"即解冠挂东都城门，归里，携家泛海避难于辽东。及东汉光武帝即位，从辽东来到崂山，"养志修道，人皆化其德"。朝廷多次征辟，始终不仕，以寿终。《后汉书》有传。明代即墨周如锦赞曰："逄萌悯三纲，举世无枉足。辽东不可留，崂山栖黄鹄。"今人蓝水《咏逄萌》诗云："当年养志白云端，不事王侯随所安。天子闻名虚设座，野人化德解排难。南山捷径谁能履，北海狂且亦授官。可惜富春垂钓客，不来此处共盘桓。"《后汉书》中有逄萌"乃之琅琊劳山养志修道"之句，据考证，这是关于"劳山"之名的最早记载。今山东省

① 一作"子庆"。

潍坊市昌乐县营丘镇古城村南有逄萌墓碑，明万历甲午（1594）建，后明崇祯、清康熙、清光绪三度重修。1985 年夏，原河头乡政府立"汉隐士逄萌墓道碑"于该碑之右。

【伏湛】（？—37），字惠公，西汉琅琊郡东武（今山东诸城）人。《后汉书》："湛性孝友，少传父业，教授数百人。"更始元年（23），为平原郡太守。东汉光武帝即位后，征为尚书，又拜为大司徒，封阳都侯。汉建武六年（30），改封为不其侯，徙居不其城（今青岛市城阳区城阳村北），食邑三千六百户。建武十三年（37）夏，应诏出仕，未及赴任，中暑病故。光武帝"赐秘器，……亲吊祠，遣使者送丧修冢"（《后汉书·伏湛传》）。伏湛死后，次子伏翕袭侯爵，共传八代，历时185 年。建安十九年（214），曹操杀汉献帝皇后、伏氏之女伏寿，又杀伏氏家族百余口，不其侯国遂除。今城阳区城阳镇城子村北汉代墓群中有"梁王坟"和"拜坟台"，据清同治《即墨县志》载："城阳古不其城古冢八，相传为伏湛八代之墓，存以俟考。"1984 年，青岛市人民政府将其列为市级文物保护单位。

【童恢】字汉宗，东汉琅琊姑幕（今山东诸城）人。曾任州郡小吏，东汉灵帝光和五年（182）任不其县令。任职期间，"耕织种牧，皆有条章。一境清静，牢狱连年无囚"①，因政绩卓著升任丹阳（今安徽宣城）太守。童恢死后，百姓念其恩德，建"童公祠"祭祀。元代皇庆二年（1313）改为道观，更名"通真宫"，祠后筑有童恢衣冠冢，有清乾隆年间立的墓碑，正面镌"敕封后汉不其尹童府君之墓"②。通真宫在今城阳惜福镇傅家埠社区，为今青岛地区唯一一座供奉县令的古

---

① 清同治《即墨县志》卷八"名宦"。
② 碑已毁，残碑存放在童真宫内不其文物陈列室。现碑为 1994 年立，碑文为"后汉不其县童大老爷讳晖之墓"。

祠庙，在崂山"九宫八观七十二庵"中占有重要地位，1982年，被定为青岛市文物保护单位，新碑刻名为"童真宫"。清代即墨诗人黄念昀有《童公祠》诗："万古循良最，千秋庙貌崇。看碑思吏治，画壁见氏功。我泽传闻外，人心肃拜中。桐乡知不远，俎豆走村翁。"崂山民间有童恢驯虎等神异传说，即墨诸生周瀛文（字海舫）有《不其令驯虎》文，杨还吉有《过童府君墓》七言律诗。

【王扶】字子元，东汉时东莱掖（今山东省莱州市）人。少修节行，客居琅琊不其县。东汉光武帝中元年间（56—57），太傅邓禹闻其贤，辟征之，官拜议郎。东汉永平时，临邑侯刘复著《汉德颂》，盛赞王扶为名臣。

【张恭祖】东汉末年东郡（今聊城东昌府区）人，著名经学家。博学多闻，郑玄曾就学于张，张授以《周官》、《礼记》、《左氏春秋》、《韩诗》、《古文尚书》等经籍。据《山东省志·宗教志》和《即墨县志》载，张恭祖曾到太清宫办道院，聚众讲学，传播经文与经曲，是崂山较早的经乐始祖之一。但此说史无记载。

【郑玄】（127—200），字康成，东汉北海高密（今山东省高密市）人。东汉著名经学家。少时为乡啬夫，不乐为吏，乃入太学授业，后又师从经学大师张恭祖、马融，遂博通群经。学成东归，客耕东莱，聚徒讲学，弟子数百千。因党锢之祸起，潜心著述。灵帝末，党禁解除，大将军何进等召用，皆不就。《后汉书》有传。郑玄一生著述丰硕，遍注群经60余种，凡百余万言，成为汉代经学集大成者，世称"郑学"。《后汉书》论曰："郑玄括囊大典，网罗众家，删裁繁诬，刊改漏失，自是学者略知所归。"据《三国志·魏书·崔琰传》记载，汉灵帝中平五年（188），郑玄在北海相孔融处讲学，徐州黄巾军攻破北海，"玄与门人到不其山避难"。晋伏琛《三齐略记》："郑司农尝居不其城南山中教授。"唐李吉甫《元和郡县志·莱州·即墨县》："大劳山、小劳山，在县东南三十八里……昔郑康成领徒于此。"由此可知，郑玄曾因战乱避难崂山，并筑书院讲学，"从学者盈万"，人称"康成书院"。郑玄在崂山客居约一年，后因灾荒，粮食匮乏，乃去徐州。但他因此创建了中国历史上最早的书院，为崂山培养了大批人才，影响深远。他还把宫廷音乐带到崂山，对崂山道教音乐影响很大，《迎神歌》、《拜北斗》在崂山各庙和民间均流传至今，被道士称为"郑祖经曲"①。《后汉书·郡国志》刘昭注引《三齐记》："郑玄教授不期（其）山，山下生草大如薤，叶长一尺余，坚韧异常，土人名曰'康成书带'。""康成书带"，即麦冬，俗名为沿阶草，其叶坚韧，长尺余，相传郑玄弟子取其束书，故名"书带草"，又称"郑草"。郑玄"教授之处"，古有康成祠，奉祀郑玄。明正德七年（1512），即墨知县高允中在原址建院宇，聘教授，辟学田，重建"康成书院"。明末御史黄宗昌慕郑玄之名，在康成书院附近筑"玉蕊楼"。清代翰林尹琳基崇奉郑学，在太清宫立"经神祠"，供郑玄大司农之位。明代学者孙镇、清代学者顾炎武等都有咏赞郑玄和康成书院的诗篇。今城阳铁骑山下的书院村、院后村、演礼村，即因康成书院和郑玄教授弟子演习礼仪而得名。

【明僧绍】（？—483），字休烈，一字承烈，号栖霞，南朝平原鬲县（今山东平原）人。刘宋元嘉年间（424—453）"再举秀才"，永光元年（465），镇北府辟为功曹，皆不就。后隐居长广郡崂山，"聚徒立学"。北魏攻克淮北，乃渡江徙居金陵摄山（今南京市栖霞山）。南齐时多次拒绝征召，卒后舍宅为寺，称栖霞精舍（即栖霞寺）。著有《周易系辞明氏注》、《正二教论》等。《南史》、《南齐书》有传。"崂山"之名，最早见于《南史·明僧绍传》。后在《神农本草》和《本草图经》中也记有此山名，明代黄宗昌用此名作《崂山志》书名。

---

① 蒲亨强：《仙乐风飘处处闻——中国重要宫观道乐》，巴蜀书社 2005 年版，第 69 页。

【王伯恭】（？—489），北魏兖州（今山东兖州）人。北魏太和十二年（488）正月，在崂山聚众起义，自称齐王，反抗北魏南下，后与东莱镇将孔伯孙战，败死。今崂山南窑半岛有"点将台"，四角各凿立柱圆孔，以作竖立亭柱和旗杆之用，相传为王伯恭在崂山聚众起义之遗迹。

【杨愔】（511—560），字遵彦，小名秦王，北齐弘农华阴（今陕西华阴）人。父杨津，北魏时累为司空侍中，徙居清河（今河北省清河县），又徙居莱（今山东省莱州市）。杨愔好学能文。东魏高欢时，官大行台右丞，掌文檄教令。天平元年（534），因事改名为刘士安，逃入崂山北部海中田横岛，以讲学为业。高欢遣使召还，累官至吏部尚书。入齐，官至尚书令，封开封王。乾明元年（560），被孝昭帝高演诛杀。《北齐书》、《北史》有传。

【栾克刚】元代胶西（今胶州）人，出身名门望族，曾任即墨县尉。元泰定二年（1325），崂山道士李志明、王志真修建聚仙宫，因栾克刚与大学士张起岩旧有交情，遂派道士沈志和请张起岩撰写了《聚仙宫碑铭》。

【董守中】字君庸，元代莘县（今山东省莘县）人。元至正年间任即墨县令，"兴利除害，信赏必罚"。至正十二年（1352），曾修建县衙及儒学署。同时，建九贤祠，将即墨三大夫、田单、田横、王成、王吉、王骏、童恢等即墨历史上的九位名宦才俊塑像加以供奉，并请高密县尹秦景容（字裕伯）撰写《九贤祠颂》，勒碑刻石记之。即墨县衙现为山东省仅存的三堂老县衙，已被列入山东省级文物保护单位。董守中因政绩卓著，去后民为立碑，祀名宦。留有《夕阳涧》、《王乔崮》、《聚仙台》、《清风岭》等咏崂诗。《聚仙台》云："华表西游第一家，聚仙台上日影斜。道人不管人间事，院内闲栽月桂花。"

【高允中】明代山西太原人。举人，曾任福山县教谕，明正德四年（1509）授即墨县令。正德七年（1512），他在崂山铁骑山郑玄筑庐讲学处，重建院宇，聘教授讲学，并挂匾额，书"康成书院"。正德九年（1514）春，主持修筑淮涉河堤，造福地方。

【马存仁】明代涿州（今河北省涿州市）人。举人出身，嘉靖六年（1527）任即墨知县。曾游崂山，清同治《即墨县志》收有其七绝《华楼》："惟爱山家坐小亭，檐隈野竹送秋声。苔封诗句无人识，止听黄冠说姓名。"

【杨方升】明代隆庆年间即墨县令。明代隆庆二年（1568），陪同山东提学邹善游崂山，至翠屏岩下，根据《史记》中"吾今日见老子，其犹龙也"之典故，将原"老君洞"更名为"犹龙洞"，并请邹善书写后，镌于洞旁斜倚的眠龙石上。今华楼山有楷书题刻多处，如"天液泉"、"万壑松声"、"海阔天空"、"海山环秀"等，落款均为"方升题"或"方升书"。凌烟崮有诗刻："我来拜仙岩，岩危不可上，□首题岩石，心胸□霞□"，落款"方升上石"。

【许铤】字定之，号静峰，明代直隶武清（今属天津市）人。明万历二年（1574）进士，曾任长子县知县、莘县知县、兵备副使、兵部主事等。万历六年（1578）任即墨县令，任五年，"垦荒田，招流移，筑堤岸，通商艘"，卓有政绩，曾议开放青岛为海口。万历七年（1579），曾主持编修了即墨历史上第一部县志，对崂山地理山川、形胜、风俗、物产、古迹、市集、乡社、祠庙、寺观、仙流、杂志、艺文记载甚详，并亲自作《即墨志序》，万历十一年（1583）刻印。撰有《地方事宜议》、《即墨县图说》，对研究青岛和崂山历史具有重要价值。

留有《鹤山仙鹤洞》诗："孤鹤飞来几万秋，因餐白石化丹邱。回翔似顾三标秀，振翮疑登七星楼。流水桃花春片片，青天碧海日悠悠。兴来跨鹤扬州去，海畔苍生为勉留。"另有七绝《赞劳山》诗数首，并曾在崂山留下"胜览"、"名山第一"等石刻。

【杜为栋】明代祥符（今河南开封）举人。明万历六年（1578）时任即墨县教谕，后升任陕西洛南知县。万历七年（1579），参与编纂即墨历史上第一部县志，任总纂并序，历时5年，于万历十一年（1583）刊刻。全志共八篇，15万字，7个一级类目，61个二级类目，主要有地理、建置、赋役、秩祀、秩官列传、选举、寺观等。

【赵任】（1568—?），字仁甫，一字肩吾，号岙冲，明中后期胶州六汪（今属青岛市黄岛区）人。明万历十一年（1583），十五岁中进士，授中书舍人，御试钦定"天下第三才子"，历任南直隶太平县丞、大理寺评事，后乞休归里。精诗善文，著有《秋水斋诗文集》。曾在崂山华阴筑一别墅，名为"皆山楼"，后赠予高宏图，高宏图将其更名为"太古堂"。隐居崂山时，于万历三十一年（1603），受莱州知府龙文明之托，撰有《新立太清宫形胜地至碑记》（又称《明万历重建太清宫碑记》）。

【周璠】明代沐阳（今江苏省沭阳县）人。明万历年间曾任即墨县县丞，有文才，善诗，常游览崂山，留有咏崂诗《劈石口》、《康成书院》、《吊五百义士》、《田横岛》、《狮子峰观日出》、《石门》、《夕阳涧》、《松风口》、《南天门》、《白沙河观鱼》、《舞旗埠》、《登巨峰最高处》、《黄石宫》、《迎仙岘》、《石楼》、《游那罗延窟》、《王乔崮》、《白鹤峪悬泉》、《仙岩》、《舞旗埠》等数十首。《劈石口》云："莲花片片削空青，华岳分峰仗巨灵。更向崂山挥玉斧，洞天有路不常扃。"该诗现镌刻于崂山劈石口"劈石"之右半，青岛市杜颂琴书。

【陈文德】明代四川人，曾任即墨县教谕。游崂山时，留有《狮子峰观日出》五言长诗，其中有"秉烛跨危峦，腥飙吹欲坠。寒潮拍空响，茫茫何所视"之句，该诗为清同治《即墨县志》、《崂山续志》等收录。

【高宏图】（1583—1645），本名"弘图"（因避乾隆帝弘历讳而改），字子犹，一字研文，号砭斋，明末胶州人。明万历三十八年（1610）庚戌科进士，授中书舍人，历官陕西道监察御使、太仆寺卿、工部侍郎、户部尚书等职。南明福王时，任礼部尚书兼东阁大学士，后加封太子太保、吏部尚书兼文渊阁大学士。明亡，逃会稽野寺中，绝食九日而亡。《明史》有传。著有《易解》、《史记论事》、《纲目别见》、《奏疏》、《老氏解》、《杂著》、《尺牍》、《太古堂集》、《太古堂遗编》、《画衣记》等。高宏图一生为官曾三罢三复，明崇祯五年（1632），削籍归里后，买下大理寺评事胶州人赵任在崂山华阴村北筑的别墅，改称"太古堂"，在此侨居。崇祯十二年（1639）三月三日至十五日，高宏图曾与友人一起游览崂山，同年五月撰《劳山九游记》，对崂山之风景、逸闻、掌故多有记述。另写有《题黄石宫》、《鹤山》、《太平村》、《八仙墩》、《吊憨山上人禅址》、《巨峰》、《明霞洞女黄冠》、《太平宫白牡丹》等许多记崂咏崂诗篇。

【宋继澄】（1594—1676），字澄岚，号渌溪，又号万柳居士，自称海上病叟，明末清初山东莱阳万柳村人，明兵部尚书黄嘉善之孙婿。明天启七年（1627）举人，淡泊利禄仕途，同其子宋琏同在"复社"，并参加"山左大社"，明亡后隐居不仕，晚年居住万柳庄。曾居即墨黄宗昌在崂山修筑的玉蕊楼多年，教授生徒，讲学著书，与即墨之黄姓、蓝姓诸望族之文人结诗社，朝夕吟咏。清康熙五年（1666）受即墨"黄培文字狱"的株连，入狱三年得释。善古文词，学宗程朱，著有《诗经正义》、《四书正义》、《古文偶笔》、《万柳文集》、《丙戌集》、《万柳老人诗集残稿》等。曾有五言律诗《山庄》记玉蕊楼，另有《快山先生传》、《上庄快山堂记》，并曾为黄宗昌《崂山志》作序。

【张允抡】（1609—1678），字并叔，号季楙，别号楙里子，明末清初莱阳张格庄（今山东省莱阳市）人。明崇祯六年（1633）举人，崇祯七年（1634）进士，曾任户部主事，后授江西饶州知府。明亡后，入崂山隐居不仕，曾受黄宗昌及其子黄坦聘请，与宋继澄父子在崂山玉蕊楼、张村等处设馆授徒数十年。著有《希范堂集》、《廉吏高士传》、《楙里子集》等。张允抡曾遍游崂山名胜，留有《蔚竹庵》、《巨峰顶》、《登邋遢石南岭》、《巨峰即事》、《游太平宫》、《玉蕊楼》、《楼上晚眺》、《狮峰独酌歌》、《独酌仙人桥》等许多记游崂山诗文，其《楙里子游崂山记》中，收有《游邋遢石东南涧记》、《游九水记》、《游白云洞记》、《康成书院记》等游记 13 篇，诗 70 余首，详记崂山诸景观，对研究崂山历史具有重要价值。该书于乾隆四十一年（1776）刊印。张允抡曾为黄宗昌《崂山志》作序，顾炎武曾留有《张饶州允抡山中弹琴》诗。

【法若真】（1613—1696），字汉儒，号黄石，一号黄山，别号小珠山人，清代胶州人。明末诸生，清顺治二年（1645）以异才特荐，经御试，授中书舍人。顺治三年（1646）进士，改庶吉士，授编修，充福建戊子正考官，迁秘书院侍读，历任浙江按察使、湖广右布政使、江南布政使。康熙十八年（1679），被荐举博学鸿词科，称病未就归里，隐居黄山①多年，潜心诗文书画。著有《黄石遗墨》、《黄山诗留》、《黄山文留》、《黄山年略》、《黄山集》等，其《树沙飞泉图》等 27 幅画作被收入《中国古代书画图目》，收藏于故宫等处。法若真曾与李焕

---

① 位于胶州湾西岸，今属青岛市黄岛区。

章同游崂山，写有《送李象先游二劳》、《过东石耳问郑康成故迹》等诗篇。《送李象先游二劳》云："百余里外接长松，一片青山万万重。铁骨泥寒仙子冢，火雷石劈巨人峰。碑悬儡偪千年句，客睡华阴小市钟。俱说童恢驱虎后，二劳不借黑云封。"

【康霖生】（？—1672），字泽远，号巅庵，清代磁州（今河北磁县）人。清顺治十六年（1659）进士，曾任广东连山知县。康熙九年（1670）至十一年（1672）间任即墨县令。在职期间，整饬吏治，清丈土地，核实贡赋，减轻民困，抑制横暴，颇得民心。至今，在即墨、城阳等地还流传着很多关于康霖生断案的传说。康霖生曾视察崂山，见山民贫困，逐派人回其故里运来大批椒苗，并教授种植。在任两年，不幸因病卒于任所。为纪念他，即墨士民分别于即墨城北之北斗庵和县东南四十里的华阴集东建造了两座康公祠，四时奉祀。康熙二十六年（1687）又立"康公祠碑"，即墨举人黄坦撰碑文详记其事。康熙四十九年（1710），经礼部批准康霖生得入即墨名宦祠奉祀。清同治《即墨县志》有传，并收有黄鸿中撰《邑侯康公入名宦记》。

【宋琏】（1615—1694），字林寺，一字殷玉，号晓园，明末清初山东莱阳人，宋继澄次子。幼而颖敏，精诗古文，明崇祯十二年（1639）举人。与其父同为复社中坚，倡导"海滨复社"，长期侍父隐居，征辟不就，终老田园。著有《诗经正义文》、《四书正义文》、《晓园文集》，今已不传，《万柳老人诗集残稿》附有《晓园子诗集残稿》一卷，收录其诗 38 首。康熙《莱阳县志》、民国《莱阳县志》、《桑梓之遗录文》亦收有其诗文。曾随父任教即墨，《即墨黄氏家乘》、《即墨蓝氏家乘》等族谱、诗文集中有大量其撰写的传记、序文、墓志铭、题跋等。游崂山时留有《山游记》、《上庄偶记》、《丰山琭石记》、《归石记》等。

【吴旦】字昌山，明代莱阳（今山东省莱西市）人。明末因避难偕夫人左灿来鹤山。在鹤山避乱期间，留下了许多咏鹤山诗。其一曰："放情随所适，幽兴自婆娑。踏月听僧梵，穿云入薜萝。潭空鹤影瘦，松老茯苓多。灵境堪长往，浮生能几过。"

【左灿】字楚卿，一字贞淑，明末莱阳（今山东省莱西市）人，左之宜孙女，左懋第侄女，吴旦之妻。有文才，工诗词，著有《汛思吟草》。明末因避乱随族人逃至鹤山，留有《题鹤山》、《鹤山避乱》、《鹤山夕照》、《送表弟东归》、《鹤山早行》等诗和《鳌山观海》词。《题鹤山》云："拨莽寻幽路转艰，乱藤苍翠鬪潺湲。阴崖雪挂猿边树，晴日霞飞海上山。云覆松巢双鹤返，竹深沙路一僧还。石龙有意藏云雨，洞口无人明月闲。"

【李一壶】姓名不详，亦不知何许人，明末清初人。明亡后，黄冠道衣，客居于崂山。貌颀而长，须眉疏秀，喜饮酒，一壶辄止，每行以酒壶自随，故人称之曰"一壶先生"。尝往来登莱之间，爱崂山山水，辄居数载去。久之，复来，其踪迹皆不可得而知也。与赵士喆、董樵等往来友善，康熙二十一年（1682），自缢于僧舍。清江南桐城文人戴名世（1653—1713，字天有，号南山）为他作传，董樵有《访李一壶新庵留宿次海客韵》诗，即墨诗人黄坦有《方壶道士歌》，海阳进士赵似祖写有《一壶道人歌》。

【高珠】（1621—1684），字介如，号逸叟，又字石君，号振东，明末清初淄川人，高珩从弟。清顺治十一年（1654）中举人，康熙六年（1667）中进士。辞官弃家，穿草鞋步行五百里，到崂山修道，居住上清宫，年老归家。著有《放言集》。

【尤淑孝】（1698—?），字孟仁，号过亭，清代顺天大兴县（今北京市大兴县）人。祖父尤三省，字克敬，号天一，顺治十五年（1658）

武进士，以侍卫出任鳌山守备，历官贵州副将，升天津镇总兵官。尤淑孝为拔贡，举孝廉方正，初任河北鸡泽县教谕，清乾隆十九年（1754）任即墨县知县，在任十余年，锄豪恶，清讼狱，固守圉，兴学校，并曾主持重修《即墨县志》。为表其功绩，即墨士民为其立《磐石犹存碑》，郭廷翕撰《磐石犹存碑记》，又在县南三里登高埠建祠供奉，并于乾隆三十二年（1767）其离任时立"尤公德政碑"，周泽晋（字廷接，号思庵，恩贡生，候选教谕）撰《尤公德政碑记》。清同治《即墨县志》刊有其创作的《东园十咏》，收有其《开泉庄河记》、《修城记》、《黄母赵太君七十寿序》等文。尤淑孝曾多次游览崂山，留有《劳山二首》、《巨峰》、《仲秋宿瀚河庵》、《上清宫》等诗篇。在华楼山清风岭立有石碑，题刻"名山第一"。

【叶栖凤】字梧冈，清代四川广安州（今四川省广安县）人。举人出身，乾隆四十七年（1782）至五十一年（1786）任即墨知县，政尚宽仁，修文庙、学宫及坛社等皆焕然一新。曾在崂山北九水太和观东建劳山书院，兴学劝士，其教谕规章皆效法白鹿书院。同治十一年（1872），知县林溥重修书院，并著有《修劳山书院记》一篇。清光绪二十九年（1903），书院改为官立"皋虞学堂"。1906年，迁入即墨考院，更名为即墨县官立高等小学堂。

【沈则文】清代浙江仁和（今杭州）人。乾隆时曾任即墨知县，崂山望海楼留有其楷书题刻"大观"两个大字，落款为"大清乾隆五十六年（1791）岁次辛亥孟夏，知即墨县事仁和沈则文"。

【刘锡信】字桐村，清代通州人。乾隆三十年（1765）举人，历任山东即墨知县、户部员外郎。博学多识，精于治学，有"北方才子"和"北方第一学者"之称，著有《潞城考古录》、《煮石山房诗稿》、《菱溪笔记》、《历代讳名考》等。任即墨知县时，曾于嘉庆二年

（1797）题写《华严寺石碣》："苍翠空濛入望遥，白云深处渡浮桥。如何卅载劳薪客，又向崂山学采樵。"

【欧阳大勋】 字纪常，号约斋，清代彭泽人。乾隆四十八年（1783）举人，曾任山东海丰（今无棣县）知县，嘉庆六年（1801）任即墨县令，其间，曾撰《童公庙碑记》，并为即墨江氏族谱撰序。

【秦锡九】 字昌龄，清代广西桂林灵川人。道光二年（1822）进士，道光十六年（1836）到即墨任县令。道光二十年（1840）曾撰《童公庙碑》碑文，道光二十一年（1841），为周翕镔等辑《即墨诗乘》作序。

【赵似祖】 字小晋（一说字怡庭、诒庭），号秋客，清代海阳朱坞村（今山东省海阳市二十里店镇）人。道光十二年（1832）进士①，曾任刑部广西司主事，升授太原知府。著有《毛诗辨韵》、《希音阁诗集》、《秋客诗集》等。清同治年间，曾辞官栖居崂山华严寺多年，留有《望二劳》、《寄居华严庵即事》、《华严寓居》、《一壶道人歌》、《边道人歌》、《劳山导引法曲》、《田横岛石砚歌》等许多咏崂诗。

【林溥】 字少紫，号坚园，清代江苏甘泉（今扬州）人。咸丰二年（1852）进士，官山东即墨、东平等知县。工诗文绘画，著有《扬州画苑录》、《扬州西山小志》（又名《西山樵唱》）。同治七年（1868）任即墨县令，曾于同治十一年（1872）主持修纂《即墨县志》并序，还重修劳山书院，作《修劳山书院记》一文，叙述重修劳山书院的经过。

---

① 见《清实录》卷二百一十一第36册，中华书局影印版，第99页。徐世昌：《晚晴簃诗汇》卷一百三十："赵似祖，字秋客，山东海阳人。道光壬辰进士，官刑部主事。有《希音阁诗》。"

清同治《即墨县志》收录其《崂山纪游》诗六首。

【王大来】字少楚，清代胶州人。清同治七年（1868）贡生，工诗画，喜游山水。咸丰十一年（1861），迁居崂山华阴高弘图太古堂故居，居20余年。著有《五亩宅诗草》、《少楚诗集》等。曾七游崂山，有《劳山七游记》，对崂山名胜记述颇详。另有《移居华阴》、《游九水》、《神清宫》、《明霞洞》、《太和观》、《鱼鳞口观瀑》、《棋盘石》、《同文梓道人游巨峰》、《南天门》、《太清宫访一了道人》、《同一了道人游八仙墩》、《青峪访江莲峰》、《双石屋访毕山人》、《白云洞雨后》、《玄真洞晚眺》等记咏崂山诗数十篇。胶州诸生徐守鉴（字莲塘）有《听少楚话东崂》诗。

【尹琳基】（1838—1899），字琅若，又字竹轩，清代日照人。清咸丰九年（1859）中举人，同治元年（1862）中进士，授翰林院庶吉士、编修，历任国史馆协修、纂修、功臣馆总纂、文渊阁校理等职，因直言罢官。著有《焚余笔记》、《楚南乘轺笔记》、《秦轺日记》、《日下见闻录》、《日照旧志考证》等。清光绪九年（1883）四月，尹琳基来崂山太清宫，拜道士韩谦让为师，学习古琴，并出资在太清宫三宫殿东侧建一处堂院，自题匾额"东海餐霞"，院内设"经神祠"，祀经学大师郑康成。后人称该院为"翰林院"。他在太清宫每日焚香顶礼，清斋静素，阅道藏，看丹经子集，吟诗作画，修真养性，直到光绪十三年（1887）离开。在崂山五年，留下了《冬游崂山太清宫》等大量诗作墨迹，白云洞洞额楷书"白云洞"三字即为其所题，还另撰有《白云洞观海市记》，为陆润庠楷书于白云洞内，1939年被日寇焚毁。

【靳林】清代即墨营参将。题有《华严庵前诗碑》："雨过山峰秀，悠然听松风。海市蜃楼现，坐观缥缈中。"

【花之安】（1839—1899），又名福柏（Ernst Faber），中文名花之安，19世纪德国新教传教士。青年时曾在巴门神学院学习，毕业后先后去巴塞尔大学、杜宾根大学进修，之后在哥达大学研究植物学。1865年来华在香港、广东岭南一带传教，1886年赴上海，1898年移居青岛。次年因痢疾病逝，葬于青岛山东麓的外国人墓地。在华期间，他用中文撰写了若干福音书籍和介绍西方文化的著作，同时用德文和英文翻译中国传统经典，向西方介绍中国社会、历史和文化，代表作有《自西徂东》、《泰西学校论略》、《中国史编年手册》、《儒教汇纂》、《中国宗教导论》、《中国妇女的地位》、《从历史角度看中国》、《孟子的学说》等，被誉为"19世纪最高深的汉学家"。在青岛一年多的时间里，花之安对青岛和周边地区的植物生长情况，进行了非常详细的考察和研究，写成了《青岛至崂山植物概况》，被称为"首部崂山植物志"，为1897年至1898年度的《胶州备忘录》所收录。为纪念他，1901年9月，同善会将在市区内建立起的一座医院命名为福柏医院（今武定路妇女儿童医院），1907年，将在今安徽路21号建成的医院也命名为福柏医院，原福柏医院则改称花之安医院，又称为华德医院（1951年起改称青岛市人民医院，现为青岛皮肤病防治院）。

【陆润庠】（1841—1915），字凤石，号云洒、固叟，清末元和（今江苏苏州）人。同治十三年（1874）状元，授翰林苑修撰，又入宫为光绪帝师，迁侍读，后为山东学政、国子监祭酒。以母疾归，总办苏州商务。光绪庚子（1900）八国联军入侵，慈禧太后西行途中，代言草制。后任左都御史、工部尚书、吏部尚书、内阁大学士、弼德院院长、宣统皇帝溥仪的老师。辛亥革命后，曾寓居青岛，并参加了清朝遗老组织的十老会，游览过崂山，崂山白云洞内曾有其楷书的尹琳基《白云洞观海市记》，毁于1939年日军侵略。

【劳乃宣】（1843—1921），字季瑄，号玉初，别号矩斋，晚号韧叟、韧庵老人，清末浙江桐乡人。清同治十年（1871）进士，历任直隶临榆、南皮、完县、吴桥、清宛、蠡县等县的知县，又任杭州求是书院监院、浙江大学堂监督、江宁提学使，清宣统二年（1910）任京师大学堂总监、学部副大臣及代理大臣。清亡后，于1913年秋移居青岛，曾主持德人卫礼贤创立的"尊孔文社"。1917年张勋复辟时，被任为法部尚书、学部尚书，失败后，隐匿上海，后住青岛。著有《各国约章汇录》、《义和拳教门源流考》、《简字丛录》、《等韵一得》、《古筹算考释》、《筹算浅释》及自订年谱等。劳乃宣寓居青岛期间，曾数游崂山，写有大量诗文，结集为《劳山草》、《劳山后草》、《劳山词存》三种。曾考证"劳"姓的祖先源于崂山，崂山是其"最古之祖居也"，是其"得姓之地"，为此自号"劳山居士"。1921年病逝于青岛，葬于苏州。

【赵尔巽】（1844—1927），字公镶，号次册，又名次山，又号无补，清末汉军正蓝旗人，祖籍奉天铁岭。同治六年（1867）中举人，同治十三年（1874）中进士，授翰林院编修。历任安徽、陕西等省按察使，甘肃、新疆、山西布政使，后任湖南巡抚、户部尚书、盛京将军、湖广总督、四川总督、东三省总督等职。1912年民国成立后任奉天都督，旋即辞职，寓居青岛。1914年，任清史馆总裁，主编《清史稿》。1925年段祺瑞执政期间，任善后会议议长、临时参议院议长。1914年春，赵尔巽与举人萧应春来崂山太清宫游览，在太清宫听韩谦让道长演奏《离恨天》与《归去来辞》琴曲，并书"欲逃庄叟人间世，来听成连海上琴"条幅相赠。

【郭蓉江】清代潍县（今山东潍坊）人。光绪年间隐居崂山太清宫，徜徉山水之间。性嗜酒，因自号"啜醴叟"，著有《啜醴集》。

【张人骏】（1846—1927），字千里，号安圃，晚号湛存居士，清末直隶丰润（今河北省丰润县）人。同治三年（1864）中举人，同治七年（1868）中进士。历官同治、光绪、宣统三朝，曾担任广西按察使，广东、山东布政使，山东、河南、广东、山西巡抚，两广总督、两江总督兼南洋通商大臣等职，"诸子亦多显宦，然清廉自持，家无余财"，与袁世凯为儿女姻亲，辛亥后，"袁屡征之不应，因移居青岛以避之。"[①] 1914 年，日据青岛后移居天津。他曾数次游览崂山，据《郁达夫日记》记载，由崂山柳树台赴北九水道中，有张人骏 1912 年的游山题刻，文曰："壬子年丰润张人骏与同人莅游。"现已不存。

【林纾】（1852—1924），原名群玉，字琴南，号畏庐，晚称蠡叟、践卓翁、六桥补柳翁、春觉斋主人，清末福建闽县（今福州市）人。光绪八年（1882）举人。考进士不中后，专力于古文，在北京以译书、执教、著述、作画为生。著有《畏庐诗存》、《畏庐文集》、《畏庐漫录》、《畏庐笔记》、《畏庐琐记》、《韩柳文研究法》、《春觉斋论文》、《左孟庄骚精华录》、《左传撷华》及小说和大量翻译作品。清亡后，曾寓居青岛，其子林璐曾在青岛特别高等专门学堂初级部就读。林纾曾给刘廷琛的潜楼画了一幅《潜楼读书图》，并应劳乃宣之请画了一幅国画《崂山归去来》，题："记得劳山归去来，曾将松菊画中栽。"

【吴郁生】（1854—1940），字蔚若，亦作尉若，号钟斋、钝斋，晚号钝叟，清末民初江苏吴县人。清光绪三年（1877）进士，改翰林院庶吉士，光绪六年（1880）授翰林院编修，擢侍讲学士，历官内阁学士、礼部侍郎、四川学政、广东主考、邮传部尚书、军机大臣等。清亡后，避居青岛，曾数次游历崂山，遍历其胜，凡所游之处，均摄影留念，曾编著《崂山名胜目次及旅行须知》，从崂山狮子峰至崂东之马山共 32 处景点，每处都有照片和详细介绍。该影册被誉为最早出版发行的推介崂山的宣传画册，后经次子吴曾懃编纂，收入丛书《中国名胜第

---

① 赵琪等纂：《胶澳志》"人物志"，第 1327 页。

二十二种——崂山》，由上海商务印书馆影印出版。吴郁生在该书册之扉页题写"崂山胜景"四字，并撰写序言。吴郁生善诗文、工书法，曾为四方路"瑞芬茶庄"和平度路"玉生池"澡堂题写匾额。青岛汇泉湾小鱼山顶湛山精舍（佛学讲经场所）东侧牌坊原有吴郁生所题"回头是岸"，1959 年被拆除。

【徐世昌】（1855—1939），字卜五，号菊人，又号弢斋、东海、涛斋，别号水竹邨人、退耕老人，直隶天津人。光绪十二年（1886）中进士，任翰林院庶吉士。清末协助袁世凯创办北洋军，曾任巡警部尚书、东三省总督、邮传部尚书、内阁协理大臣等。1912 年 3 月，袁世凯就任临时大总统后，徐世昌退隐青岛。1914 年任袁世凯政府的国务卿，1918 年 10 月被选为中华民国大总统。1922 年 6 月辞职后退隐天津英租界。好藏书，辑《晚晴簃所藏清人别集目录》、《晚晴簃已选诗集目录》等；喜刻书，设有"徐东海编书处"，刊刻柯劭忞主编《新元史》等著述数十种；擅书画，工于山水松竹。编著有《清儒学案》、《欧战后之中国》、《水竹邨人集》、《退耕堂政书》、《东三省政略》、《拣珠录》、《晚晴簃诗汇》、《大清畿辅先哲传》、《弢斋述学》、《归云楼集》等数十种。1913 年 5 月，徐世昌曾与吴郁生、李家驹、于式枚（1853—1915，字晦若，号穗生）、李经迈、张士珩等同游崂山三日，宿于华严寺，遍游太清宫、龙潭瀑、烟云涧、北九水等地。在太清宫盘石路下端之北侧，镌刻有《徐世昌题记》，记述其游山之事，另写有《崂山下宫三官殿怀想》诗："临汾会稽九嶷山，三陵遥隔路八千；古今名士谒陵墓，歌功颂德千万年。"

【洪述祖】（1855—1919），字荫之，号观川、观川居士，江苏武进（今常州）人。清附贡生。早年曾任福建巡抚刘铭传、湖南巡抚俞廉三文案，清末时为直隶后补道台，充矿务局总办。辛亥革命后，得到袁世凯的赏识。袁世凯为中华民国总统时，被任命为内务部秘书。1913 年，因宋教仁案，举家避难于青岛。1917 年于上海被捕，1919 年被处绞刑。洪述祖居青岛时，除在福山路建住宅外，还在崂山南九水筑别墅，题名"观川台"，书斋题为"六月息"，自号观川居士。曾于石壁上题写《崂山》七律一首。1914 年日本侵占青岛后，观川台别墅被日人强行没收。

【萧应椿】（1856—1922），字绍庭，清代云南昆明人。清光绪十九年（1893）举人，光绪二十七年（1901），考经济特科得二等，以候补道分发至山东。1908 年 3 月任山东劝业道，一度兼任山东大学堂总监。1911 年调安徽，旋改授奉天。辛亥革命后，避居青岛，同溥伟、刘廷琛等人过从甚密，参与复辟清室活动，失败后从商，经办盐务，在济南成立山东工商银行。著有《五洲述略》、《紫藤花馆诗集》等。宣统三年（1911）曾为黄肇颚《崂山艺文志》作序。1914 年春，与赵尔巽等游览崂山，在太清宫听韩谦让道长弹琴。

【张士珩】（1857—1918），字楚宝，又字冶衲，号韬楼，亦作弢楼，别号因觉生、冶山居士等，清末安徽合肥人，李鸿章的外甥。光绪十四年（1888）举人，直隶候补道，后以道员领北洋军械局，兼办武备学堂。中日甲午战争后被夺官去职，归卧南京冶山下，营竹居、筑弢楼而居其中。光绪二十八年（1902），起为山东学务参谋处及主武备学堂，后主办江南制造局，光绪三十三年（1907），为山东补用道。辛亥革命后，避居青岛，晚年尤嗜佛老，并赴崂山、胶东等地，潜心问道。民国四年（1915），被袁世凯任命为造币总厂监督，数月后，以病辞。长文史，善诗文，著有《元和篇》、《易行录》、《弢楼遗集》、《竹居录存》、《竹居小牍》、《竹居先德录》、《老子与道教》、《虞初荟蕞》、《冶山居士读书随记》等。张士珩居青时，曾多次入崂山访道，据《太清宫志》载："民国元年（1912 年）壬子九月，恩赐翰林张士珩，到劳山太清宫检阅藏经，访问道士马贤静，相与谈玄，数日而去，后则屡来，自称劳山道士。"曾作五律《陪张湛存入崂山访逄公栖址不得》，有诗集《劳山甲录》，皆居青岛时作，内有《题劳山老人》、《石老人记》等。

【王垿】（1858—1933），字爵生，一字觉生，号杏村、杏坊，晚号昌阳寄叟、望石山樵，清代山东莱阳城南门里杏坛坊人。光绪五年（1879）举人，光绪十五年（1889）进士，授翰林院检讨，后升任翰林院侍讲学士、国子监祭酒、河南学政、内阁学士兼礼部侍郎，1907年又署法部右侍郎兼实录馆副总裁，为光绪写《实录》。工诗善文，尤长于书法。清亡后，寓居青岛，潜心翰墨，不问世事，居所称为"寄庐"，书斋名为"墨香斋"。著有《墨香斋诗集》、《王垿诗稿》、《王垿诗选》、《青岛杂吟》、《崂山杂咏》等。在青留有遗墨甚多，青岛的一些"老字号"如北京路"谦祥益"、胶州路"瑞蚨祥"、博山路"天德塘"、高密路"泉祥茶庄"、芝罘路"裕长酱园"、海泊路"洪兴德绸缎庄"等处的匾额和两侧的长联，天后宫等庙宇的"佛光普照"、"有求必应"等，均出其手。尝游崂山，崂山"明霞洞"洞额三字石匾即为其所题，游历到浮山荒草庵时，曾曰："黄公遗迹留银杏，异世芳名犹在不？"留有《游崂山》、《登巨峰绝顶》、《海滨晚眺》等大量吟崂诗。

【康有为】（1858—1927），原名祖诒，字广厦，号长素，又号更生、更甡，清代广东南海人。光绪十七年（1891）后，在广州设立万木草堂，收徒讲学。光绪二十一年（1895）中进士，授工部主事，未就。在京创办《万国公报》，组织强学会，多次上书光绪帝，要求变法。光绪二十四年（1898），被光绪帝召见，命在总理衙门章京上行走。"戊戌政变"后，流亡国外，组织保皇会，鼓吹君主立宪，反对革命。1913年回国，在上海主编《不忍》杂志，并任孔教会会长。著有《新学伪经考》、《孔子改制考》、《春秋董氏学》、《长兴学记》、《戊戌奏稿》、《大同书》、《论语注》、《中庸注》、《孟子微》、《南海先生诗集》、《康南海文钞》等。康有为曾多次登临崂山。1917年12月，康有为初临青岛，写诗赞曰："海上忽见神仙山，金碧观阙绚其间……楼阁倚山临海滨，碧波浩荡通天边。"（《丁巳冬至日游青岛并谒恭邸於会泉》）1923年再至青岛，并于次年购得原德国胶澳总督副官的官邸居住，命名"天游园"（今青岛福山支路5号）。此后他几乎每年都来此小住。1923年5月，他在胶澳警察厅厅长成维靖及30多名警卫的陪护下，偕友人自沙子口乘坐轮船至崂山，游览了太清宫、龙潭瀑、上清宫、巨峰等诸景，写有一首330字的五言长诗《崂山》，并附以长跋，镌刻于太清宫后的巨石上，今存。他在一封信中写道："青岛之红瓦绿树、青山碧海，为中国第一。……恐昔人之仙山楼阁亦比不及，诗文不足形容之……近日游李村，游九水，又游七十里外海边之劳山……"（《与方子节书》）。1926年8月，康有为在孙彦、牟幼南等的陪同下，游览了太清宫和上清宫，写下了七绝《重游太清宫》："青山碧海海波平，汗漫重游到太清。白果耐冬多阅劫，劳山花闹紫薇明。"是诗的刻石碑原立于太清宫前，其阳面为诗文，阴面镌有360字的"自注"，文中提及十二名同游者的名字，碑现已不存。又作《明霞洞》诗，以赠戚愚勤（名运机，后曾担任伪青岛高等法院院长）。1927年3月，康有为逝世于青岛，葬于生前自择的李村枣儿山（又称象耳山）西麓，原墓在"文化大革命"中遭到破坏，颅骨幸为青岛市博物馆王集钦所秘密收藏，得以保留。1985年，在浮山南麓重建康有为墓并举行了迁葬仪式，康有为弟子、艺术大师刘海粟为新墓题写了墓碑和墓志铭。1992年山东省人民政府将康有为墓列为省级文物保护单位。

【升允】（1858—1931），字吉甫，号素庵，姓多罗特氏，蒙古镶黄旗人。光绪八年（1882）举人，光绪十二年（1886），考取总理各国事务衙门章京。历任驻俄二等参赞官、陕西督粮道、山西按察使、布政使、陕西布政使、巡抚，江西巡抚，察哈尔都统、陕甘总督等职。清帝退位后，寓居青岛，往来于天津、大连、青岛之间，结纳宗社党人，图谋复辟。据《太清宫志》载："民国五年（1916）丙辰三月，赐进士第仕至总督吉甫升允公，由青岛同差人乘山轿游劳山，至太清宫参观古耐冬，特加鉴赏，各殿焚香顶礼，自带樽著酒壶，每餐饮酒一斤，善书画，写对联留于本宫内。"

【岑春煊】(1861—1933)，原名春泽，字云阶，广西西林县人。光绪十一年（1885）举人，先后任光禄寺少卿、太仆寺少卿。光绪二十四年（1898）任广东布政使。后任陕西巡抚、山西巡抚及四川、两广、云贵总督，光绪三十三年（1907）调任邮传部尚书。辛亥革命后，1912年，任福建宣慰使，曾参加护国运动和护法运动，1920年遭粤军驱逐，短时退居青岛，后迁上海。著有《乐斋漫笔》。清宣统元年己酉（1909）四月，岑春煊游览崂山太清宫、明霞洞、上清宫等景点，与崂山太清宫道长韩太初交流琴艺，合编了一首古琴曲《山海凌云》，并题写"山海凌云"四字，镌刻于太清宫后石壁上。

【章梫】(1861—1949)，名正耀，字立光，号一山，浙江宁海海游人，清光绪三十年（1904）进士，入翰林院任检讨。后任京师大学堂译学馆提调、监督，翰林院国史馆纂修、功臣馆总纂，邮传部、交通部传习所监督，北京女子师范学校校长等职。工诗能文，善书法，著有《康熙政要》、《旅纶金鉴》、《一山文存》、《一山息吟诗集》、《一山骈文》、《一山经说》等。1914年，章梫受聘到青岛孔德大学任教，举家自上海迁居青岛。第一次世界大战期间，日军侵占青岛，移居上海。

【周学熙】(1865—1947)，字缉之，号止庵，晚年号松云居士，又号砚耕老人，安徽建德（今安徽省东至县）人。清光绪十九年（1893）举人，初在浙江为官，后为山东候补道员。1901年任山东大学堂总办，次年转往直隶候补，筹办直隶银元局。光绪三十一年（1905）任天津道道台，后任长芦盐运使，官至按察使。1913年和1915年，曾两度出任北洋政府财政总长。兴办实业成绩卓著，是开滦矿务局、唐山启新洋灰公司、华新纺织公司、耀华玻璃公司的创办人。晚年以读经、赋诗和念佛自遣。著有《止庵诗存》、《止庵诗外集》、《东游日记》、《西学要领》、《文辞养正举隅》等。辛亥革命后，其父周馥（1837—1921，字玉山，1902—1904 年任山东巡抚，后任两江总督兼南洋大臣、两广总督）避居青岛，周学熙随同侍养。卸任北洋政府财政总长后，曾一度寓居青岛。据《太清宫志》记载，清宣统三年（1911）六月，周学熙由青岛到崂山太清宫，每日焚香顶礼，斋戒沐浴，检阅《道藏》，3 个月后返回青岛。

【刘廷琛】（1867—1932），字幼云，号潜楼，晚号潜楼老人，清末民初江西德化（今九江市）人。光绪二十年（1894）进士，初选翰林院庶吉士，散馆授编修。历任山西学政、国史馆协修、功臣馆纂修、会试同考官、陕西提学使、京师大学堂总监督、学部副大臣等职。清亡后，寓居青岛，积极策划复辟清室。张勋复辟失败后，以书法自娱，在岛城题写有许多匾额，如天后宫的"神明默佑"、山西路的"厚德西里"、金乡路的"海天如一"、福建路的"公义顺"和"礼贤中学"、"谦益当"等。诸城诗人刘筠（字少文）有诗云："已闻有匾皆书埒，江右还看刘幼云。"著有《奏议》、《潜楼文集》、《贞观政要讲义》。

【丁麟年】（1870—1930），字绂臣，又字绂宸、苇庼，号幼石、柽林，山东日照人。清光绪十四年（1888）举人，光绪十八年（1892）进士，历任户部郎中、兴安府（今陕西安康）知府等职，辛亥革命后弃官归里。1920 年 2 月，出任山东省图书馆馆长，1929 年，因病辞职，移居青岛。一生笃嗜金石，热爱考古，酷研篆籀，精练书法，富收藏，著有《柽林馆吉金图录》、《柽林馆丛书》、《三代名器文字拓片集录》、《柽林馆钟鼎款识浅释》、《日照丁氏藏器目》、《殷周名器考证》、《出土文物分类集录》、《山左乡贤书画甄录》、《名家藏器目》、《考古要闻》、《官秦所记》等。曾参加青岛"少海书画社"，1929 年出版的

《少海书画社书画册》，收入其隶书作品。

【李家驹】（1870—1938），字柳溪，号昂若，汉军正黄旗人，寄籍广东广州。清光绪二十年（1894）进士，授翰林院庶吉士、编修，历任湖北学政、东三省学政、京师大学堂总监督、学部右丞、内阁学士、考察日本宪政大臣。宣统元年（1909）署学部左侍郎，并协理开办资政院事宜。宣统二年任学部右侍郎。宣统三年（1911）兼协同纂拟宪法大臣、资政院总裁等职。1914年出任参政院参政。译著有《欧洲新志》。辛亥革命后，寓居青岛。1913年4月，曾与徐世昌、吴郁生、于式枚、李经迈等同游崂山。

【庄陔兰】（1870—1946），字心如，又字渚山，号春亭，晚号春苔，山东莒州（今莒南县）人。清光绪二十三年（1897）拔贡，任乐安县（今广饶县）训导。光绪三十年（1904）进士，选翰林院庶吉士，散馆授编修。光绪三十二年（1906），官费去日本东京大学学法政，秘密加入中国同盟会。光绪三十四年（1908）回国，任山东法政学堂监督。宣统二年（1910），任山东巡抚孙宝琦的秘书。民国初年，曾任山东省议会副议长、国会参议院议员。民国十五年（1926），退出政坛，研究佛经。曾任《重修莒志》总纂和曲阜孔府孔德成国文教师，并任国史馆协修。逝后葬于孔府园林。善书法，喜金石收藏。据《太清宫志》记载，民国十七年（1928）七月，庄陔兰同沂州府举人尹月林、平度名士赵德三同游崂山，来太清宫盘桓多日，为太清宫留墨翰数幅，并留有五言诗《明霞洞》、《玄真洞》等。《明霞洞》云："明霞奇胜处，山海势平分。有石皆含水，无峰不住云。洞天幽以徂，竹木修而纹。笑问燕齐客，神仙或是君。"

【傅增湘】（1872—1949），字润沅，后改沅叔，号叔和，别号藏园居士、双鉴楼主人、藏园老人、清泉逸叟、长春室主人等，清末民国四川泸州江安人。清光绪二十四年（1898）进士，入翰林院为庶吉士，授翰林院编修。曾任贵州学政、直隶提学使、北洋政府教育总长、故宫博物院图书馆馆长等，一生致力于古籍善本的收藏与整理，在版本、目录、校勘等方面颇有成就。著有《藏园群书题记》、《双鉴楼善本书目》、《双鉴楼藏书续记》、《藏园群书经眼录》、《藏园东游别录》等。1912 年，傅增湘曾到青岛寓居，1932 年农历 8 月 14 日至 16 日，与绍兴名士周肇祥同游崂山，在太清宫纪念册上留言："以中秋宿此，海天月色，万里空明，使人有遗世之想，良辰佳会，毕世难逢。"在白云洞内题壁："夜月清皎，海气苍寒，玩石抚松，飘然登仙。"并留有《白云洞》、《蔚竹庵》、《蔚竹庵蜜蜂村板桥道人》等诗多首，另写有《游劳山记》，刊于《艺林月刊》游山专号第三卷，现藏于中国历史博物馆。

【赵德三】（1873—?），字宣堂，别号梦石，山东平度人。历任烟潍汽车处处长、津浦铁路管理局工务处处长、津浦铁路北段代理总工程师、胶济铁路管理局局长、汴洛铁路管理局局长、陇海铁路督办，1922 年 6 月，署北京政府交通部路政司司长等职，晚年归隐。1923 年 1 月 1 日，作为胶济铁路管理局局长曾参加了胶济铁路交接仪式。1924 年，编写《接管胶济铁路纪》，由北京京华印书局线装排印。工山水画，为清末潍县著名画家刘嘉颖（1861—1902，字石芙，一字实甫）的入室弟子，曾校勘编印刘嘉颖所著《画隐轩题画诗存》。1928 年初，发起成立青岛第一个艺术社团"少海书画社"，《少海书画社书画册》下集收有其山水作品。1928 年 7 月，曾陪同庄陔兰游崂山。

【卫礼贤】（1873—1930），原名理查德·威廉（Richaid Wilhelm），来中国后取名卫希圣，字礼贤，亦作尉礼贤，德国人。1895 年通过神学资格考试，被授予斯图加特修道院所属教堂的牧师职位，1899 年 5 月来青岛传教，同时致力于创办学校和医院，热衷于学习和研究中国文化。1900 年，在青岛创办了礼贤书院（今青岛九中），开办了同善医院。1905 年，又开办美懿书院（礼贤书院女生部）和淑范女子中学。1912 年后还发起组织尊孔文社，并创建尊孔文社藏书楼。1921 年底，被任命为德国驻北京公使馆科学参赞，后又应蔡元培之聘任北京大学名誉教授，教授德国文学。1924 年底回国，任教于法兰克福大学。1925 年，在法兰克福大学创办了中国学院和《中国学刊》（后更名为《汉学》），介绍和研究中国文化。曾将《论语》、《孟子》、《礼记》、《易经》、《道德经》、《庄子》、《列子》等中国传统文化经典译成德文出版，还著有《中国文明简史》、《实用中国常识》、《孔子与儒教》、《老子与道教》、《中国的经济心理》、《中国的精神》、《中国心灵》等，被称为"东学西渐"的代表人物。在青岛期间，曾游览崂山，与太清宫道士有交往，当时太清宫道士曾赠他一幅"化雨东陲"的绣匾。他的书中不仅有记载崂山的文字，而且 1913 年他还用德文写有介绍崂山的书籍《崂山》。

【陈笋禅】（1875—?），清末民初江苏人。长期寓居青岛，工诗善画，游崂山时，写有《八仙墩》诗。青岛市博物馆收藏有其书画作品。

【陈心源】（1881—1954），清末民国湖北竟陵（今天门市）人。清末优贡，入国子监，任礼部铸造司主事。辛亥革命后，回乡设馆教书，民国二十年（1931），应沈鸿烈聘出任青岛市政府秘书，民国二十七年（1938）青岛沦陷后返乡教书。才华出众，诗文众多，著有《春秋左氏通释》、《耕余》、《辍耕》、《历代革命之年数》、《治术简编》、《史汉偶译》等。游崂山时，留有《上清宫》诗："羊肠拮曲上天梯，直到高峰万象低。入眼纵观沧海阔，此身欲与白云齐。山中岁月忘秦汉，世外烽烟痛鼓鼙。安得诛茅开净土，长随道侣证菩提。"

【钟惺吾】清末民国高密人，后移居即墨。著有《惺庐诗草》（民国二十一年由即墨新民书局印行）。曾游崂山，留有《劳山吟》、《寂光洞》、《太清宫》、《华严寺》、《白云洞》、《游天井山》、《赠下宫道人》、《登天井山东望海上诸峰》等诗篇。

【李经迈】（1876—1938），字季皋、季高，号又苏，别号澄园，清末民初安徽合肥东乡（今肥东）人，李鸿章三子。清光绪三十一年（1905）任出使奥地利大臣。次年授光禄寺卿。三十三年（1907）归国，历任江苏、河南、浙江等地按察使。宣统二年（1910）以随员往日本、欧美考察军事。次年署民政部右侍郎，辛亥革命后寓居青岛、上海。武昌起义后不久，李经迈同其堂兄李经羲来青岛，在江苏路建西式别墅居住，与清朝遗老们过从甚密。1913年4月，曾与徐世昌、于式枚等人一同游崂山。

【张公制】（1876—1966），名介礼，字公制，晚自号奇觚老人，以字行，山东安丘人。清光绪二十八年（1902）举人。1906年，任安丘劝学所首任总董事，致力于办学兴校。1909年，当选为山东省咨议局议员，1913年任第一届山东省议会议长。后历任山东省第二届议会副议长兼育英中学校长、山东省第三届议会议员，并同张伯秋等人主办《大东日报》，出版"劳动周刊"。1928年，张公制举家由原籍迁到青岛。新中国成立后，历任青岛市各界人民代表会议代表、政协委员会副主席，青岛市第一至六届人民代表大会代表，山东省人民代表大会代表，第一至三届全国人民代表大会代表，山东省人民政府委员会委员、青岛市人民政府副市长、青岛市文物管理委员会副主任等职。张公制善诗词书法，清末民初，曾与县内知名人士共建渠亭吟社，汇编石印《渠亭吟社诗草》，并与岛上名人黄公渚、吕美荪等诗词酬唱。著有《奇觚集》、《奇觚诗选》、《济南杂诗》、《军阀统治山东时期纪事诗》、《盆景诗》、《铸民诗存》。曾多次游览崂山，并留有《华严一宿》、《游夹脚石村》、《秋月怀景伯言》、《甲申春日寄景伯言》等许多游崂诗篇。

【溥伟】（1880—1936），爱新觉罗氏，字绍原，号锡晋斋主，清代皇族，恭亲王奕䜣嫡孙，光绪二十四年（1898）承袭王爵。历任官房大臣、正红旗满洲都统、禁烟事务大臣等职。辛亥革命时，与清朝皇族良弼、铁良等人组织"宗社党"，反对在清帝"退位诏书"上签字，主张整兵一战。清帝退位后，移居青岛，继续从事复辟活动。1922年中国政府收回青岛后，溥伟全家迁居到日本统治下的大连。1921年6月，溥伟偕同10余人，由青岛乘小火轮至崂山太清宫，游览了许多景点，并到宫内各殿礼拜，题太清宫三官殿匾额："博施济众"。留有《登崂山赋》和《崂山歌》，并曾为礼贤书院题写"尊孔书社藏书楼"匾额。

【曹蕴键】（1880—1970），字铁如，山东定陶人。20岁选为优贡，先后任湖北黄冈，山东昌邑、即墨、潍县、阳信等县县长。中华人民共和国成立后，任中央文史馆馆员。善诗书，尤善草书，崂山太清宫盘道上镌刻"山高水长"四字，为其所题。

【路朝銮】（1880—1954），字金坡，号瓠盦，清末民国贵州毕节人。光绪二十六年（1900）举人，四川候补知州。1913年曾任北京教育部秘书，1927年离京去奉天（沈阳）同泽中学任教。1930年，任青岛市政府秘书。1937年赴四川大学任教，并任四川通志馆副总纂，后又任东北大学教授。1953年6月，任上海文史馆馆员。工书法绘画，善诗文，著有《瓠盦先生诗抄》。曾来游崂山，并留有《游崂》、《登崂山明霞洞》等诗篇。

【葛光庭】（1880—1962），又名光廷、光亭，字静岑，别字觐宸，安徽蒙城人。幼年丧父，1897年考入安徽武备学堂，毕业后考取公费留学生，入日本陆军振武学校、日本陆军士官学校，在日加入兴中会、同盟会。回国后任保定军官学校炮科教官。民国初年，任陕西督军陆建章部参谋长、第四混成旅旅长。陆倒台后，离陕闲居北京、上海。后曾任孙中山陆海军大元帅府高级参谋。1927 年 4 月，任南京国民政府军事委员会委员。后任平汉铁路（北段）管理局局长，1931 年 1 月到青岛任胶济铁路管理委员会委员长，期间使胶济铁路扭亏为盈，还清日本投资，并收归国有。与青岛市市长沈鸿烈、青岛总商会会长宋雨亭，并称青岛"三大亨"。抗战爆发后，拒任伪职，避居香港、上海。晚年信佛，热心慈善事业。1962 年病逝于上海。1931 年夏，南京国民政府交通部长叶恭绰、中东铁路稽查局长陈飞青和佛学家周叔迦等倡议筹建湛山寺，得到葛光庭的支持和赞助。1934 年，他将原在明朝益都衡王府门侧，后被德国人修筑胶济铁路时掠至青岛的一对北魏石狮子赠送给湛山寺，置于湛山寺山门前。这两个石狮子在"文革"中均遭到严重破坏，1984 年修复。1936 年，受蔡元培、丁文江之托，葛光庭还曾筹资赞助青岛海滨生物研究所建设工程。

【袁荣叜】（1881—1975），字道冲，浙江桐庐人。清宣统年间曾任学部员外郎，1913 年被选为众议院议员。1919 年 8 月至 1920 年 9 月任山东省教育厅长，后任胶澳商埠督办公署秘书处处长、青岛市政府秘书长。1928 年夏，胶澳商埠局主持编纂《胶澳志》时，袁荣叜被特聘为总纂。他"出其旧藏，益以调借所集图书不下百余种，又复访之耆旧，广事征求，稽以案牍相与引证，考志乘之成规，订纂修之义例"，经过四个月的编纂，当年十月成书。其间他还曾拟续修崂山志，因故未成。1934 年，青岛佛学会成立，被推为副会长。周至元《崂山志》收有其《崂山佛教考》一文。黄公渚写有《与袁道冲游石老人村口占》、《下清宫夜宿迟袁道冲不至》。

【宋怡素】（1881—1949），字修安，号铁槎山人、槎山游客、通灵道人，山东文登人。1925 年定居青岛，任胶济铁路局车务处处长，1932 年移居天津，抗战胜利后举家迁往北平。工于绘画诗文，1928 年初曾和刘迎洲等 21 名书画家联合成立"少海书画社",被公推为少海书画社主任社员和第一任主任。该社是青岛第一个正式的大型艺术团体,主要进行金石书画研究,陈列和出售社员的作品,编辑出版《少海书画社书画册》,并创作了许多以崂山为题材的山水画作品。1929 年夏曾陪友人游崂山三日,创作了《华严寺风景》,写有《游华楼宫》诗:"松青竹绿拥华楼,宫殿嵯峨几百秋。芍药牡丹争点缀,天然画本望中收。"

【沈鸿烈】(1882—1970),字成章,湖北天门人。1900 年中秀才,1904 年入武备学堂,后参加湖北新军。1905 年春,公费赴日本海军学校留学,同年加入中国同盟会。1911 年回国后在清政府海军任职,参加辛亥革命。先后担任中华民国南京临时政府海军部军机处参谋、陆军大学海军教官、吉黑江防舰队参谋长、东北联合航务局董事长、东北海军副总司令代理总司令、中华民国海军第三舰队司令、青岛市市长、山东省政府主席、山东省保安司令、山东省党部主任委员、鲁苏战区副司令、国民政府农林部长、浙江省政府主席、考试院铨叙部部长等职。1949 年去台湾,任"总统府战略顾问"。著有《读史答记》、《欧战与海权》、《政海微澜集》、《东北边防与航权》、《青岛市政》、《抗战时期之山东党政军》、《浙政两年》、《五十年间大梦记》等。1926 年,沈鸿烈率东北海军舰队进驻青岛,并于 1931 年 12 月至 1937 年 12 月间任国民党青岛市市长。在职期间,尤为重视崂山的旅游资源开发,不仅对崂山山区的道路多有拓宽修建,还开辟了由栈桥、沙子口至太清宫的海上旅游路线,并在景区增设石桌、石凳,沿路设路线牌,勒刻石文,装饰景观,主持出版了《青岛导游》、《青岛指南》、《青岛名胜游览指南》等许多旅游指南之类的书籍,对崂山均做了非常详细的介绍,推出了《崂山旅游图》、《崂山游览图》、《青岛市郊图》等。他还广邀全国政界要人、社会名流到崂山游览观光,规定凡全国学术组织在青岛开会者,均由政府招待游览崂山。他也常游崂山,著有《崂山环游记》。1931

年，为华严庵赠匾，将其改名为"华严寺"，并沿用至今。1933 年，在北九水潮音瀑建观瀑亭，题写"观澄"二字作为石匾，悬挂亭内，并附有小字："鱼鳞口为劳山最大之瀑布，游人玩赏，每作勾留，特辟此亭，藉供休憩。"1936 年，在华楼山北山门建成时，题写"华楼山"三字。巨峰西北下的天乙泉旁题刻"原泉"二字以及"惟此独尊"四字题刻，落款均为"梦歆山民"，据说也为沈鸿烈题写①。1932 年，上海杜月笙等为颂沈鸿烈开发崂山的功绩，集资在崂山返岭村东南临海岩石上建"斐然亭"，次年又立《斐然亭碑》，并由王正廷撰写碑文。此外，在崂山太清宫立有《民国十七年崂山众庙纪念沈总监碑》、在华严寺立有《民国十九年沈鸿烈功德碑》、乌衣巷区村民立有《民国二十年大庄修路碑》等。

【吕美荪】（1882—1945），行名贤钫，后改名眉孙、眉生，又易名美荪，字清扬，号仲素，安徽旌德人。历任天津北洋女子公学监督、奉天女子师范学堂总教习、女子美术学校教员、名誉校长、安徽第二女子师范校长。曾在苏、皖、闽、沪等地的女子中学任教，1930 年后定居青岛，在小鱼山畔筑别墅，斋名"寒碧山庄"，自称"寒碧山庄主人"，号"齐州女布衣"。工诗词，尤精古体诗，与姐吕惠如及妹吕碧城号称"淮西三吕"。著有《眉生诗稿词稿》、《辽东小草》、《葂丽园诗》、《葂丽园诗续》、《葂丽园诗四续》、《葂丽园随笔》、《阳春白雪词》、《瀛洲访诗记》等诗文。在青岛期间，与康有为、赵尔巽、劳乃宣、刘廷琛、吴郁生、黄公渚、张公制等人都有交往，并互有诗词唱答。曾游崂山，留有《登劳山》、《再登劳山》、《劳山鱼鳞口观瀑布》、《劳山华严寺》、《草庵》、《宿霄》等咏崂诗。

【赵琪】（1882—1957），字瑞泉，山东掖县（今莱州）人。青岛德

---

① 一说为海城陈兴亚所题。

华大学毕业后留学德国，回国后历任淞沪警察厅督察长兼高等外交顾问，龙口上埠局局长、总办，鲁案善后督办公署顾问，中俄交涉事宜公署顾问，北洋政府交通部咨议，外交部顾问等职。1925年7月至1929年4月任胶澳商埠局总办。1938年1月日本第二次侵占青岛后，先后出任日伪青岛治安维持会会长兼复兴委员会会长，日伪青岛特别市市长兼北平华北政务委员会委员，后任北平劳工协会理事长、华北棉产改进会会长，驻北平。抗战胜利后，被国民党政府以汉奸罪逮捕关押，后予以释放。他在任胶澳商埠局总办期间，曾主持修《胶澳志》，特聘袁荣叜为总纂，并任命唐廷章和马天徕为参订。1928年10月成书，并分别由青岛华昌印制局和胶澳商埠局铅印出版、发行，线装本，共10册，12卷，约60万字。该志体例完备，资料翔实，较为全面地记述了青岛开埠最初30年的历史，对研究德、日两国侵占及北洋政府统治时期的青岛历史具有一定的参考价值。《续修四库全书总目提要》云："是志因时代变易，所增门类甚多，不泥于旧志体例，殊具特识，其考据往昔，记述近事，均极详明，盖新志中之模范也。"

【陈兴亚】（1882—1959），字介卿，辽宁海城人。1905年考入日本振武学校陆军宪兵练习所士官班，1907年毕业回国后，曾任京师宪兵司令、国务院咨议兼京师宪兵司令、东北宪兵司令、京师警察总监、国民革命军东北边防军宪兵司令。"九一八"事变后，任北平绥靖公署参事，不久即在北京闲居。工诗，善书法，喜游山水，在多地留有题刻，写有《游千山记》、《上方山游记》、《游西域云居寺昌记》、《楚豫游记》、《齐鲁游记》等。1933年7月，曾来游崂山，在垭口南山道中留有题刻"劳劳何为"，在明道观东观日台留有题刻"浴日奇观"，在靛缸湾东摩崖上留有题刻"别有天地"，在巨峰石壁上留有题刻"海东灵秀"，在狮子峰下南面留有题刻"狮子峰"，并有小字署"民、二二、

六、陈介卿题"①。

【陈纪云】（约1883—1945），名命官，字纪云，号壶公，以字行，山东蓬莱人。清光绪二十三年（1897）举人，后留学日本，参加同盟会。回国后，历任山东咨议局议员、资政院议员、南京临时参议院议员、山东省公署外交主任、胶济铁路机要课课长、铁道部驻胶济铁路管理局专员等职。1928年还曾任栖霞县长、乐陵县长。20世纪20年代后期寓居青岛。善诗文，工书法，擅行书，为青岛"少海书画社"成员，1929年出版的《少海书画社书画册》曾载其行书作品。

【孟昭鸿】（1883—1947），字方陆，又字方儒，号放庐，清末民国山东诸城人，1938年移居青岛伏龙路40号。清季庠生。工诗文，精于金石篆刻，善书法鉴赏，富藏书，与千目庐张鉴祥（张镜夫）、褐木庐宋春舫并称岛上三大藏书家。著有《放庐藏印》、《放庐印存》、《汉印分韵三集》、《汉印文字类纂》、《放庐诗集》、《诸城辛亥丙辰独立始末记》、《诸城庚午围城日记》、《避难纪略》等。曾游崂山，写有《华楼峰》、《华严寺》、《游崂山》等记游诗。《游崂山》云："短衣趵宕入松关，竹杖芒鞋翠霭间。晓雾乍收初日上，梨花香里到崂山。"

【刘迎洲】（1883—1951），字仲永，号庐隐，别号常德山樵，山东诸城人。自幼有文才，爱画山水和松竹。科举废止后，他参加考职名列前茅，被分配到广州候补。辛亥革命后，弃职返乡参加革命，直接参加了诸城举义。北洋军阀统治时期，他一直在北京任参议员，曾任博山县知事，因积极从事反袁护国斗争被通缉追捕。1920年，到济南主编《白话商报》，攻击军阀暴政，宣传民主自由思想，结果触怒当局，他

---

① 那罗延窟洞右壁题刻"那罗延窟"，落款"民二二六陈□□"，亦应为其所题。此前著者均误作"陈永日"。

被迫从济南到了青岛，在青岛胶济铁路局任总务处编查科科员、胶济铁路购料审查委员会委员，业余以读书、吟诗、绘画为乐，在青岛度过了十个春秋。1928年初和宋怡素等人成立"少海书画社"，为书画社主任社员，并为《少海书画社书画册》题写封面。抗日战争爆发后，携眷还乡到南山避难，拥护共产党的主张，被推选为滨海区参议员和诸城县参议员，并先后送侄女、侄子到解放区参加革命。1951年，山东省和青岛市筹备召开各界人民代表会议，被聘为两会特邀代表。

【蒋丙然】（1883—1966），原名幼聪，字右沧，福建闽侯（今福州市）人。少时在贞仁学塾求学，后入上海震旦大学物理科学习。后留学比利时，获比利时双卜罗大学农业气象学博士学位。1912年学成回国后，任苏州垦殖学校教务长。1913年夏，到北京中央观象台任技正、气象科科长，并兼航空署气象科代理科长，还在参谋总部航空学校（北京南苑航空学校）、北京大学和北京师范大学讲授气象学。1924年2月，他代表中央观象台接收日本管理的青岛测候所，改名为青岛观象台，出任第一任台长，在他的努力下，该观象台发展成为世界著名气象台之一，并成为当时全国气象观测与预报的中心台；他发起创建中国气象学会并连任五届会长；主持建立了中国第一座大型圆顶天文观测室，在崂山明道观设立高山测候所；倡建水族馆兼任筹备委员会常务委员，并任青岛水族馆首任馆长。抗日战争期间任北京大学农学院农艺学系主任，1946年任山东大学教授，同年赴台湾，出任台湾大学农学院教授。他还担任过中国天文学会（台湾）理事长、国际天文联合会会员、意大利气象学会名誉副会长，编、著、译的专著达20种，在国内三十余种刊物上发表论文106篇，是我国近代气象、天文、地震、地磁和海洋事业的奠基者和开拓者。

【刘锡三】（1886—1982），本名占恩，字锡三，以字行，山东掖县（今莱州市）人。早年读过私塾，14岁到青岛一家外国人办的饭店做勤杂工，后经人介绍在青岛德商"美青洋行"做业务员，不久，被派到天津担任草帽辫出口业务的买办。1911 年在天津创办帽庄"盛锡福"，并先后在北京、青岛、上海等地设分号，在国内外许多地方设立代销处。1948 年，刘锡三去台湾经商。1928 年初，与宋怡素等发起成立青岛"少海书画社"，并出版了两期《少海书画社书画册》。

【刘菊园】号淇隐，山东诸城人，刘仲永之弟。多才多艺，精通篆刻，兼长书法绘画，1928 年初，与其兄刘迎洲等发起成立青岛"少海书画社"，并被公推为主任社员，书画社社员多人的书画印章出自其手。

【邢契莘】（1887—1957），字学耕，号寿农，浙江嵊县太平乡（今嵊州长乐镇）人。清宣统元年（1909），考入保定直隶高等学校，次年，考取清华第一期官费生，留学美国，入麻省理工学院造船造舰系。毕业后，继续选修造舰系，兼习航空机械。获硕士学位后回国，先后任职于大沽造船所、马尾福州船政局、北平航空署机械厅、东北航空处、东北航空局、东北造船所。1932 年至青岛，先后任青岛市港政局事务科长、工务局局长。1937 年后任国民政府航空委员会机械处处长、农林部总务司司长、交通部塘沽新港工程局局长、水利部珠江水利工程总局局长、广州港工程局局长。后去台湾，先后任台湾"交通部"设计委员会委员、台湾省渔业增产委员会委员。1949 年至 1950 年，寓居香港。后去台湾，先后任"交通部"设计委员会委员、台湾省渔业增产委员会委员。著有《葫芦岛筑港记》、《松黑两江航政刍言》、《青岛市政工程之研究》等。任青岛市工务局局长期间，曾开辟进崂山的道路、建造崂山旅游设施。今崂山巨峰南侧最高处留有隶书"思危"大字石刻，下面草书镌刻："余掌青市工务五载有馀，披荆斩棘，深惭无忆。值兹国家多故，每登此山，若懔冰渊，爰镌此以谂来兹。中华民国廿六年四月，嵊县邢契莘。"①

【于春圃】（1887—1958），名元方，字春圃，又字纯朴，山东莱阳县前河前村人。12 岁登州府试秀才第一名，乡试中举后，进京参加"恩科"中进士，入民政部为六品主事。民国成立后被选为众议员，1923—1924 年间，任山东省教育厅厅长，兼任山东大学筹委会主任。1930 年定居青岛，与岛上名家黄公渚、张公制、吕美荪等人诗词酬唱。1949 年后为山东省各界人民代表会议特邀代表、青岛市政协委员、山东省政协委员。一生精研《易经》，著有《易学三编》、《古韵疑》、《五代史札记》、《文集》、《诗集》等。在青期间，组织过崂山学会，讲授《周易》，为《崂山月刊》撰发刊词，又创《崂山医学》。

【叶春墀】（1887—1978），字玉阶，山东日照市涛雒镇栈子村人。清末留学日本，毕业于长崎高等商业学校，获博士学位。1912 年，向山东省临时议会建议，在济南南关创办高等商业学校并任校长，执教十余年。他还在济南、青岛等地开设会计师事务所，在青岛创办裕东轮船公司、裕泰轮船行，被济南、青岛等地的商号和银行聘为常年法律顾问和会计顾问，曾任山东省会计师公会会长、青岛地方银行行长及青岛航业公会常务理事、小港轮船联合办事处主任等职。1950 年后，多次被选为青岛市政协委员。1978 年，病逝于青岛。1922 年 2 月，叶春墀编辑了一本《青岛概要》，由商务印书馆出版发售，这是一本记载日本第一次占领青岛时期的青岛的小册子。全书共 11 章，其中第十章为"名胜古迹"，有对崂山巨峰、狮子峰、八仙墩、张仙塔、太清宫等诸景点的介绍。

---

① 有著者曾将"工务"误作"公务"，将"若"误作"谷"，将"懔"误作"怀"，将"冰渊"误作"水润"，将"爱"误作"爱"，将"谂"误作"念"，将"莘"误作"华"（或作"草"）。今据石刻改正。

【刘筼】（1888—1948），字少文，号秋溪，清末民国山东诸城逢戈庄人。少时游学青岛，在青岛礼贤书院学习，毕业后，留校从教。1914年，第一次世界大战爆发，归里，与好友结洋浒学社。1923年后再次赴青岛应聘，先后主讲礼贤中学、文德女子中学、崇德中学等逾二十载。擅诗词，精训诂音律，著有《训诂学》、《诗经异文考》、《清代诗人征略》、《清代诗选》、《秋溪日课》、《秋溪诗稿》、《青岛百吟》等书稿，但大都散佚；《秋溪日课》尚有部分手稿藏于青岛市档案馆；《秋溪诗稿》、《青岛百吟》两书，由其亲属整理印传之。在《青岛百吟》中，曾将青岛称作"青邱"，诗云："无限好山题欲遍，佳名今拟赠青邱。"留有《游崂山》、《望别崂山》等许多咏崂山诗。

【崔士杰】（1888—1970），字景三，今山东省淄博市临淄区齐都镇西古城村人。1905年自费去日本留学，1911年武昌起义爆发后，回国参加革命军。1912年复返日，留学于日本帝国大学。1917年获博士学位，归国任山东省交涉公署第二科科长，1919年参与接收青岛及胶济铁路主权的中日谈判。1923年去上海华丰纱厂任经理。1927年任国民军第二集团军参议并兼冯玉祥的日文翻译。1928年"济南惨案"发生，以山东省外交特派员身份，协助外交部长王正廷，再次同日本人谈判交涉。继受委派兼任胶济铁路管理委员会委员长，山东省工商厅厅长。1930年山东交涉公署撤销后，另任鲁、豫、陕、甘四省视察员，兼胶济铁路管理委员会委员和铁路中学校长职务。曾在济南创办仁丰纱厂，1955年实行公私合营后，退休定居青岛。著有《中国黄河沿岸之利用》、《濯沧斋诗钞》等。留有《潮音瀑》、《游崂顶》、《青岛即事》等记游青岛和崂山的诗篇。

【高平子】（1888—1970），原名均，字君平，自号平子，别署在园，江苏省金山县张堰镇（今属上海）人。清光绪三十年（1904）考入上海震旦学院，毕业后致力于天文学研究，并自费到法国人办的上海佘山天文台学习现代天文理论和观测技术。1914 年离开佘山天文台，担任震旦学院天象学教授。1924 年随蒋丙然赴青岛，参加了中国政府收回被日本侵占的青岛观象台的接管工作，任青岛观象台天文磁力科科长。1925 年开创了我国现代太阳黑子的观测与研究。1926 年任观象台测量主任，代表中国参加第一届万国经度测量会议。现青岛观象台建有"万国经度测量纪念碑"，上面镌刻着他的名字。1928 年受聘担任中央研究院天文研究所研究员。1929 年又开创了我国太阳分光工作的研究。1931 年 6 月被聘为青岛观象台名誉顾问。抗战爆发后，避居上海租界，1948 年迁居台湾，先后在台湾气象厅、台北"中央研究院"数学研究所、中正理工学院等处从事研究与教学。主持了《国民历》的编制工作，发表学术论文百余篇，著有《天官书今注》、《太阳图说》、《汉历五星步法的整理》、《学历散论》、《史日长编》、《牛顿传》、《伽利略传》、《平子著述余稿》等。1982 年在希腊帕特雷召开的国际天文学联合会第 18 届大会决议，将月球正面坐标为 6.7S、87.8E，直径为 34 千米的月面环形山，命名为"高平子环形山"，高平子成为在月球上留名的第一位中国科学家。

【魏镜】（1889—1951），字步真，民国武康县（今浙江省湖州市德清县）长安里人。杭州浙江师范学堂毕业，1920 年，选为武康县议会议长。1927 年，到南京任陆军编纂委员会委员。1931 年调任青岛市政府秘书。1937 年离开青岛回到家乡经商。1946 年，任武康县文献委员会主任，曾编写《武康县志》（未刊）。任青岛市政府秘书期间，曾编写《青岛指南》旅游用书，1933 年由平原书店发行，共 500 多页，该书全面介绍了当时青岛及其周边地区全貌，包括对崂山名胜、游崂路线等的介绍。

【杨振声】（1890—1956），字今甫，亦作金甫，笔名希声，山东蓬莱人。1919 年毕业于北京大学，后考取官费到美国哥伦比亚大学留学。

历任中山大学、武汉大学、燕京大学、北京大学教授、清华大学教授兼教务长和文学院院长、国立青岛大学（山东大学）校长、西南联合大学教授兼叙永分校主任。1949年后于北京大学任教，兼任北京市文联创作部部长。1952年调任长春东北人民大学中文系教授兼中国文学史教研室主任，当选为吉林省人大代表、长春市政协委员、九三学社长春分社委员。代表作有中篇小说《玉君》。1930年至1932年，在任国立青岛大学第一任校长期间，邀请大批学有专长的著名教授、学者来校任教，使国立青岛大学创建后进入鼎盛时期。曾与沈从文、闻一多、梁实秋等人数次游览崂山。

【张铮夫】（1890—1972），名鉴祥，字铮夫，号镜芙，以字行，山东诸城大台庄（今属青岛市黄岛区）人。早年在天津南开中学读书，来青岛后，就读于青岛德华大学，曾在礼贤中学任教，并在北洋政府胶澳公署任职，后供职于文物管理委员会、青岛市图书馆、青岛市博物馆。曾当选为青岛市民盟会员、青岛市政协委员、青岛市人大代表。一生致力于图书的整理收藏，藏书数万册，藏书楼名"千目庐"，自号"千目庐主人"，与褐木庐宋春舫、静远堂孟昭鸿，并称岛城三大书家。所藏书籍以目录学古籍和明清两代山东人著作为主，计数万册。后大部分藏书售予山东大学图书馆，部分捐献给青岛市图书馆馆藏。编著有《古籍书目考略》、《簿录通考》、《张镜芙辑目录书》、《千目庐鬻书简目》、《山东艺文志考证》、《江苏艺文志引用书目目录》、《增修胶县艺文志》、《即墨县艺文志》、《胶县张氏杂抄书目》、《翰文斋售书书目》等。1956年曾陪同郭沫若到崂山游览考察，并鉴定华严寺所藏元抄本《册府元龟》。

【刘序易】字济生，别号风洞山民，原籍广西桂林，后移寓山东潍县。曾任胶济铁路局总务处机要科科员，擅画，专画山水兼花卉兰石，为青岛少海书画社发起人之一、主任社员。诸城诗人刘筠（字少文，号秋溪）在《青岛百吟》诗注中曾说："青岛画家以予所见，当推潍县刘济生先生序易，予固不谙六法，无庸置词，但见其作幽秀苍古，使人意远，竟如置身其中，初不论画与非画也。"

【郑爰居】（1891—1958），名时，又名再时，字爰居，又字云渠、云衢，后以字行，室号寒松堂、椒木盦，山东诸城人。少时参加同盟会从事革命工作，山东公立法政专科学校毕业后，在青岛等地从事律师工作。曾任山东省立图书馆图书设计委员会委员、考试院检核公职候选人等职务。新中国成立后，曾任青岛市文化教育研究委员会委员、青岛市文物管理委员会主任。他擅书法、绘画、金石、篆刻，喜书籍文物收藏，对《说文》、钟鼎彝铭、古陶、封泥及甲骨也潜心研究，著有《高南阜年谱》、《王筼友年谱》、《王筼文集校录》、《王筼友先生著述考》、《西昆酬唱集笺注》、《说文偶校》、《玉篇原本辑存》、《荆楚岁时记定本》、《文选李善注沿用旧注考》等。他在任青岛市文管会主任期间，历时数年，对崂山地区的各类文物进行考察，并将大部分珍贵藏书七千余册和七件青铜器无偿捐献给国家，分藏于中国国家博物馆、青岛市图书馆和青岛市博物馆。

【宋春舫】（1892—1938），别署春润庐主人，浙江吴兴（今湖州）人。13岁中秀才，1910年入上海圣约翰大学学习，1912年留学瑞士日内瓦大学，获硕士学位。1916年回国，历任圣约翰大学、清华大学、北京大学教授、外交官及律师等职。同时，他提倡话剧艺术，翻译介绍欧美现代戏剧，并致力于戏剧理论研究和创作，著有论文集《宋春舫论剧》和剧本《五里雾中》、《原来是梦》等，为中国早期戏剧理论作出开拓性贡献。1925年，宋春舫因病到青岛疗养，1928年11月任青岛观象台海洋科长，兼任观象台图书馆馆长。他还被聘为青岛山东大学兼职教授、图书馆主任、青岛市政府参事。他在青岛海滨创办了私人图书馆"褐木庐"，收藏有各种中外戏剧图书九千余册，被称为世界三大戏剧图书馆之一。他与蒋丙然等积极参与倡建青岛水族馆和中国海洋研究所，并担任筹备委员会常务委员，是中国海洋科学研究事业的奠基人之一。

【洪深】（1894—1955），学名洪达，字伯骏，号潜斋，别号浅哉，曾用笔名庄正平、乐水、肖振声等，江苏武进（今常州市）人，洪述祖之子。1916 年夏，清华学校毕业后赴美国留学，先入俄亥俄州立大学习陶瓷工程，后转入美国哈佛大学学习文学与戏剧。1922 年回国后，先后执教于复旦、暨南、山东、中山、厦门、北师大等大学，并从事电影和戏剧的译著、编导、演出工作。20 世纪 30 年代初曾加入中国左翼作家联盟，抗战时期担任政治处三厅六处戏剧科科长，中华人民共和国成立后历任中国文学艺术界联合会主席团委员、中国戏剧家协会副主席、中国作家协会理事、对外文化联络局局长、中国人民对外文化协会副会长，第一、二届全国政协委员，第一届全国人大代表。著有《洪深文集》、《洪深选集》。1913 年，随父洪述祖避难于青岛，寒、暑假从清华学校回青时，在市内或崂山"观川台"住。1915 年，他在《小说月报》上发表了《青岛闻见录》，并以崂山梨为启示，发表了第一个剧本《卖梨人》。1934 年，受国立山东大学校长杨振声邀请，重回青岛，任山东大学外文系主任。他根据在青岛崂山家产观川台被日人侵占的经过，写了一篇散文《我的"失地"》发表在《太白》半月刊上，接着又以此题材创作了中国电影史上第一部电影文学剧本《劫后桃花》，并于1935 年由上海明星影片公司拍摄成电影。1935 年 7 月，他会同在青岛的王统照、老舍等 12 人创办文学期刊《避暑录话》，每周一期，随《青岛民报》发行。抗战前夕，洪深离开青岛。

【郁达夫】（1896—1945），原名郁文，字达夫，浙江富阳人。早年留学日本，1922 年东京帝国大学经济学部毕业后回国，先后在安庆法政专校、北京大学、国立武昌师范大学、广州中山大学文学院、安徽大学中文系任教。1934 年任浙江省政府参议，1936 年任福建省政府参议兼公报室主任，1938 年，赴武汉参加军委会政治部第三厅的抗日宣传工作，任政治部设计委员、中华全国文艺界抗敌协会常务理事。1938 年 12 月至新加坡，主编《星洲日报》等报副刊，1945 年日本投降后被日军宪兵杀害。1952 年经中央人民政府批准，追认为革命烈士。代表作有《沉沦》、《故都的秋》、《春风沉醉的晚上》、《过去》、《迟桂花》等。1934 年夏，郁达夫曾应朋友之邀来青岛寓居一月（7 月 13 日至 8 月 12 日），并曾游览崂山。写有散文《青岛、济南、北平、北戴河的巡游》、诗《青岛杂事诗》十首及《避暑地日记》。其《自柳树台游靛缸湾蔚竹庵》诗云："柳台石屋接澄潭，云雾深藏蔚竹庵。十里清溪千尺瀑，果然风景似江南。"该诗于 1981 年镌刻在北九水双石屋去蔚竹庵路旁的崖壁上，由郁达夫的侄女婿、著名书法家黄苗子书写。

【王献唐】（1896—1960），初名家骥（亦作家驹），后改名琯，字献唐，号凤笙，晚号向湖老人，以字行，山东日照人。清光绪三十三年（1907），到青岛礼贤书院求学，民国三年（1914），入青岛德华特别高等学堂学习。后历任《山东日报》和《商务日报》驻青岛记者、山东专门政法学校国文教员、胶澳商埠督办公署秘书、青岛财政局股长、国民党中央训练部总务科长、南京国民党总部秘书。1929 年起任山东省立图书馆馆长，兼任齐鲁大学讲师，1940 年受聘中央国史馆副总纂修。1949 年后，任山东省文物管理委员会副主任、故宫博物院铜器研究员。他一生涉猎历史、考古、金石、文字、版本、音韵、训诂、目录等学科领域，均卓有建树；对诗、书、画、印，造诣亦深。著有《中国古代货币通考》、《楚辞新论》、《双行精舍石文》、《公孙龙子悬解》、《古籍书画过眼录》、《山东古国考》、《炎黄氏族文化考》、《两周古音表》、《那罗延室杂著》等六十余种，约千万余言。他多次游历崂山，并曾于1956 年 7 月率山东考古队到崂山西窑顶东周遗址考察发掘，普查文物；曾考证青岛古代有不族、其族，因而秦汉兴建郡县时，称此地为"不其县";抗战移居四川时,以崂山著名景点那罗延窟之名为自己的书斋名称,即为"那罗延室"。王献唐逝世后,原葬于济南万灵山下,1994年3月迁葬于崂山山脉之浮山,位于康有为墓的东侧,其弟子——孔子第77代嫡孙孔德成为王献唐新墓撰写了碑文。

【王统照】 (1897—1957),字剑三,笔名息庐、容庐,曾用名源蒙、梅如等,别号恂如,山东诸城人。1918年入北京中国大学英国文学系,1921年与郑振铎、沈雁冰等发起成立文学研究会。1922年大学毕业后留校任教。1927年迁居青岛,任教于铁路中学、市立中学等,不久东游日本。1929年在青岛创办《青潮》文学月刊,1934年赴欧洲游历和考察,1935年回国,在青岛与老舍、洪深、吴伯箫、孟超、臧克家等一起创办《避暑录话》,又到上海任《文学》月刊主编,曾任暨南大学教授、开明书店编辑。1945年返青,1946年秋,应聘担任山东大学中文系教授。1949年底调任山东省文教厅副厅长,后任山东省文联主席、山东省文化局局长、民盟济南委员会主任、全国作协常务理事、第一届全国人大代表等职。著有《一叶》、《山雨》、《春花》等多部长篇小说和短篇小说集、散文集、诗歌集、文艺随笔集等。王统照在青岛生活期间,创作了著名散文《青岛素描》、诗集《这时代》、长篇小说《山雨》等,写有《轿夫的话——崂山道中》、《白云观》等诗篇。其《白云观》云:"幽谷丛篁一径深,荡胸云气涤尘襟。山中偶作今宵宿,抛却沧溟万古心。"

【胡若愚】 (1895—1962),名言愚,字如愚,后改为若愚,以字行,安徽合肥人。国立北京大学法学院毕业,曾任张作霖顾问、张学良副官、北洋政府参政院参政、京师税务监督等职。1930年4月任国民政府卫生部政务次长,1930年9月至1931年12月,任青岛特别市市长。1931年2月,兼任北平市代市长、国民政府实业部开滦矿务局督办。1932年1月辞去青岛市长职务。后闲居天津,以书法、念佛经、唱戏度日。在任青岛市长时，倡建文化场所，包括重建栈桥，延长桥身至 440 米，钢筋混凝土浇灌桥墩，水泥铺面，桥南端构筑半圆形防波堤，增建"回澜阁"；主持建若愚公园（即今鲁迅公园）和观象山公园；支持建设青岛水族馆，被推为青岛水族馆筹备委员会主任，并题写"青岛水族馆"匾额；1931 年夏天，叶恭绰等倡议筹建湛山寺，胡若愚批准拨给一块公地，作为寺基，并准免半数租金；制定了青岛湛山特别区规划，为日后青岛八大关区域规划建设奠定了基础。

【张玺】（1897—1967），河北平乡人。1915 年考入保定甲种农校及育德勤工俭学留法班，1921 年赴法国留学，1927 年获里昂大学理学院硕士学位，后在里昂大学动物研究室从事软体动物的研究，于 1931 年以"普鲁旺萨沿岸的后鳃类研究"论文获法国国家博士学位。1932 年 1 月回国，历任北平研究院动物研究所研究员、所长，中法大学、北平大学、中国大学、云南大学、北京大学、山东大学兼任教授。1949 年后，参与筹建中国科学院水生生物研究所青岛海洋生物研究室（今中国科学院海洋研究所），并任副主任。1957 年任中国科学院海洋研究所副所长。毕生致力于海洋科学的研究及科学教育事业的发展，1935 年春天，曾组织胶州湾海洋动物调查团，开始了第一次青岛胶州湾海洋动物调查。这也是我国学者组织的第一次海洋动物综合性考察。在中国首次发现柱头虫（黄岛柱头虫），在中国北方海域首次发现文昌鱼。曾发表《青岛沿海后鳃类动物的研究》、《中国海洋动物之进展》等论文近百篇。著有《贝类学纲要》、《牡蛎》、《近江牡蛎的养殖》、《中国北部海产经济软件动物》等。

【刘崇铉】（1897—1990），字寿民，福建福州人。1911 年考入清华学堂，1918 年毕业后入美国威廉康辛大学，1921 年获哈佛大学文学硕士学位。1923 年回国，先后在南开大学、清华大学任历史系教授，抗战期间任西南联大教务长。1949 年 2 月赴台，任台湾大学历史系教授，后兼任系主任、历史研究所主任、台大教务长。一生主要从事欧美近代史的教学与研究。1913 年曾来游青岛，写有《劳山记游》文，发表在 1915 年《清华学报》第一期第二号上。

【周志俊】（1898—1990），名明焯，字志俊，号市隐，又号艮轩主人，安徽至德（今东至县）人，周馥嫡孙，周学熙次子。1912 年随祖父和父亲寄居青岛。1915 年到北京学习英语，1918 年重返青岛，先后担任青岛华新纱厂总经理、青岛市政治设计委员会委员。1949 年后加入中国民主建国会，先后担任青岛市人民代表会议代表，青岛市政协副主席，山东省第三届、四届政协副主席，山东华建公司董事长等职，1988 年 1 月离职休养。周志俊少年时由于体弱多病，家里曾送他到崂山疗养。1937 年曾捐资兴建湛山寺藏经楼及药师塔，1938 年落成。

【闻一多】（1899—1946），本名家骅，字友三、友山，湖北浠水人。1912 年考入清华留美预备学校，1922 年 7 月赴美国留学，先后在芝加哥美术学院、珂泉科罗拉多大学和纽约艺术学院学习。1925 年 5 月回国后，历任国立第四中山大学、国立武汉大学、国立山东大学、北京艺术专科学校、政治大学、清华大学、西南联合大学教授，曾任北京艺术专科学校教务长、国立第四中山大学外文系主任、国立武汉大学文学院院长、国立山东大学文学院院长等职。1944 年加入中国民主同盟，后出任民盟中央执行委员、民盟云南支部宣传委员兼《民主周刊》社长。1946 年 7 月 15 日被国民党特务暗杀。著有《红烛》、《死水》诗集、《离骚解诂》、《楚辞校补》、《神话与诗》、《古典新义》、《唐诗杂论》等。1930 年至 1932 年，闻一多出任国立青岛大学文学院院长兼国文系主任，先后住在大学路、文登路。曾与沈从文、杨振声、梁实秋等游崂山，并在崂山白云洞住了 6 天。撰写有赞美青岛的散文《青岛》。1950 年山东大学将闻一多先生故居命名为"一多楼"。1984 年，"一多楼"被青岛市人民政府定为市级重点文物保护单位。

【黄孝纾】（1900—1964），字公渚、颛士，号匑庵、匑厂，别号霜腴、灌园客、沤社词客、辅唐天茶翁、辅唐山民、辅唐山人等，以字行，福建闽侯县（今福州市）人。其父黄曾源（1857—1935），字石荪，光绪进士，曾任监察御史、青州知府、济南知府等职，辛亥革命后寓居青岛。黄孝纾自幼受良好教育，毕业于中德合办的青岛赫兰大学（又名德华大学），在经学、考据、训诂、诗词和书画等方面颇有造诣，与其弟黄孝平（1902—1986，字君坦）、黄孝绰（字公孟）并称"江夏三黄"。1924年至1934年间，曾受聘于刘承干在浙江湖州创建的著名藏书楼嘉业堂，同时在上海南洋公学、上海暨南大学兼任教职。1934年回到青岛在山东大学中文系任教，抗日战争期间在北京以教书为生，1946年又返青岛山东大学任教。新中国成立后，曾担任青岛市政协第二届和第三届委员和常委、山东省美术协会会员、青岛市文联常委等职。1964年冬，前往济南接受批判，会后在大明湖自缢身亡。黄孝纾治学广泛，于古文献学、版本目录学、古典文学、金石学及文物鉴定、书法绘画等领域均有涉猎，著有《楚词选》、《欧阳永叔文选注》、《欧阳修文集选注》、《欧阳修诗词选译》、《黄山谷诗选注》、《陈后山诗选注》、《匑厂文稿》、《金石文选》和《劳山集》等。他酷爱崂山山水，在青岛时常游崂山，遍游山中名胜，对景写生，触景吟诗词，先后完成百余幅崂山山水画，并各赋诗一首，被誉为青岛国画界第一人，与赫保真、杜宗甫一起被称为岛城画坛"三老"。《劳山集》一书是其歌咏礼赞崂山的文学创作集，包括"东海劳歌"、"劳山纪游集"、"辅唐山房猥稿"，分为词、诗、文三部分，各部之前有友人题词，篇后有友人的评语，正文系据作者手稿影印，共收录文13篇，诗137首，词135阕。其《明霞洞》诗云："明霞洞外接天风，岩幌千寻倚碧穹。安得打包留信宿，坐看朝旭破鸿蒙。"据郭则沄《十朝诗乘》和刘成禺《洪宪纪事诗本事薄注》，黄公渚另有《青岛流人篇》，今已不存。

【孟超】（1902—1976），原名宪启，又名公韬，字励吾，笔名有东郭迪吉、林青、林默、迦陵等。山东诸城人。1926年毕业于上海大学中文系，同年加入中国共产党。1930年加入"左联"，与冯乃超、夏衍等人创办艺术剧社。抗战时期任桂林师范学院、重庆西南学院教授。1947年赴香港，任《大公报》、《新民报》文艺副刊编辑，1949年后历任华北人民政府教科书编委会委员、中央人民政府出版总署图书馆副馆长、图书期刊部秘书，人民美术出版社创作室副主任、戏剧出版社副总编辑、人民文学出版社副总编辑兼戏剧编辑室主任等职。著有诗集《残梦》，小说集《冲突》，杂文集《长夜集》、《末偃草》、《水泊梁山英雄谱》，历史小说集《骷髅集》等。1934年3月，孟超来青岛，曾在文德女中（今青岛八中）任国文教员，后在青岛《民报》当副刊编辑。1935年夏，孟超与王统照、老舍、臧克家等12位作家，在青岛《民报》上合办副刊《避暑录话》，并为之撰文。他在青岛写有《樱花前后》、《卖菜女郎》、《何必秸岭》、《年末故旧皆飞絮》、《海浴》、《睡倒的车子》、《秋的情调》、《破巢》、《此路不通》等许多散文。1937年曹禺创作的话剧《日出》发表后，孟超即发起组织在青岛首次演出了这个名剧。1937年6月离开青岛。

【尹致中】（1902—1984），又名学本，山东莱阳人。14岁独自到青岛，先在洋行当佣人、店员，后就读于青岛商业学校。1926年去日本，在制针厂学徒，入广岛高级工业学校学习。1928年回国后筹措资金，买进设备，于1929年底与刘朴斋在青岛创办忠记制针厂。1931年自行发明连三式自动制针机，同年建立冀鲁针厂。1933年又创立兴华实业机器厂，专门制造制针机器。1936年任中华工业联合会青岛分会主席。1945年日本投降后创办青岛高级工业职业学校，并任青岛市工业会理事长、青岛市参议会参议员、行宪国民大会代表。1949年后去台湾，在台湾创办大东公司。1952年任香港中华厂商联合会副主席、名誉主席，在香港创办大洋实业股份公司、螺丝总汇股份公司。1984年病逝

于香港。曾任中国市政协会青岛分会首任理事，1947 年 2 月出版发行
《青岛指南》，详细介绍青岛的史地、名胜古迹、机关、团体、经济、
交通、教育、文化、卫生、宗教、娱乐和其他方面，时任青岛市长李先
良在序中说：《青岛指南》"采集搜罗，详审尔敷，既撷幽胜之迹，亦
补地志之遗。""名胜与古迹"一章又分为市区名胜、乡区名胜和崂山
名胜三节，收录名胜 69 处，是了解旧青岛的一本重要参考书。

【沈从文】（1902—1988），原名沈岳焕，别号小兵，笔名休芸芸、
甲辰、上官碧、璇若等，湖南凤凰县（今湘西土家族苗族自治州）人。
1923 年进入北京大学旁听，同时练习写作。1924 年开始发表作品，曾
先后在上海中国公学、辅仁大学、国立青岛大学（后改名国立山东大
学）、武汉大学、昆明西南联合大学、北京大学等校任教。1949 年后，
在中国历史博物馆、故宫博物院和中国社会科学院历史研究所任研究
员，主要从事文物和中国古代服饰的研究工作。曾任第二届至五届全国
政协委员，第六届和七届全国政协常委。著有《边城》、《湘西散记》、
《长河》、《从文自传》、《中国丝绸图案》、《唐宋铜镜》、《龙凤艺术》、
《中国古代服饰研究》等小说、散文、文论、学术著作七十余种。1931
年 8 月，沈从文受杨振声的邀请来国立青岛大学任教，1933 年 8 月离青
去北平。其间创作完成了《记胡也频》、《从文自传》、《八骏图》、《记
丁玲》、《月下小景》等重要作品，并构思酝酿了小说《边城》，"小说
中的人物形象也有崂山北九水姑娘的影响"（《忆青岛》）。在青岛期间，
他先后六次去游崂山，并曾在山中住了六天，"以棋盘石、白云洞两地
留下印象特别深刻"。新中国成立后，他三次来青岛，1961 年夏到青岛
休假后，写有一篇两万余字的《青岛游记》，现编入《沈从文全集》第
27 卷《忘履集》。1962 年夏到青岛疗养时，写有古体诗《忆崂山》
（《白玉兰花引》），现收入《沈从文全集》第 15 卷《青岛诗存》。

【梁实秋】（1903—1987），名治华，字实秋，号均默，以字行，笔

名子佳、秋郎、程淑等，原籍浙江杭县（今余杭）人，出生于北京。
1915 年入清华学校，1923 年毕业后赴美留学。1926 年回国后，任教于
国立东南大学。1930 年秋，应杨振声邀请到国立青岛大学任外文系主
任兼图书馆馆长。1934 年应聘任北京大学外文系研究教授兼外文系主
任。抗战时期，任国民参政会参政员、国民政府教育部小学教科书组主
任、国立编译馆翻译委员会主任委员。1946 年到北平师大任英语系教
授。1949 年移居台湾，任台湾师范学院英语系教授、系主任、文学院
长，1966 年退休。著有《雅舍小品》、《浪漫的与古典的》、《英国文学
史》、《莎士比亚全集》（译著）等两千多万字的作品。梁实秋在青岛居
住生活了四年，曾多次游览崂山，在其散文《忆青岛》中即有关于游
览崂山北九水的文字描写，称崂山"峻峭巉险，为海滨一大名胜"。

【李先良】（1904—1993），江苏吴县人。早年入江苏省立第一师范
学校，后毕业于中央政治学校。1929 年，任中国国民党中央执行委员
会干事。1933 年，到青岛任国民党青岛市党部干事、委员、常务委员
等职。抗日战争期间，任中国国民党山东省党部执行委员会委员、山东
省鲁东联军总指挥兼鲁东行署主任、省政府委员。1941 年 6 月，任青
岛市政府秘书长。1942 年 10 月，任青岛市政府代理市长兼青岛保安总
队总队长。1945 年，任国民党中央执行委员会候补执行委员、青岛市
市长。1946 年兼任青岛警备司令部副司令。青岛解放前夕去台湾，后
赴美国留学，在纽约州立大学公共行政研究所获得硕士学位。1957 年
后执教于台湾"国立"政治大学，1974 年秋退休，后移居加拿大多伦
多。著有《都市计划学》、《市政学》、《青岛市政建设述略》、《抗战回
忆录》、《口述历史——鲁青抗战纪实》等。李先良在崂山抗战期间，
将崂山华严寺作为市流亡政府所在地，将青岛保安总队总部设在太清
宫，作为军事骨干和保甲长训练的基地，以太平宫为军需品和后勤粮秣
库，以白云洞为青岛保安总队的一个小型兵工厂，后作为迎宾馆。抗战
胜利后，他在太清宫殿后面的悬崖石壁上，题刻"抗战八周年"五个

小字和"山海重光"四个大字，在白云洞题字"迎宾馆"门匾，并在
洞门口大石之上镌刻"白云为家"四字，并刻小字："余在崂山抗战
时，移市政府于华岩寺，以白云洞为迎宾馆，遇敌谈颇猖獗，以洞为掩
蔽之所，白云山昔空怅……年二月。"在崂山汉河西山岗摩崖巨石题
"光我河山"四个大字，旁镌小字记录了民国三十三年（1944）9 月 30
日青岛保安总队拔除日军设在汉河的据点及俘虏人数、枪械等史实。

【臧克家】（1905—2004），字士先，曾用名臧瑗望，笔名少全、何
嘉等，山东诸城人。1923 年夏，考入济南省立第一师范学校，1927 年
初，考入武汉中央军事政治学校。1929 年，入读国立青岛大学补习班，
1930 年，入读国立青岛大学（1931 年改为国立山东大学）中文系。
1934 年至 1937 年，在山东省立临清中学任教。1949 年后，历任华北大
学文艺学院文学创作研究室研究员，新闻出版总署、人民出版社编审、
《新华月报》编委等。出版有《臧克家诗选》、《臧克家散文》、《臧克
家文集》等 20 余部著作。2002 年出版的《臧克家全集》，共 12 卷，近
630 万字。1926 年至 1934 年，臧克家生活在青岛，后多次来青岛并游
崂山。1956 年、1960 年两次游览崂山，创作了组诗《果园集》。1981
年，应邀为崂山题诗："黄金足赤从来少，白璧无瑕自古稀。魔道分明
浓划线，是非不许半毫移。臧克家一九八一年夏"。该诗镌刻在太平宫
东门外。

【吴伯箫】（1906—1982），原名熙成，笔名山屋、山苏，山东莱芜
人。1919 年考入曲阜师范学校，1924 年毕业后曾到孔府家馆任英文教
师。1925 年夏考入北京师范大学，1931 年毕业后，在青岛大学当过三
年多校长办公室职员，1935 年后任简易济南乡村师范教务主任兼国文
教员、山东省教育厅高等教育股主任科员、莱阳简易师范学校校长。
1938 年 4 月赴延安，进入中国人民抗日军政大学学习，先后担任八路
军总政治部抗日文艺工作组组长、陕甘宁边区教育厅教育科长、文化协

会秘书长、延安大学和华北联合大学教授、东北大学社会科学院副院长、东北师范大学副教务长兼文学院长。1949 年后任东北教育学院副院长、人民教育出版社副社长兼副总编辑、中央文学讲习所所长、中国文联委员、中国社会科学院文学研究所副所长等职务。著有散文集《街头夜》、《羽书》、《黑红点》、《出发集》、《烟尘集》、《忘年》、《北极星》，散文报告文学集《潞安风物》，译著《波罗的海》等。在青岛期间，曾乘着"海深号"军舰去了太清宫，游览崂山，并于 1935 年夏与老舍、王统照、洪深、臧克家、王亚平等创办《避暑录话》周刊，写有《山屋》、《岛上的季节》、《阴岛的渔盐》、《海上鸥》、《记岛上居室》、《海》等作品。

【萧军】（1907—1988），原名刘鸿霖，曾用名刘吟飞、刘羽捷、刘燕白、刘蔚天、刘毓竹、刘军，笔名三郎、田军、萧军等，辽宁锦州人。毕业于东北陆军讲武堂，早年从军，后从事文学创作。1934 年与萧红（1911—1942，原名张廼莹，笔名萧红、悄吟、田娣等，黑龙江呼兰县人）一起流亡到青岛（住观象一路 1 号），任《青岛晨报》副刊编辑，后又到上海，参加了《海燕》和《作家》等杂志的编辑工作。1940 年 6 月到延安，在鲁迅研究会工作。1946 年重返哈尔滨，先后担任东北大学鲁迅艺术文学院院长、鲁迅文化出版社社长、《文化报》主编等职务。1949 年后在抚顺总工会从事戏剧创作和研究，1951 年调至北京市"文物组"当文物研究员，1957 年被错划为"右派"，"文革"期间受到迫害被长期关押，1979 年平反。著有《八月的乡村》、《第三代》、《过去的年代》、《吴越春秋史话》、《五月的矿山》等。萧军曾分别于 1934 年夏、1936 年 8 月、1951 年和 1986 年四次来青岛，其中第二次来青岛时曾游崂山。

【芮麟】（1909—1965），字子玉，号玉庐，江苏无锡人。1929 年江苏省立教育学院毕业。20 世纪 30 年代初期为中华图书馆协会、中国社会教育社、中华职业教育社成员，从事社会教育和文学创作，曾任无锡县农民教育馆馆长、职业教育指导所所长、民众教育馆馆长、《无锡民众周报》编辑、总编等职。1934 年至 1935 年任江苏武进县教育局社会教育科长、河南省民众教育实验学校研究实验部主任。1936 年春，至青岛任教职。抗战期间，任山东省政府秘书、农林部秘书、科长、代司长等职，创办山东战时出版社，主编《大山东月刊》。1945 年 10 月，任青岛市政府人事处长。1946 年与夫人黄哲渊创办乾坤出版社和《青声》杂志社，任社长兼编辑。新中国成立后，任青岛四中语文教师，应邀撰写了许多文史资料。著有《玉庐诗稿》、《莽苍苍行》、《战时纪行诗草》、《自然的画卷》、《山左十日记》、《东南环游记》、《北国纪游》、《中原旅行记》、《青岛游记》、《青岛民众读本》等。《青岛游记》作于 1936 年，发表在《民众教育通讯月刊》上，1947 年 6 月，由青岛乾坤出版社刊行，内有"湛山寺和燕儿岛"、"到丹山去"、"惊风骇浪上前劳"、"后劳一日"、"且抛尘梦入劳山"等节谈及游湛山寺、丹山及三次游览崂山的经过。文前刊有栈桥、中山公园、崂山明霞洞、鱼鳞瀑等风景照片 19 张，文中收录所作《太清宫》、《明霞洞》、《北九水道中》、《靛缸湾》、《蔚竹庵》、《登劳顶》、《劳顶观海》、《下劳顶》、《明道观》、《晚登华严寺》、《宿华严寺》等游崂诗多篇，《登崂顶》云："浪鼓金轮岭锁烟，高歌人在白云边。劳山胜概吾能说，半在峰峦半海天。"文末附有《千秋抗战记劳山》（又名《胜利后重游劳山小记》）等，具有重要的文学和史料价值。其子芮少麟编纂有《重吻大地：我的父亲芮麟》、《神州游记（1925—1937）》、《离乱十年（1937—1946）》等。

【黄哲渊】（1911—1972），湖北广济人。1937 年上海光华大学文理学院教育系毕业，同年任教武昌圣希理达女子中学。抗战初期，任职中华基督教会北平女青年会，后随夫芮麟入鲁抗战，颠沛于香港、上海、北平、重庆等地，1946 年定居青岛，任职青岛观象台。1950 年后先后在青岛市圣功女子中学（七中）、一中、九中、十三中执教。1965 年退休。1946年，夫妇二人曾在青岛创建乾坤出版社，撰写出版了《产妇日记》、《离乱十年》、《中国女子教育新论》等，另外还编辑出版过《青声》月刊。

【黄恩涛】字孝胥，斋号寄傲庐，山东昌邑都昌人，居住在青岛。性好淡静，善琴棋书画，并爱山林和崇拜道教。据《太清宫志》载，民国十五年（1926）丙辰五月，曾携琴至崂山太清宫，遇道士庄紫垣，切磋琴艺，并拜庄为师达10年之久。作《劳山太清宫赋》曰："陟彼东劳兮，谒太清。七峰罗列兮，似蓬瀛。方壶圆峤兮，驻仙侣。白云紫霞兮，拂羽旌。龙蟠虎距兮，食玉英。"民国三十三年（1944）曾为《太清宫志》作跋。今青岛博物馆藏有一张黄孝胥曾经使用过并题款的黑色仲尼式古琴"幽涧泉"。

【崔嵬】（1912—1979），原名崔景文，曾用名崔微晖、崔浚等，山东诸城人。幼时随父亲来到青岛，入四方小学读书，1925年辍学到英国烟草公司当童工，后入礼贤中学（今青岛九中）。1930年，考入济南山东省立实验剧院编剧班。1931年秋，入青岛大学中文系当旁听生，改名崔嵬，积极参加海鸥剧社的活动，1932年曾到崂山王哥庄农村演出。1935年去上海，开始专业从事戏剧电影工作。1938年初去延安，在延安鲁迅艺术学院戏剧系任教。1939年夏，到达晋察冀抗日根据地，任华北联合大学文艺学院戏剧系主任，1942年调任冀中火线剧社社长。1949年后，先后任中南军政委员会文化部曲艺改进处处长、中南文艺学院院长、中南人民艺术剧院院长、中南文化局长。1954年，被借调到上海电影制片厂，主演电影《宋景诗》、《老兵新传》。1956年，调北京电影制片厂，先后导演《青春之歌》、《天山的红花》等，并主演《红旗谱》。1957年，曾随《海魂》电影摄制组来青岛拍摄外景。1959年导演《青春之歌》时，又一次来到青岛，在崂山仰口海滩拍摄外景。

【萧继宗】（1915—1996），字干侯，晚号信天翁，湖南省湘乡县人。中央政治学校大学部法律系毕业，曾任《中国日报》社长，青岛市政府新闻处处长，江苏省政府顾问，上海法学院教授。后去台湾，任东海大学教授、中文研究所主任、中文系主任兼教务长，国民党党务顾问，国民党中央党史委员会主任委员，中央委员会副秘书长，正中书局董事长，国民党第十一届候补中央委员等，1985年退职。擅诗词、书法、文学，著有《澹萝集》、《独往集》、《兴怀集》、《湘乡方言》、《孟浩然诗说》、《友红轩词》、《实用词谱》，主编有《革命人物志》、《十年教训》、《新生活运动史料》、《花间集校注》等。在青岛任职期间，曾游崂山，留有诗《华严庵》："到此萧然万虑空，聊将登览讳疏慵。管他尘市春如海，独坐禅床看耐冬。"

【吕品】（1918—1990），山东烟台牟平人。8岁随父来青岛，在崇德中学（今青岛十一中）读书。自幼学习美术，后入北平艺术专科学校学习水彩。1938年11月，曾与赵仲玉发起成立"琴岛画会"，任常务副会长。1949年创办青岛美术专科学校，任校长。1956年后任教于北京艺术学院、山东师范学院艺术系、山东艺术专科学校（山东艺术学院）。出版有《吕品水彩画选》两种，代表作品有《雨后天坛》、《雨中》、《玉树银花》等，被称为"青岛水彩画的奠基人"。创作有《崂山水库》、《青岛崂山风景》、《青岛崂山疗养院》、《青岛海滨浴场》、《浮山晚照》、《朝雾》、《浴场斜阳》等许多描绘青岛和崂山景物的水彩画作品。

三、记游文化名人

本部分收录记游崂山的历史文化名人，主要包括游览崂山并留有著述和作品（诗文、碑记等）的名人，同时包括部分历史典籍中记载曾游历崂山的名人、传世作品中记有崂山的名人。

【秦始皇】（前259—前210），嬴姓，名政，秦庄襄王之子。公元前221年统一六国，建立秦王朝，称"始皇帝"。《史记·始皇本纪》记载，公元前219年，秦始皇东巡郡县，"过黄、腄，穷成山，登芝罘"，"南登琅琊，大乐之"，派徐福入海求仙人。公元前210年，秦始皇以连弩候射大鱼，"自琅琊北至荣成山"。后人据此猜测秦始皇曾到过崂山。宋《太平寰宇记》："古老相传云：秦始皇幸琅琊，因至牢盛山望蓬莱。"明万历《莱州府志》、清同治《即墨县志》都有"登劳盛山望蓬莱"的记载。明末清初学者顾炎武著《劳山考》，认为《史记》中"荣成山"乃传写之误，应为"劳成山"，考证秦始皇确曾游过崂山。现太清宫东山路东侧石刻"始皇帝二十八年游于此山"乃清末民初太清宫道人请北京大学教师书写并聘青山村石工镌刻①。

【汉武帝】（前156—前87），名刘彻，西汉皇帝，前104年至前87年在位。即位后，多次巡行天下，并东至山东一带海上，祀神求仙。据

---

① 王集钦：《崂山刻石纪实》，《青岛文物与名胜保护纪实》，青岛出版社2000年版，第412页。

《汉书》记载，太始四年（前93）"夏四月，幸不其，祠神人于交门宫"①。不其，即不其山，西汉初年，不其山泛指崂山。明代曹臣在《劳山周游记》中说："劳山古称神仙窟穴，秦皇汉武殷勤慕念，频屈万乘而至焉者。"周至元在《崂山名胜介绍》中也认为：《汉书》上所说的"幸不其"即巡视不其山。民间传说则认定汉武帝曾经登上过崂山境内的不其山、女姑山和天宝山，还流传着汉武帝曾在今城阳村北的石桥庙附近建有一座行宫，名曰"交门宫"，在城阳村内也曾修建过行宫。

【晏谟】东晋十六国时南燕青州（今山东省青州市）人，春秋齐国卿相晏婴之后。南燕时举秀才。东晋隆安二年（398）即位的南燕国君慕容德过临淄，曾向晏谟问及齐地之山川丘陵、贤哲旧事，晏谟画地为图，历历以对，慕容德深为嘉许，用为尚书郎。著有《齐地记》（又名《齐记》），其中有"太山自然高，不如东海劳"的记载②。

【尉迟敬德】（585—658），名恭，字敬德，鲜卑族，隋末唐初朔州（今山西朔州市）人。唐初大将，封鄂国公，死后赠司徒兼并州都督，谥忠武，赐陪葬昭陵。后被尊为民间驱鬼避邪、祈福求安的中华门神。唐武德八年（625），尉迟敬德在胶东剿平王世充余部后，奉旨至崂山修建东华宫（后更名铁瓦殿），并将唐宫廷音乐带至崂山，后人因此亦将《英雄》、《黄鹂》等琴曲称为"尉曲"③。

---

① （东汉）班固：《汉书》卷六《武帝纪》。

② （宋）乐史：《太平寰宇记》卷二十："《齐记》云：'太山自然高，不如东海劳'"；（唐）李吉甫：《元和郡县图志》卷十一："大劳山、小劳山，在县东南三十八里。晏谟《齐记》曰：'太白自言高，不如东海劳。'"《太平御览》和元代于钦《齐乘》则引作"太（泰）山自言高，不如东海劳"，明清后又引作"泰山虽云高，不如东海劳"或"泰山高，不如东海劳"。

③ 参见陈振涛：《崂山道教音乐考查记》，《中国道教》1991年第4期，第22—23页。

【李延寿】字遐龄，唐代相州（今河南安阳）人。历任太子典膳丞、崇贤馆学士、御史台主簿、兼直国史符玺郎、兼修国史等官职。曾参加过《隋书》、《五代史志》、《晋书》及唐朝国史的修撰，并独撰《南史》、《北史》和《太宗政典》等。唐高宗显庆四年（659），李延寿撰《南史》成书，该书首用"崂山"之名。

【李贤】（654—684），字明允，唐高宗李治第六子，武则天第二子，后遭废杀。唐睿宗景云二年（711），谥章怀太子。著有《列藩正论》、《春宫要录》、《修身要览》等。李贤召集张大安、刘纳言等人，历时六年，为范晔《后汉书》作注，《后汉书注》首称崂山为"大劳山"、"小劳山"，即把该山北部的一部分称为"大劳山"，把该山西南部的一部分称为"小劳山"，又简称为"二劳山"。唐杜佑《通典》沿用"大劳山和小劳山"。

【李白】（701—762），字太白，号青莲居士，祖籍陇西成纪（今甘肃省西部）人，唐代大诗人。著有《李太白集》。相传，天宝年间（742—755），李白与杜甫共游齐鲁，与道士吴筠同游崂山，游崂山时，李白曾写下颂扬崂山的著名诗篇《寄王屋山人孟大融》："我昔东海上，劳山餐紫霞。亲见安期公，食枣大如瓜。中年谒汉主，不惬还归家。朱颜谢春辉，白发见生涯。所期就金液，飞步登云车。愿随夫子天坛上，闲与仙人扫落花。"在崂山，李白与吴筠即兴创作出了《清平调·咏王母蟠桃峰》，随即传给太清宫道士，此曲即为太清宫等山庙一直沿用至今的《步虚》殿坛经韵曲。他们还将南派大型经韵曲牌《三涂五苦颂》传给太清宫道长詹兆升①。相传唐玄宗读到李白和吴筠咏崂山的诗，于天宝七年（748）派遣王旻、李华周等人专程到崂山采仙药，并将崂山

---

① 参见陈振涛：《崂山道教音乐考查记》，《中国道教》1991年第4期，第23页；蒲亨强：《仙乐风飘处处闻——中国重要宫观道乐》，巴蜀书社2005年版，第70页。

改称为"辅唐山",崂山从此名扬天下。李白的《寄王屋山人孟大融》现刻于崂山蟠桃峰山腰的碑石上,青岛市书法家高小岩书。诗刻附近立有"太白石"巨石题刻,字径一米,青岛已故著名书画家王蕴华书。

【李商隐】(813—858),字义山,号玉溪生,又号樊南生,唐代怀州河内(今属河南)人,生于荥阳。唐文宗开成二年(837)进士及第,曾任弘农尉、佐幕府、东川节度使判官等职。擅长诗歌骈文,与杜牧合称"小李杜",与李贺、李白合称"三李",与温庭筠合称为"温李"。著有《李义山诗集》、《樊南甲集》、《樊南乙集》、《玉溪生诗赋文》。写有咏崂山诗《海上》:"石桥东望海连天,徐福空来不得仙。直遣麻姑与搔背,可能留命待桑田。"

【牛肃】唐代开元、天宝时怀州河内(今河南沁阳)人,约生于武后时,卒于代宗朝,做过岳州刺史。事迹不详。著有传奇小说集《纪闻》十卷。该书首称崂山为"辅唐山"。《太平广记》沿用"辅唐山"。

【陆龟蒙】(?—881),字鲁望,唐代长洲(今江苏省吴县)人。曾任湖州、苏州刺史幕僚,后隐居甫里,置园顾渚山下,常乘舟设蓬席,赍束茶灶、笔状钓具,放游江湖间,自称"江湖散人",或号"天随子"、"甫里先生"。著有《耒耜经》、《小名录》、《笠泽丛书》、《甫里集》等。《三齐记》中记有:"郑玄教授不期山,山下生草大如薤,叶长一尺余,坚韧异常,土人名曰'康成书带'"。陆龟蒙据此作《书带草赋》,载《甫里集》卷十五。此后,历代文人和史籍皆把书带草视为郑玄教授不其山的象征。宋苏轼《书轩》诗曰:"雨昏石砚寒云色,风动牙签乱叫声。庭下已生书带草,使君疑是郑康成。"

【范仲淹】(989—1052),字希文,世称"范文正公",北宋苏州吴县人。大中祥符八年(1015)进士及第,历官广德军司理参军、集庆军节度推官、泰州海陵西溪盐仓监官、秘阁校理、河中府通判、右司谏、睦州知州、苏州知州、开封知府、陕西经略安抚招讨副使、枢密副使，参知政事，后三出都城，屡遭贬黜，辗转于邓州、杭州、青州。逝后谥号"文正"。工诗词、散文，著有《范文正公文集》。相传其曾游崂山，并题诗崂山下宫三官殿："千古如天日，巍巍与善功。禹终平绛水，舜亦改薰风。江海生灵外，乾坤揖让中。今人不知此，箫鼓谢年丰。"（又名《谒帝尧庙》）

【苏轼】（1037—1101），字子瞻，又字和仲，号东坡居士，北宋眉山（今四川省眉山市）人。嘉祐二年（1057）进士。宋哲宗时，官至礼部郎中、起居舍人。工诗词，善书画，著有《东坡七集》等。《宋史》有传。熙宁七至九年（l074—1076），苏轼任密州（今山东诸城）知州，曾作《盖公堂记》，有"牢山其中多隐君子，可闻而不可见，可见而不可致"之句。相传苏轼曾三访崂山，在太清宫题"方壶胜景"四字，参观宋初从四川眉山迁来的苏姓人家的村庄"苏家庵子"（后称"庄子庵"），并在到登州赴任时过崂山之北麓，夜宿"苏家庵子"，还在太平兴国院（太平宫）结识了崂山名道乔绪然，并把在黄州谪居期间所创编的《归去来辞》琴曲传给他。1985年，在庄子庵旧址前的崖下村南，挖掘出土一块石碑，上刻"东坡仁里"四个楷书大字，碑面左侧书中楷行书"元祐甲戌秋月为崂山苏姓里民题"，右侧书"苏使者缮稿"。石碑的背面镌有立碑经过，因年久损坏，字迹多难辨认。虽然"东坡仁里"石碑现已成为崂山的著名景观，但苏轼是否游览过崂山，因缺乏史证，目前仍存疑。崂山内四水卧石上题刻"石门亭"系集苏东坡字。

【朱铎】金元时期文人。曾游崂山，并写有《翠屏岩》、《王乔崮》、《灵烟崮》、《聚仙台》、《清风岭》、《夕阳涧》等诗多首。其《灵烟崮》曰："峻嶒怪石锁山烟，飞渡此间不老仙。传得祖师衣钵在，不知寒尽不知年。"《清风岭》："仙境周围戏五禽，仙家居室瞰幽深。邯郸梦断清风岭，坐依云根整容襟。"

【刘迎】（？—1180），字无党，号无诤居士，金代东莱（今山东省莱州市）人。金大定十四年（1174）进士，除豳王府记室，改太子司经。著有诗文词作集《山林长语》。刘迎曾来游崂山，写有七言古诗《鲅鱼》，首句为："君不见二牢山下狮子峰，海波万里家鱼龙。"

【赵孟頫】（1254—1322），字子昂，号松雪、松雪道人，又号水精宫道人、鸥波，元代吴兴（今浙江省湖州市）人，宋太祖赵匡胤十一世孙。宋亡后居家，后被荐用，任兵部郎中，历官江浙等处儒学提举，官至翰林学士、荣禄大夫，卒赠魏国公，谥文敏。赵孟頫博学多才，能诗善文，懂经济，工书法，精绘艺，擅金石，通律吕，解鉴赏，又旁通佛老之旨。特别是书法和绘画成就最高，善篆、隶、真、行、草书，尤以楷、行书著称于世，著有《尚书注》、《松雪斋集》等。元至元二十九年（1292），赵孟頫至崂山塘子观探望皇亲谢丽与谢安二皇妃时，根据谢丽诵唱《三清号》，创编了琴曲《相见欢》，完成了他的《琴源》与《乐源》两书。① 元大德十一年（1307），曾游览崂山，留有七绝《咏崂顶》："山海相依水连天，万里银波云如烟。挥毫绘成天然画，笔到穷处难寻源。"他还为太平宫道士撰写了《道德经》。今崂山犹龙洞左摩崖上，刻有他书写的《道德经》第一章，并镌有"大德十一年赵孟頫书"，系根据其书帖投影放大而刻成。在塘子观有其题刻"世外别墅"。

【赵世延】（1260—1336），字子敬，元代大同（今甘肃礼县）人。官至光禄大夫、御史中丞、中书右丞、同知枢密院事、集贤大学士、奎

---

① 参见陈振涛：《崂山道教音乐考查记》，《中国道教》1991年第4期，第25页。

章阁大学士、翰林学士承旨、中书平章政事，追封鲁国公，谥文忠。好儒学，工书法，曾参与修《皇朝经世大典》，《元史》有传。元泰定元年（1324）秋，崂山华楼宫提点黄道盈到京城请其为刘志坚写道行碑文，遂按黄道盈听述刘志坚的行状，于泰定三年（1326）撰"云岩子道行碑"，详细记叙了刘志坚的生平事迹及苦修三十年的经过，现存崂山华楼宫内，对研究崂山道教历史具有重要价值。

【于钦】（1284—1333），字思容，元代益都（今山东省青州市）人。元延祐年间中进士，曾任国子助教、山东东西道肃政廉访司照磨、翰林院国史院编修官、江南行台监察御史、詹事院长史等职，累官至御史台都事、中书左司员外郎、兵部侍郎、益都田赋总管。早年立志为家乡修志，曾说："吾生长于齐，齐之山川、分野、城邑、地土之宜、人物之秀、此疆彼界，不可不纂而纪之也。"在山东任职期间，他周游齐鲁各地山川，询诸乡老，考之水经地纪及历代沿革，著《齐乘》六卷，为山东现存最早的方志。《四库全书总目提要》谓"是书专记三齐舆地，援据经史，考证见闻，较他志之但采舆图、凭空言以断者，所得究多，故向来推为善本。"其中有关于"大、小二劳山"、"劳盛山"、"华楼山"、"阴山"、"不期山"、"天井山"、"女姑山"、"田横岛"等的记载，对考证和研究崂山的历史文化具有重要参考价值。

【张起岩】（1285—1353），字梦臣，号华峰，元代禹城（今山东禹城）人，祖籍山东章丘。元延祐二年（1315）状元及第，历官侍御史、监察御史、礼部尚书、中书省参议、翰林院侍讲、南台御史、燕南廉访使、南台中丞、翰林承旨等职。曾主持辽、金、宋史的编纂，著有《金陵集》、《华峰漫稿》、《华峰类稿》等。《元史》有传。元泰定二年（1325），崂山道士李志明、王志真修建聚仙宫，即将建成时，即墨县尉栾克刚与张起岩旧有交情，遂派道士沈志和请张起岩撰写了《聚仙宫碑铭》，辑存了崂山道教的许多史料，如太清宫、上清宫、太平宫、明霞洞等道教宫观和刘若拙、李志明、刘志坚、栾克刚等道教人物，是研究崂山历史文化的珍贵资料。

【王思诚】（1290—1357），字致道，元代兖州嵫阳（今山东省兖州市）人。元至治二年（1322）进士，官监察御史、礼部尚书、通议大夫、国子祭酒。《元史》有传。至正十二年（1352）承命以农事来山东，三月到达即墨县。应即墨县令董守中之邀，撰《重建文宣王庙学碑铭》，并游览了崂山华楼山，将华楼山的景观品评为"清风岭"、"翠屏岩"、"迎仙砚"、"聚仙台"、"高架崮"、"王乔崮"、"玉皇洞"、"凌烟崮"、"玉女盆"、"虎啸峰"、"碧落岩"、"南天门"、"松风口"、"夕阳涧"等十四景，并各有题咏，留有《王乔崮》、《凌烟崮》、《金液泉》、《石门山》、《题华楼山留侯洞》、《登石门山》、《夕阳涧》、《虎啸峰》、《玉皇洞》等诗篇。

【秦景容】（1296—1373），名裕伯，字惟镜、景容，号蓉卿，别号蓉斋，元末明初上海县人。元至正四年（1344）进士，历官湖广行省照磨、山东高密县尹、福建行省郎中、延平路总管兼管内劝农事、行台侍御史。明初历官侍读学士、待制、治书侍御史，寻出知陇州，以疾辞归。殁后，明太祖追封显佑伯，为上海县城城隍神。工书法诗词。至正十年至十三年春（1350—1353），任高密县尹时，筑县城，建县学，赈贫蠲租，整饬税务，惩恶扬善，公正清廉，甚得民心，并曾于至正十二年（1352）应即墨知县董守中之邀撰写《九贤祠颂》，游览崂山时，留有《王乔崮》、《聚仙台》、《玉皇洞》、《华楼》、《凌烟崮》、《清风岭》、《虎啸峰》等诗。《王乔崮》："突兀高千尺，仙踪云气孤。攀援无石磴，何处觅双凫。"《凌烟崮》："高出浮云表，亭亭紫雾飘。昔年闻使君，埋骨上青霄。"

【戴良】（1317—1383），字叔能，号九灵山人，晚号嚣嚣生，别号云林，元代浦江（今属浙江）人。通经史百家及医卜释老之说，元至正中期，以荐擢淮南江北等处行中书省儒学提举。后至吴中依张士诚，元至正二十六年（1366），又复挈家泛海至胶州，后侨居昌乐。至正二十七年（1367）南还，变姓名隐居四明山。明洪武十五年（1382），明太祖召至京师，欲授以官职，以老疾固辞。次年自杀于京。著有《春秋经传考》、《和陶诗》、《九灵山房集》等。《明史》有传。《四库全书总目提要》称"其诗神姿疏秀，亦高出一时"。曾游历崂山，写有五言古诗《望大牢山》、五言律诗《次大牢山下》、七言律诗《登大牢山》。《次大牢山下》云："草树丛祠古，波涛仙掌清。钟声千里阔，帆影一舟横。茅屋边山戍，泥墙傍海城。中原风景异，到此暗伤情。"《登大牢山》云："海上名山谁作邻，数峰高起自为群。林明夜见水底日，浪动暮疑岩下云。渺渺乾坤何处辨，迢迢齐楚此中分。那堪回首东南地，烽火连年警报闻。"（《九灵山房集》卷24）

【程敏政】（1445—1499），字克勤，号篁墩，明代徽州府休宁（今属安徽）人。成化二年（1466）赐进士第二，授翰林院编修，擢詹事府少詹事，兼翰林院侍讲学士，官至礼部右侍郎，卒赠礼部尚书。学问渊博，著有《宋遗民录》、《明文衡》、《篁墩文集》、《程篁墩诗存》、《新安文献志》、《休宁志》、《咏史诗》、《唐氏三先生集》、《真西山先生心经附注》、《程氏统宗谱》、《仪礼逸经》、《大学重订本》、《胡子知言》、《苏氏祷杌》等。曾来游崂山，并留有《过刁龙嘴村》、《朝阳洞晚眺》、《过登窑村》等诗篇。《过刁龙嘴村》："依山傍海两三家，不种桑榆不种麻。日落潮生孤艇入，儿童折柳贯鱼虾。"《过登窑村》："险巇过来峰渐平，忽闻鸡犬两三声。临歧不辨东西路，问柳寻花自在行。"

【邵贤】字用之，明代直隶宜兴（今江苏宜兴）人。明成化四年（1468）中举人，成化八年（1472）进士。官至四川涪州知州、云南按察司佥事、山东提刑按察司副使等。曾游崂山，留有《登劳山》诗：

"坤轴危分镇巨鳌，山如排戟战方鏖。鼓钟镗鞳东西院，丹碧参差大小
劳。石柱华楼阑海出，龙岩狮石倚天高。我来无限登临兴，点染风烟信
彩毫。"

【赵鹤龄】明代泸州人。明成化十一年（1475）进士，官中宪大
夫、山东按察司副使。成化二十年（1484），任登州兵巡道，升山东按
察使。喜游山水，在山东任职时，足迹遍及齐鲁，游崂山时，写有《王
乔崮》、《虎啸峰》等咏崂诗。其《王乔崮》云："海上双凫等闲游，风
月孤笙数百秋。借问王乔仙迹处，道人指点上峰头。"《虎啸峰》云：
"石虎山峰啸林阴，风从混沌到谷深。浪传由子能降伏，九转丹成瓦
亦金。"

【吴纪】明代湖广衡山人。成化十四年（1478）进士，历官兵部主
事、郎中、浙江参政。著有《遗清轩漫稿》。曾游崂山，留有《天井龙
眠》诗，其中有"百尺清泉卧蛰龙，一源深与海波通"，"井底夜光常
射斗，泥中春暖定飞虹"之句。

【于凤喈】（1462—1514），字世和，明代莱阳人。明成化十七年
（1481）进士，授行人，擢刑部员外郎中，出知嘉兴府、云南参政，转
太仆少卿，升南太仆卿，官至大理寺正卿。通五经，尤长为文，曾主修
《正德嘉兴志补》，著有《抱拙集》。游崂山时，写有《天井》诗："巨
峰相对两清幽，玉井天成最上头。自是深源通海窍，不妨神物伏灵湫。
明珠有价轻千镒，甘泽乘明遍九州。闻说层冰寒彻骨，人间炎暑坐
来收。"

【欧信】 （？—1506），字孚先，明代蓟州人。明成化二十年
（1484）进士，授户部主事，升户部员外郎、山西司郎中，历任浙江布
政使司参政、山东右布政使、河南右布政使、山东左布政使。正德元年

（1506），迁右副都御史，巡抚大同，卒于官。曾游崂山，留有《天井山》诗："昨宵风雨涨寒泉，神物蟠依积水眠。试听春雷从地起，为霖飞向九重天。"

【毛纪】（1463—1545），字维之，号鳌峰逸叟，明代掖县（今莱州市）人。明成化三十三年（1487）进士，选庶吉士，授翰林院检讨，升修撰，历任东宫讲读、侍讲学士、户部侍郎、吏部左侍郎、礼部尚书、户部尚书、东阁大学士、文渊阁大学士、武英殿大学士等，官至首辅。嘉靖三年（1524），致仕归里，卒谥文简。学问渊博，曾参与纂修《孝宗实录》、《明会典》，并纂修成第一部《莱州府志》，著有《密勿稿》、《联句私钞》、《辞荣录》、《归田杂识》、《鳌峰类稿》等。曾游崂山，留有《游崂山次韵答牛金都》七言诗："谁立峰头看海门，气横苍茫坐来吞。异香绕涧花容湿，宿雾依林月色昏。千古壮游怀太史，一时能赋属文园。分明蓬岛留仙迹，松有官封鹤有孙。"

【陈沂】（1469—1538），字宗鲁，后改字鲁南，号石亭，又自号小坡，其祖为明代浙江鄞县（今浙江鄞州）人，徙南京。明正德十二年（1517）进士，授翰林院编修，嘉靖年间，出任江西参议，又任山东参政和提学使，后以山西行太仆寺卿致仕。善诗工画，与顾璘、王韦并称为"金陵三俊"。曾主修《山东通志》，著有《维祯录》、《畜德录》、《金陵世纪》、《金陵古今图考》、《拘虚晤言》、《拘虚馆集》、《遂初斋集》、《石亭集》等。《明史》有传。陈沂凡游经名山大川，必作图赋诗，以纪胜游。明嘉靖十二年（1533）九月，陈沂与蓝田等同游崂山，历时五天，"行三百余里"，并撰写《鳌山记》（又名《劳山记》）游记，详记崂山景观和游程，同时在崂山留有《巨峰》、《鹤山》、《太平宫》、《聚仙宫》、《明霞洞》、《南天门》、《狮子峰》等诗词20余首，留有多处题刻。现鹤山遇真宫后石壁上有其楷书题刻"嘉靖癸巳九月廿四日石亭陈沂同北泉蓝田来"。狮子峰石洞口有其题写的篆书"寅宾洞"三字和诗一首："潮涌仙山下，楼台俯视深。赤栏横海色，碧瓦下峰阴。片石千年迹，孤云万里心。举杯清啸发，振裳欲空林。陈沂。"在狮子峰狮子口内有横书题刻"狮子岩"三字①，下有题记曰："嘉靖癸巳秋九月廿五日同北泉蓝田观日出于峰上，其弟困亦在，石亭陈沂。"凌烟崮有其题记："嘉靖癸巳九月，前侍讲陈沂、前御史蓝田同游诸峰，凡五日，至此兴复不浅，侍御弟困亦在。"鳌山石丘处机诗右刻其《如梦令》词一首："路出海涯山曲，怪石乱峰嘉木。深处有仙居，结向断崖幽谷。知足，知足，受此这般清福。"落款"嘉靖癸巳九月廿六日，同蓝田同来，蓝田如梦令，陈沂书。"②今已斑驳难辨。玄真洞至三丰洞之间有篆书题刻"北泉与石亭同来"。慈光洞下方有其题刻"面壁洞"、"灵鹫庵"及题记。另有"翠屏岩"、"聚仙台"等题刻和题记。陈沂在《鳌山记》中称曾在明霞洞勒诗一首，清黄肇颚《崂山续志》中亦有记载，今已不见。

【文徵明】（1470—1559），初名璧，字徵明，后以字行，更字徵仲，号衡山，自号文仲子，明代长洲（今江苏苏州）人。嘉靖二年（1523），以岁贡生经吏部举荐，授为翰林院待诏，参与编修《武宗实录》，嘉靖五年（1526）致仕。擅诗文书画，在诗文上，与唐伯虎、祝枝山、徐祯卿并称"吴中四才子"；在画史上，与沈周、唐伯虎、仇英合称"吴门四家"。著有《甫田集》、《文翰诏集》、《续文翰诏集》、《太史诗集》、《文翰林甫田诗选》、《停云馆帖》等。据《太清宫志》记载，文徵明曾游览崂山太清宫，并与道士"谈玄论道，精研琴理，逗留十余日，告辞而归"。

---

① 陈沂：《鳌山记》中云"岩下题石门曰：'寅宾岩'"，今不见，疑"狮子岩"之误。
② 曲宝光：《青岛崂山风景名胜资源调查评价与保护的研究》，山东省地图出版社2001年版，第159页。

【戚景通】（1473—1544），字世显，祖籍河南卫辉，明代山东登州（今蓬莱）人，抗倭名将戚继光之父。世袭登州卫指挥佥事，因功以军政掌印。升江南运粮把总，后历任山东总督备倭、山东都司佥书、大宁都司掌印、神机营副将等职。嘉靖十九年（1540）解甲归田。嘉靖十一年（1532），戚景通曾游崂山太平宫，并题"鳌山"两字镌刻于山石上，后署"明嘉靖壬辰六月廿五日，山东都指挥戚景通书"①。

【周鲁】明代登州（今山东蓬莱）人。明嘉靖时期武举千户，工书善诗，曾遍游崂山，有游山诗文及勒石题记多处。在崂山明霞洞上之玄真洞东侧题有《玄真洞》诗一首："白云留住须忘归，名利萦人两俱非。莫笑山僧茅屋小，万山环翠雾中围。"在崂山鹤山"一线天"南壁有刻诗一首："数数频来似有情，青山与我久要盟。战袍脱去浑无事，一曲瑶琴乐太平。"后署"武进士周鲁作"。鹤山遇真宫后有陪同陈沂游山留名，署"千户周鲁侍行"。在崂山北九水仙古洞（又名仙姑洞）洞左有题刻"仙古洞明周鲁书"七个楷书大字，在鹤山遇真宫、巨峰玉清宫、华楼山白龙洞、玉皇洞、翠屏岩、王乔崮、黄石洞、黄庭观、神清宫、长春洞等处，都可见其题刻，并在白龙洞和仙古洞各题诗一首。《题仙古洞》云："云烟霭霭映青山，山藏古洞洞藏仙。仙人缥缈乘云去，遗留古洞后世传。"

【翟銮】（1478—1547），字仲鸣，明代山东诸城人。明弘治十八年（1505）进士，嘉靖中累迁至礼部右侍郎、吏部左侍郎兼文渊阁大学士、兵部尚书兼右都御史，后为武英殿大学士，内阁首辅。《明史》有传。明隆庆三年（1569），道士孙玄清逝世，翟銮曾题诗《持赠孙真人还元一首》，刻于明霞洞处。诗为："唐代真人思邈仙，同宗玄裔得家

---

① 此前史志书籍多言"明"前有"皇"字，并写作"二十五日"，今"皇"字未见，"二十"实写为"廿"或"卄"字。

传。青蛇海上知无异，黄鹤楼中妙不传。炼己精修无上道，清音忠进至玄篇。停看不日丹成就，玉册旌书上九天。"

【冯裕】（1479—1545），字伯顺，号闾山，明代山东临朐人。明弘治十七年（1504）中举人，正德三年（1508）进士，历官江苏华亭县（今上海市松江县）知县、安徽萧县知县、晋州知州、南京户部员外郎、甘肃平京知府、贵州石矸知府，累迁贵州按察司副使。嘉靖十三年（1534）致仕归乡，寓居青州，与挚友石存礼、冯裕、陈经、杨应奎、黄卿、蓝田、刘澄甫、刘渊甫等八人结"海岱诗社"，诗作合辑为《海岱会集》。存诗128首，后曾辑为《方伯集》，其曾孙冯琦又将其诗作分别编入《五大夫集》和《北海集》。写有《梦游劳山》、《听海山谈三山》等咏崂诗。

【严嵩】（1480—1567），字惟中，号勉庵、介溪等，明代江西分宜（今江西省吉安县）人。明孝宗弘治十八年（1505）进士，改翰林院庶吉士，授编修。官南京翰林院侍读、国子监祭酒、吏部右侍郎、礼部尚书、吏部尚书。嘉靖二十一年（1542）任武英殿大学士，内阁首辅，专国政20年，官至太子太师、华盖殿大学士。嘉靖四十一年罢官。著有《钤山堂集》。据《太清宫志》记载："明嘉靖四十三年甲子春，严嵩由济南登泰山，复来崂山太清宫，游览山景，数日而去"。

【刘澄甫】（1482—1546），字子静，号山泉，明代青州寿光人。明正德三年（1508）进士，历任广西道监察御史、两淮巡监、山西布政使司左参议。致仕归里后，居青州城南花林瞳，与弟渊甫及青州诸贤达结海岱诗社，日事吟咏。著有《山泉集》。正德十五年（1520）十月，刘澄甫从青州来游崂山，受到蓝田的盛情接待并陪游崂山诸峰，留有《游华楼山》诗二首，蓝田命人将诗文刻石立于华楼宫前。其一为："山迳岩峣百转弯，万松高下扣柴关。石门竞岫开青眼，金液流香洗病

颜。碧落倚空云冉冉，翠屏含雨水潺潺。诸仙合聚危台上，只隔灵烟指
顾间。"其二为："华表峰高沧海遥，奇游真欲俯丹霄。行来玉洞寻云
脚，睡起扶桑看日标。东岭松风箫万壑，夕阳瀑布玉千条。何日为著王
乔履，歌罢青天入沕漻。"该诗刻是迄今发现刘澄甫仅存的一处亲笔手
迹，原文172字，今缺18字。

【刘孟延】明代陕西古邠（今陕西邠县）人，蓝田内弟。曾游崂
山，并在狮子峰之狮口内留有题刻："正德丙子夏四月古邠刘孟延书，
晓坐峰头望眼空……"明正德丙子年是1516年。蓝田有诗《送刘孟延
上舍西归》。

【郭第】字次甫，自号五游山人、五游子、独往生，明代长洲（今
江苏苏州）人。好游，因恶奸相严嵩，图之未果，遁迹焦山（在镇
江），斩莽棘，筑室二层曰"飞云"；又筑礼斗坛丹室，置药灶，旁列
名画、法书、鼎彝，手自题跋。好饮酒，酒后坐山巅高啸。夜深冠芙蓉
冠，佩剑跣足礼斗坛上，向北斗拜祷。所交多文人，善古诗，有《郭山
人集》、《广篇》、《独往生集》等。嘉靖三十八年（1559），登嵩山，
返于岱，至海上访异人于崂山，循海而返，五岳游其二，遂不复出。
《明诗综》卷五十："（郭）第，字次甫。丹徒人。隐于焦山，尝为嵩岱
游。有《广篇》。"（参见清·冒广生《钵池山志》、乾隆《江南通志》、
乾隆《镇江府志》）

【邹善】（1521—1600），字继甫，号颖泉，明代江西安福人。嘉靖
三十五年（1556）进士，历官刑部主事、员外郎、督学山东，任山东
提学佥事，广东右布政使，太常寺卿。著有《诸儒粹语》。明隆庆二年
（1568），时任山东提学的邹善曾来游崂山，写有《游劳山记》，详记游
程，其中对崂山胜景有"海之奇，尽上苑；山之奇，尽华楼"的评语。
在华楼山，他将"接官亭"易名"迎仙岘"，并应即墨知县杨方升所请

留有题刻"犹龙洞",刻于犹龙洞口。此外,还在翠屏岩之西巨石上留下"仙岩"、在狮子峰留有"明明厓"和"山海奇观"、在南天门留有"最乐处"、在太平宫留有"眠龙石"等题刻,并留有《眠龙石》、《明明厓》、《仙人桥》、《翠屏岩》、《华楼》、《狮子峰》、《太平宫》等诗篇,《狮子峰》云:"群石如鳌镇巨瀛,坐看霞彩向东生。扶桑催涌朱轮出,八万山河一饷明。"镌于石上,末署"隆庆戊辰冬江右邹善"。《华楼》云:"千岩万壑境萧疏,几日寻幽得自如。叠石遥连沧海色,华楼高接太清居。仙人洞悟阳生候,玉女盆迎日照初。试问同游蓬岛侣,可能此地即吾庐?"其中"叠石遥连沧海色,华楼高接太清居"题刻在华楼南天门重阳洞北石壁上,末署"颖泉书"①。《眠龙石》云:"奇石寄海滨,时有潜龙卧。鲸波几许②深,马鬃一滴大。"现镌于眠龙石左下方,青岛已故著名书画家王蕴华书。

【赵贤】(1532—1606),字良弼,号汝泉,明代河南汝阳人。嘉靖三十四年(1555),河南乡试举人第二,翌年进士及第,授户部郎中,先后派往山东临清监仓、辽东督饷,皆有声。后历任荆州知府,湖广参政,浙江按察使,右佥都御史,云南布政使,巡抚湖广、山东,升吏部侍郎,终于南京吏部尚书。后告老辞官,御赐"正大光明"图章一枚,奖其鸿猷亮节。著有《宸断大工录》、《两河管见》、《河防一览》、《留余堂集》等。万历初年,时任山东巡抚的赵贤曾游览崂山,写有《鱼鳞瀑》诗:"盘空瀑布飞泉落,拂面吹花如雨来。碧水澄潭堪洗涤,青松白水任徘徊。"他还在华楼山书写并镌刻"海上名山第一"碑于清风岭,后此碑被毁。

【刘孝】明代相台人。明隆庆五年(1571)六月,曾游崂山,留有

---

① 有著者误将"泉"作"哀",称"明代颖哀"。
② 清同治《即墨县志》"许"作"海"。

《登华楼》诗："抱真刘子卧浮丘，人道丹成几万秋。苔合峰门金液冷，松蟠龙洞玉盆收。隋唐瓦落玄元殿，山海云藏独石楼。七十二宫明月在，不知何处觅仙洲。"诗刻于老君殿右壁，楷书，落款"相台刘孝隆庆五年六月朔旦"。

【蔡叔逵】字子渐，明代河南卫辉府千户所（今河南省新乡市）人。嘉靖四十一年（1562）进士，官上虞令、山西提学副使、武安知府、登州知府等。游崂山时，在华楼山留有草书题刻"翠屏岩"、"东海胜游"，写有《金壁洞》、《银壁洞》诗。

【李戴】字仁夫，号对泉，明代河南延津人。明隆庆二年（1568）进士。历任兴化知县、户科给事中、礼部给事中、陕西右参政、按察使，山西左布政使、右副都御史，山东巡抚、刑部侍郎、工部尚书、吏部尚书等职。追谥忠甫。《明史》有传。明万历十四年（1586）二月，以右副都御史巡抚山东，同年九月，曾来游崂山，写有《登华楼》、《早登山头眺望二首》等诗。《早登山头眺望》其一云："遥瞻山色郁苍苍，杖履直登万仞冈。金液流珠存道脉，玉盆承露散天香。风吟绿树笙簧韵，酒映红霞琥珀光。此地凭高宜尽兴，须知明日是重阳。"

【毛在】字文源①，明代南直隶苏州府太仓（今属江苏）人。明万历二年（1574）进士，授建昌府推官，擢云南道监察御史，出按贵州、山东、河南，升大理寺右丞。著有《先进遗风增补》、《四疏稿》。万历十五年（1587），自登州还，经崂山，游华楼山，登南天门，并与黄嘉善、王禄兆共饮，在华楼山留有诗刻多首。其一："闻说山中有异人，白云袅袅总无因。一从羽士登仙后，衣钵传来定属真。"其二："何处玄宗别有关，驱车前却薜萝间。自知尘网犹难脱，未许浮生半日闲。"

---

① 一说"君明"。

在南天门留有石碣二,刻诗并叙。

【赵耀】(1539—1609),字文明,号见田,明代掖县西南隅村(今山东莱州)人,与其弟赵焕、赵灿并称"东莱三凤"。隆庆五年(1571)进士,选庶吉士,曾任兵部郎中,山西参政、按察使,都察院巡抚辽东右佥都御史等职。卒赠光禄大夫、兵部尚书,祀乡贤祠。著有《乐山亭诗稿》,辑有《古文隽》。明万历三十一年(1603),受莱州知府龙文明之聘请与同邑董基重新编纂《莱州府志》,对研究古代胶东半岛和崂山历史文化具有重要价值。民国二十八年(1939),赵耀第十三世孙赵琪,以铅字重印该书,军机大臣吴郁生题字并作序,吴佩孚题写书名《重刊万历莱州府志》。

【龙文明】(1548—1619),字君见,号斗冲,明代江西永新人。万历十七年(1589)进士,授漳州府推官,迁刑部郎中,万历二十七年(1599)至三十一年(1603)任莱州府知府,擢山东按察使登莱兵备副使,册封中宪大夫。在任莱州知府期间,曾主修《莱州府志》,并聘都察院右佥都御史赵耀和南京大理寺右寺丞董基编纂,全书8卷,于明万历三十二年(1604)刊行。其中有关于崂山的介绍,并有郭琇、胡峄阳等早期崂山文化名人的传记。曾参与或主持崂山太清宫御赐道藏碑、重立太清宫界石碑、太清宫形胜地至碑等的立碑活动(《太清宫志》)。

【董基】(1551—1620),字巢雄,明代山东掖县(今莱州市)人。明万历八年(1580)进士,授刑部主事,迁南京礼部主事,升任改光禄寺寺丞,终南京大理寺寺丞。万历三十一年(1603),曾参与编纂《莱州府志》(参见"龙文明"、"赵耀")。

【陶允嘉】(1556—1632),字幼美,号兰风,明代会稽(今浙江绍兴)人。以荫官凤阳通判,官至福建盐运司同知。著有《泽农吟稿》、

《陶幼美先生集》。喜游山水，好写记游诗文。曾与王赞化（字静虚，明山阴人，学佛居士）、蓝思继（字克志，号述泉）同游崂山，写有《游劳山记》，其中对凤凰山、华楼山、鹤山等诸景均有记述，并称："夫此一崂也，得祖龙而始名，得太白而始显，得丘处机而始大显，地固以人哉！"

【左之宜】字用善，号海楼，明代莱阳（今山东省莱西市）人。清康熙《莱阳县志》称其"读书默诵不忘，下笔万言不竭"。明万历四年（1576）举人，万历八年（1580）进士，历官南直隶镇江府推官、南京兵部员外郎、云南道监察御史、山西泽州州判、陕西西安府司理、河南信阳州判、开封府判等。后无意仕途，作圃南郊，栽花种竹，赒贫济节，为德于乡 40 余年，益都（今青州）钟羽正①撰墓志铭称其"守身而知义命"，"直声著名于朝"，"节义为当世所推重"，"存没足系世之重轻"。明天启二年（1622），曾撰写崂山《重修太清宫三清殿碑记》碑文。

【左之龙】字用化，号云楼，明代莱阳（今山东省莱西市）人。万历七年（1579）举人，官河北房山县令、河南西华县令、陕西延安郡丞，后擢刑部员外郎，晋郎中。擅长书法，明天启二年（1622），曾参与立崂山重修太清宫三清殿碑之事。

【张大成】字池水，号二酉，明代江苏太仓人。万历二十六年（1598）进士，曾任山东潍县知县。曾游崂山，并留有五言诗《游华楼夜入华阳书院》，其中有"松鸣千嶂雨，壁掩半天星"之句。

---

① 钟羽正（1554—1637），字淑濂，号龙渊，明末益都（今青州）钟家庄人。明万历八年（1580）进士，官至工部尚书，著有《崇雅堂集》。

【王在晋】（1570—1643），字明初，号岵云，明代江苏太仓人，祖籍河南黎阳（今浚县）。万历二十年（1592）进士。历官中书舍人、江西布政使、山东巡抚、右副都御史、兵部侍郎、兵部尚书、吏部尚书、刑部尚书。因坐张庆臻改敕书事，削官归里。著有《岵云集》、《三朝辽事实录》、《通漕类编》、《海防纂要》、《越镌》、《历代山陵考》、《龙沙学录》、《宝善堂集》、《西坡漫稿》、《兰江集》、《西湖小草》等。万历四十八年（1620）春，任山东巡抚时，曾来游崂山，并留有《同陈大参陶宪副登崂山》诗四首，其一为："崇岩复岭障东皋，灏气飞云压海涛。一自嬴秦更姓吕，遂将牢盛改名劳。石公洞里甘肥遁，神母山中忽夜号。只有二崂依旧在，东巡回首鬓重搔。"

【高出】（1574—1655），字孩之，号悬圃，明代莱阳徽村（今山东省海阳市）人。明万历二十六年（1598）进士，授曲周县知县。历任南京户部主事、员外郎、郎中、江南布政使司参议、山西按察使、河南参政、辽东监军右参政等。天启年间，奉旨率军镇守辽阳失利获罪，终老于狱。著有《镜山庵集》。明天启二年（1622），参与立重修太清宫三清殿碑之事，并游崂山，留有《劳山记》游记、《鹤山观海市记》赋和《聚仙宫》、《白龙洞》、《黄石宫》、《遇真庵》、《登巨峰》、《八仙墩》、《华楼》、《太清宫》、《观海印寺故址》、《鹤山》等许多游崂诗。《聚仙宫》云："平畴散碧溪，古殿枕奇石。苔藓久无人，一步一留迹。"

【金印荣】字卿飞，明代江苏武进人。工诗文。明崇祯二年（1628），曾来游崂山，访黄宗昌玉蕊楼，并作有《邋遢石赋》，称其"抱山脚而串入，涉浅渚而西迤，若鹏翼之覆地"。

【孙镇】字宁之，号介邱，明代掖县（今山东莱州）人。明万历间诸生，年未满三十而殁。喜山水，工吟咏，著有《大风社集》、《庇意山房诗集》。曾游崂山，并写有《不其山》、《田横岛》和《吊逢萌》①等五言古诗，分别赞扬了侨居崂山的郑玄、田横和逢萌三位高士，为清同治《即墨县志》收录。

【曹臣】（1583—1647），字荩之，改字野臣，号文几山人，明代江南新安（今安徽省歙县）人。因耻为干禄文字，不事科举。好为诗文，又性好游，游必记。尝仿《世说新语》，取前人问答隽语，分类编辑，名《舌华录》。另著有《文几山人集》、《蛙音稿》、《鬼订稿》、《游囊稿》、《搜玉集》。明崇祯七年（1634），应即墨进士黄宗昌之邀来崂山，在黄宗昌之子黄朗生、黄隆生的陪同下，游览了崂山、田横岛等地，并撰写了《劳山周游记》，详记游崂路线和行程，对崂山景观多有描述，对了解和研究崂山历史文化具有重要参考价值。

【李岩】字子潜，号圣石，晚号嵯峨山樵，明末莱阳南李格庄人。崇祯六年（1633）举人，崇祯十年（1637）进士，官北直隶广平府曲周知县、滑县知县、刑部主事、河南按察使副使等。明亡后归乡隐居，以吟咏自娱。著有《峨山诗集》。曾游崂山，留有《东华宫》、《崂山即景》、《白龙洞》、《仙人桥》、《同友人登狮子峰》等咏崂诗多首。《崂山即景》云："倚杖行来踏翠微，白云流径湿沾衣。涛声日与松声合，山气时连海气飞。岸上珠玑经手润，滩头蛤蜊待潮肥。逢萌遁迹知何处？到此徘徊未忍归。"

【赵士喆】（1593—1655），字伯濬，号东山、明斋，世称文潜先生，明末掖城西南隅村（今山东莱州）人。贡生。"好学能文，著述等身"，曾倡山左大社，明亡后，避兵登州之松椒山，与弟子董樵耦耕海上。著有《黄纲录》、《观物斋诗稿》、《东山诗史》、《石室谈诗》、《建

---

① 清同治《即墨县志》作"《劳山》"。

文年谱》、《逸史三传》、《莱史》、《辽宫词》等。写有《望田横岛》诗："海波原不定，因风始激成。望中无数岛，只著一田横。"所辑《莱史》录有"秦皇二十八年春，东巡登劳盛山，望蓬莱，遣徐市将童男童女入海"之事。

【王侗】（1598—1635），初字无竞，后以唐人王无竞未以善终，改"竞"为"竟"，以字行，明末胶州大珠山东（今青岛市黄岛区）人。诸生。擅丹青，性喜为诗，因不满历下派摹古文风，在大珠山下创诗社，远近名士刘翼明、宋之麟、单崇、邱子如等，皆以诗文相交。性直爽，恃才任气，后为仇家所杀。著有《太古园诗集》、《王无竟诗稿》、《亡友无竟诗存》等。游崂山时留有《云岩子蜕》、《黄石宫偶步》、《黄石宫微晴》、《黄石宫喜王靖乾过访》等诗。《云岩子蜕》："人求尔以生，尔示人以死。片石与孤烟，孰是云岩子？"《黄石宫微晴》："林际滴疏响，犹余半山雨。一气收混茫，岩壑势相赴。倏尔含晴意，雨醒晴不足。淡荡看无著，散而为轻雾。水边逗微白，不辨石与鹭。"

【汪有恒】又名有常，字圣基，明末黟县（今属安徽黄山）人。诸生。通经义，工吟咏。著有《经义注释》及《涵虚阁草》。明崇祯间游崂山时，写有《游崂山记》，详记游程和崂山诸景，为明黄宗昌《崂山志》收入。

【董樵】原名震起，字樵谷（一字莺谷），号东湖，后易名朱山樵，明末清初山东莱阳大淘漳村人。明崇祯年间诸生，博览群书，通天文历法和太公兵法，工诗赋，明亡后不仕，长期隐居，与其师赵伯浚东迁宁海州之松椒山，其后再迁至成山，最后定居于文登东北之西山。曾组织参加过山东著名的"于七起义"，失败后，再次隐居。著有《董樵册页》、《董氏谱书》、《董氏遗稿》、《南游草》、《岱游草》、《西山诗存》等。曾游崂山，写有游记《九水纪游》，另有诗《访李一壶新庵留宿次海客韵》、《石门》等。咏崂诗《石门》云："数年梦想石门地，今日寻幽步水源。岩上苔纹连老桧，山中云气到孤村。坐来声色春鸡树，行过空虚屐齿痕。老衲相留茅舍饭，东邻钟鼓度黄昏。"

【左懋第】（1601—1645），字仲及，号萝石，明代莱阳西乡（今山东省莱西市店埠镇左官屯）人，左之龙次子。明崇祯四年（1631）进士，授陕西韩城知县，升户科给事中。南明福王弘光时被任为南京兵科都给事中、太常寺少卿，不久又升任都察院右佥都御史，巡抚应天、安庆、徽州诸府。被派北上与清议和，在北京遭扣留，南京失守后，因拒降被杀，人称"明末文天祥"。《明史》有传。著有《梅花屋诗草》、《萝石山房文钞》、《左忠贞公剩稿》、《左忠贞公集》、《奏疏》等。左懋第于天启中期（约 1623 年前后）游览崂山，《思海上山》诗序云："余二十有二岁游烟霞洞，二十三游二劳山。"留有《劳山道中》、《思海上山》、《劳山下清宫西峰望海》等诗篇。《思海上山》云："巨峰绝顶上，恍似玉京行。海激常飞雪，云移时有声。闲居依白鹤，远出掘黄精。羽客逢休问，蓬邸旧识名。"《劳山道中》："匹马西风直①路赊，几家茅屋趁山斜。白云争捧如花女，尽日溪头独浣纱。"

【张若麒】（？—1656），字银台，号天石，明末清初胶州漕汶（今黄岛区王台镇）人。明崇祯四年（1631）进士，初任直隶保定府清苑县知县，迁卢龙县知县，选任刑部主事，崇祯十一年（1638），升兵部职方司郎中，加光禄寺少卿，后奉旨监军辽东，因兵败下狱。入清后，历官顺天府丞、大理寺少卿、太常寺卿、太仆寺卿、通政使。学识渊博，尤精于经史之学，著有《诗经课》、《礼记课》、《止足轩集》等。《清史》有传。据《太清宫志》，明代天启年间（1621—1627），张若麒曾忽生厌世心，弃官携资到崂山太清宫出家为道，拜张复仁道士为师，

---

① "直"，黄肇颚：《崂山续志》、周至元：《崂山志》作"去"。

道号"常在"。后因行经张村西首，见有孤庙一间，全然倒塌，瓦砾堆集，遂出资购买庙基地数亩，建修南海圣殿、吕祖殿及两廊厢房、草房二十余间，并以其名字命庙名曰"常在庵"。清康熙十年（1671），修真庵住持杨绍慎立重建修真庵记碑，碑文即由张若麒撰，落款为"赐进士、通议大夫、通政使司通政使、前太仆寺卿、太常寺卿、大理寺少卿、顺天府府丞管府尹事、光禄寺少卿管兵部职方司郎中张若麒撰"。

【范士髦】明末宁晋县楼底人。明崇祯七年（1634）进士，官工科给事中，例转御史。为人正直，为官清廉。崇祯十四年（1641），崂山中玄道人（于一泰）前去拜访，示其普化真人和抱玄真人遗像，遂作诗一首以志仰慕之情，诗刻于明霞洞石上。

【王章】号西山，明末清初莱阳蚬子湾人。明崇祯六年（1633）癸酉科解元，清顺治四年（1647）进士。初授直隶井陉县知县，后南下福建、湖广任藩幕，署连江知县、武平知县，康熙九年（1670）署远安知县，后辞官归乡，隐居故里，耕读自乐。著有《随缘堂文稿》、《守约堂集》。清顺治十年（1653）重修崂山太平宫，王章撰写碑文。

【乔巳百】（1607—?），字百一，明末清初河北临城人。廪生。一生博览群书，不屑为举子业，给事中范士髦荐于朝，辞不赴。好为名山游，访异人奇士。著有《世谱》、《葬说》、《临城县志》等①。崇祯十四年（1641），曾来游崂山，留有《牢山道士歌》："牢山道士人不识，学透先天耀红日。厌薄神仙不肯为，咳唾一声天地裂。夜来传道怕高声，语落人间鬼神泣。"刻于明霞洞石上。

---

① 参见徐世昌：《大清畿辅先哲传》第十七卷，北京古籍出版社1993年版，第532—534页；《明史》卷二百九十三。

【高珩】（1612—1697），字葱佩，号念东，晚号紫霞道人，明末清初淄川（今淄博市淄川区）人。明崇祯十六年（1643）进士，授翰林院庶吉士。入清后，担任秘书院检讨。历官国子监祭酒、詹事府少詹事、吏部侍郎、太常寺少卿、都察院左副都御史、刑部侍郎。著有《荒政考略》、《四勉堂笺刻》、《栖云阁诗文集》等。曾为蒲松龄《聊斋志异》作序，并于康熙十一年（1672）与蒲松龄、唐梦赉等同游崂山，留有《游崂山》诗三首。

【顾炎武】（1613—1682），本名绛，字忠清，明亡后改名炎武，字宁人，号亭林，自署蒋山佣，世称亭林先生，明末清初江南昆山（今江苏省昆山县）人。明代诸生。曾参加反清斗争，后长期游历北方，并致力于学术研究。康熙七年（1668），曾因黄培案遭诬陷，在济南入狱半年。著有《日知录》、《肇域志》、《天下郡国利病书》、《音学五书》、《亭林诗文集》等。清顺治十五年（1658），顾炎武从莱州到即墨县，游览了崂山胜景，写有《劳山歌》、《不其山》、《张饶州允抡山中弹琴》、《安平君祠》等诗篇，并应黄坦之邀为其《崂山志》作序，认为秦始皇确来过崂山，并赋予崂山"神仙之宅、灵异之府"的美誉。又作《劳山考》，认为《史记》中的"荣成山"乃传写之误，应为"劳成山"。今崂山犹龙洞洞额有题刻"云是老子曾过此，后有济北黄石公"，系摘自顾炎武长诗《劳山歌》，1981年秋书法家沈鹏草书。

【李焕章】（1613—1688），字象先，号织斋，明末清初乐安（今山东省广饶县）人。明末诸生。明亡不仕，隐入青州法庆寺内读书，专攻诗文。著有《龙湾集》、《无学堂集》、《老树村集》等凡百万余言。后诸城名士李渔村订其生平所著为《织斋集钞》。今存《织斋文集》及《织斋遗诗》。清康熙七年（1668），李焕章曾受聘于顾炎武、张尔岐、薛逢祚等编辑《山东通志》；另编辑过《青州府志》、《乐安县志》、《临淄县志》、《益都县志》。写有《与顾亭林论劳山书》，对顾亭林崂山说提出异议。曾与法若真同游崂山，法若真有《送李象先游二劳》诗。

【赵瀚】 字海容，明末清初掖县（今山东省莱州市）人，赵士喆次子。明亡后随父隐居，著有《蓬庵草》、《诗本韵考》等。崂山访道时，写有《访李一壶留题》诗："寻胜时孤往，兹来更破颜。眼中无俗子，榻畔即真仙。树满莺声合，庭虚蝶梦闲。最宜永夜坐，依月醉潺湲。"

【刘源渌】 （1618—1700），字昆石，号直斋，明末清初安丘（今山东省安丘市）人。明末廪生，入清不仕，以教学为生。好程朱之学，亦工诗文词曲，著有《读书日记》、《续近思录》、《周易解》、《四书补注》、《仪礼经传通解》等。其《续近思录》、《读书日记》等入《四库全书》。《清史稿》有传。刘源渌70岁时曾游崂山，写有《登劳山绝顶望海》、《华楼》等诗。《华楼》云："山下烟霞山上楼，丹梯蹑足小勾留。置身已在烟霞上，还有烟霞最上头。"

【施闰章】 （1619—1683），字尚白，一字屺云，号愚山、媲萝居士，晚号矩斋、蠖斋，明末清初江南宣城（今安徽宣城）人。顺治六年（1649）进士，授刑部主事，历任山东学政、江西布政司参议并分守湖西道，康熙六年（1667），归里。康熙十八年（1679），诏试博学鸿词，授侍讲，纂修明史。康熙二十二年（1683），任翰林院侍读。施闰章为人孝友纯笃，文章醇雅，尤工于诗。著有《学余堂诗文集》、《愚山诗文集》、《试院冰渊》、《青原志略补辑》、《矩斋杂记》、《蠖斋诗话》等。施闰章任山东学政时，曾来游崂山，并留有五律《游劳山》："十里山嶙嶒，蛟宫寄一僧。飞楼安石磴，悬壁擢云层。越险苍藤接，盘空细路登。棹回怀重把，鲈脍出鱼罾。"

【张应桂】 字子孚，号复我，明末清初胶州曹汶人，张若麒次子。清顺治九年（1652）进士，改庶吉士，授翰林院编修，迁左行人，升光禄寺丞，以终养归乡。工诗善文，著有《奏疏》、《脱籝轩偶存草》。其辞官后，曾扩建蓝村观音阁，并至崂山出家，舍庙地百顷，另为王台准提庵舍地三顷六。游崂山时，留有《游八仙墩望张仙塔》、《上清宫览眺》等诗。

【王士禄】（1626—1673），字子底，一字伯受，号西樵，又号负苓子、更生，明末清初山东新城（今桓台县）人。自少能文章，工吟咏。顺治十二年（1655）进士，选莱州府教授，迁国子监助教，擢吏部主事。康熙二年（1663），以员外郎典试河南，因事免官，游历于吴越山水之间。后归乡赋闲，专心于治学、著述。康熙九年（1670），补吏部考功司员外郎。康熙十二年（1673），以母丧哀毁而卒。著有《十笏草堂诗选》、《读史蒙拾》、《然脂集》、《表余堂诗存》、《辛甲集》、《上浮集》、《炊闻词》等。曾游崂山，写有七律《黄虎溪遗石耳》。

【唐梦赉】（1627—1698），字济武，别字豹嵒，号岚亭，清代淄川（今山东省淄博市淄川区）人。清顺治六年（1649）进士，改翰林院庶吉士，授翰林院检讨。清顺治九年（1652），因逾职抗疏言事罢归。后寄情山水，潜心诗文、方志，著有《铜钞疏》、《备边策》、《禁巢说》、《志壑堂集》、《志壑堂后集》、《济南府志》、《淄川县志》等。王士禛评其诗文："其文近于蒙庄，而其诗近于东坡。"（《志壑堂集序》）曾为蒲松龄《聊斋志异》作序。康熙十一年（1672），与蒲松龄、高珩等八人同游崂山，并在崂山番辕岭（今返岭）看到海市。唐梦赉写有诗《劳山看海市》、词《贺新郎·忆二劳山观日出，时海市见沧洲岛》、曲《双调新水令·游劳山看日出，回番辕岭，海市现沧洲岛》等咏述此事，并以杂记的形式对观日出见海市的奇遇作了非常详细的描述。

【李澄中】（1630—1700），字渭清，号茞田，又号渔村，清代山东诸城人。拔贡，康熙十八年（1679）试中"博学鸿儒"，授翰林院检讨，又充明史纂修官。历充云南乡试正考官，寻迁侍读，告老归。工诗好文，著有《卧象山房集》、《日云村集》等。曾与友人张侗等游崂山，留有七言绝句《闻六翁四兄谈大崂山居之胜漫赋截句》十首，其一云："华楼遥挂海东霞，洞口仙人枣如瓜。听说杨家兄弟好，乌衣巷满石楠花。"

【孙笃先】（1632—1698），字淮浦，清代莱阳人。贡生。幼聪颖，工诗善画，尤精于琴，自号"琴隐先生"。明亡后避居崂山数载，与流亭胡峄阳、百福庵蒋清山结为挚友，胡峄阳曾为其立传《琴隐先生内外篇》，称其为"宏博之学，超敏之才，众妙之艺"。赞其"不愿浊富，是以清贫，仪容秀古，耳目精神"。游崂山时，留有《太和观》（又名《九水庵》）、《神清宫道中》、《浮山观海》（又名《浮山潮海庵》）等诗。《浮山观海》云："茫茫烟水接天秋，影见扶桑天际流。满目惊涛风正怒，千层①雪浪认渔舟。"

【王士禛】（1634—1711），原名王士祺，字子真，又字贻上，号阮亭，又号渔洋山人，死后因避雍正（胤禛）讳改称士正，乾隆时诏命改称士禛，人称王渔洋，清代新城（今山东省桓台县）人，王士禄之弟。顺治十五年（1658）进士，任扬州府推官，升礼部主事、国子监祭酒、左都御史，累官至刑部尚书。康熙四十三年（1704）罢归。著有《带经堂集》、《渔洋诗集》、《渔洋文略》、《渔洋山人精华录》、《居易录》、《池北偶谈》等。曾游崂山，写有《赠劳山隐者》诗，收入清同治《即墨县志》中，另有《劳山说》、《劳山道士》、《啖石》、《张道人》等有关崂山的笔记小说，收入《池北偶谈》中。

【张侗】（1634—1713），字同人，号石民，清代山东诸城人。明诸

---

① （清）黄肇颚：《崂山续志》卷五"层"作"顷"。

生。才华超众，博通经史，工诗，善画雁，常聚四方文士，酬唱于"放鹤园"。著有《放鹤村文集》、《其楼诗集》、《卧象山志》、《酒中有所思诗》、《大学问读》等。游览崂山时，留有七绝《华阳书院》："千岩飞雨洗虹桥，桥上仙人吹洞箫。梦与弄珠游九水，一时落尽海门潮。"

【刘铨城】字琪园，清代山东诸城人。官都司。著有《琪园诗稿》，有《送王子文游崂山》诗："山势临沧海，乘风到上清。帆从天外落，日向夜中生。远步鹤踪引，高吟龙睡惊。成连何处访，一望足移情。"

【周正】字公端，号方山，清代莱阳（今山东省莱阳市）黄格庄人。康熙三十年（1691）三甲六名进士，官福建蒲城县知县。著有《取此居文集》、《偶成轩集草》等。曾游览崂山，留有五言诗《太平宫》，其中有"仙桥凌绝壑，石磴参差度"，"仰首见林梢，屋宇半烟雾"之句。

【蒲松龄】（1640—1715），字留仙，一字剑臣，别号柳泉居士，世称聊斋先生，清代淄川（今山东省淄博市）人。屡试不第，以授徒为生，康熙五十年（1711）71 岁时始援例为岁贡生。著有《聊斋志异》、《聊斋文集》、《聊斋诗集》、《聊斋俚曲》、《聊斋杂著》等。蒲松龄曾两次来崂山旅居。康熙十一年（1672），与高珩、唐梦赉、张钹等八人同游崂山时，留有《劳山观海市歌》、《题白云洞》、《西江月·崂山太清宫》等诗词。后在太清宫寄居时，创作了短篇小说《香玉》、《劳山道士》，据说《香玉》即是以崂山上清宫白牡丹的传说和太清宫的耐冬为题材。《聊斋志异》中《成仙》、《海公子》等故事也都涉及崂山。据考证，蒲松龄还曾与当时太清宫、百福庵等庙的道士一同研究琴法和音律，并将俚曲和鲁南玄子戏中的一些曲牌传给太清宫道士，还与道士蒋清山创编琴曲《云石风松》，对清代崂山道乐的发展有一定的推动作用①。崂山至今流传着许多有关蒲松龄的故事。

【张谦宜】（1649—1731），字稚松，号山农、山民，晚自称山南老人，清代胶州（今黄岛区张家楼镇松山子村）人。清康熙三十二年（1693）举人，康熙五十一年（1712）三甲第六十名进士②。居家不仕，致志著述，与法若真、法坤宏一起被称为胶州三大文人。一生著述宏富，有《春秋左传摘评》、《左传地理直指》、《四书广注》、《质言》、《絸斋集》、《絸斋文录》、《絸斋诗集》、《家学堂诗钞》、《张氏家训》等诗文、经史、评论、地理、方志、谱牒等著作三十余种。张谦宜曾游崂山，写有《劳山赋》，并撰有《华楼仙迹记》，对崂山华楼山之奇闻传说详为记述。

【张道浚】字廷先③，号小颠，清代新安（今属安徽）人，寓居江苏常熟。监生。善鼓琴，工诗词书画，擅画竹、山水，著有《鹤还堂集》（亦作《鹤还堂诗钞》）。曾于康熙三十六年（1697）来游崂山，并撰有《游劳山记》。

【王秉和】字公泰，号凤山，清代浙江会稽人。乾隆元年（1736）二甲进士，选翰林院庶吉士，散馆改任主事，官任河南衡永道、山东登州府同知。游崂山时，留有《黄石宫》诗："一径仙凡自此分，琼岩绀宇绝尘氛。浇花泉引峰头水，步跃坪生足底云。石上华芝风正暖，坛边清磬日初曛。留侯一去无消息，此地应联鸾鹤群。"

---

① 参见陈振涛：《崂山道教音乐考查记》，《中国道教》1991 年第 4 期，第 27 页。
② 见《明清历科进士题名碑录》，《重修胶州志》、《增修胶志》、《山东通志》等误为"康熙四十五年"。
③ 一作"庭仙"。

【**赵执信**】（1662—1744），字伸符，号秋谷，晚号饴山老人、知如老人，清代益都县颜神镇（雍正十二年改为博山县，今淄博市博山区）人。康熙十八年（1679）进士，选翰林院庶吉士，散馆授编修，迁右春坊右赞善兼翰林院检讨，同时任《明史》纂修官，参与修《大清会典》。康熙二十八年（1689），因在康熙佟皇后病逝尚未除服的"国恤"期间观演《长生殿》罢官归里。工诗善文，著有《饴山堂集》、《谈龙录》、《声调谱》等。游崂山时，留有七律《田横岛咏古》。

【**宗维翰**】字望子①，清代江南人。诸生。清同治《即墨县志》收录其游崂诗《慧炬院》："东麓招提境，荒凉碧涧阿。颓垣过鹿雉，残碣隐松萝。法象花龛合，藏书壁阁多。哲人今杳矣，惆怅意如何。"黄肇颚《崂山续志》收录其诗《山行》："谷中地僻不知春，定有隐沦郑子真。芳草绿时桃涨满，杂花开遍药苗新。"

【**宗方侯**】清代即墨人②。康熙间诸生。纪润《劳山记》中曾记与其同游崂山，并留有《骆驼头》、《仙姑洞》、《山居闲意》等诗多首。《骆驼头》云："秦桥万里逐东流，疑是当年鞭石游。力殚五丁驱未尽，山灵幻结骆驼头。"

【**王纮**】（1669—1744），字经千，号云溪，清初胶州王家庄人。自幼好学上进，康熙三十二年（1693）中举人，康熙三十九年（1700）中进士。初授江南凤阳府临淮令，复调顺天宛平县知县，擢江苏按察使、安徽按察使、江西布政使、浙江布政使，升安徽巡抚、礼部右侍郎，以工部左侍郎致仕。诰封四世一品光禄大夫，敕赐四世一品牌坊一

---

① 一说宗维翰，本姓张，字方侯，一字东侯，又名彭咸，字望子，清代康熙间江南诸生。参见王桂云：《游览崂山闻人志》，方志出版社 2010 年版，第 169 页。存疑。
② 参见青岛市诗词学会编：《万古崂山千首诗》，新华出版社 2002 年版，第 275 页。存疑。

座。著有《一亩园拟古》、《葆忠堂文稿》等。曾于康熙二十九年（1690）和康熙五十九年（1720）两游崂山，留有《华楼赋》、《迎真记》和《游九水序》等记游文。

【李寅宾】自号山间过客，清代北海人，流寓于即墨马山。他对鲁太璞所编的马山《道藏》目录进行了重校与订正，雍正十一年（1738），纂修《马山志》并序。该志分宫殿志、道藏目录、七真宗派碑、三仙传、圣真遗训、艺文志等6篇，约3万字，对即墨马山道教的起源、建筑、道藏、碑刻、传说、艺文等记述甚详，对研究青岛地区道教历史文化具有重要史料价值。该书有民国间石印本，即墨市地方志办公室有抄本存藏。

【赵念曾】（1677—1741），字根矩，号漱阳，清代山东德州城东赵辛庄人。雍正五年（1727），以监生考职第一，特用为知县，初任辰州府华容县知县，后调任沅陵知县，官至澧州知州。工诗能文，曾来游崂山，清同治《即墨县志》收有其咏崂诗《华严庵》："饭罢下高阁，寻幽临水扉。石间乱流出，树里一僧归。山鸟怡人耳，池花沾客衣。那罗岩窟畔，徙倚恋清晖。"

【张沿】字仲和，号退庵，清代胶州曹汶（现青岛市黄岛区）人，张若麒之孙。康熙三十五年（1696）进士，授永宁县知县，擢山西道监察御史。著有《谏垣草》、《吏隐堂稿》。游崂山时，留有《登下清宫绝顶》、《宿巨峰西岭张宏陶隐居次聚公叔韵》七言诗。

【高凤翰】（1683—1749），初名翰，字羽仲、仲威，后改名凤翰，字西园，号南村，后改作南阜，别署云阜、松阜、老阜、南阜山人、归云老人、后尚左生、丁巳残人等，清代胶州人。19岁为生员，雍正五年（1727）荐孝廉方正，授安徽歙县县丞，后历署歙县、绩溪知县。

乾隆元年（1736），委管泰州坝盐务称掣事。乾隆二年（1737），罢官，因病废右手，此后"漂泊江湖，浪迹吴越者五年"。乾隆六年（1741）返回故里。一生才华横溢，笔耕不辍，以诗歌、金石、书画、篆印为世重，被后人列为"扬州八怪"之一。著有《砚史》、《击林集》、《湖海集》、《岫云集》、《鸿雪集》、《归云集》、《青莲集》等。清康熙五十七年（1718）秋，高凤翰曾遍游崂山巨峰、白云洞、华严寺、北九水等处，留有《游劳山至二水小憩》、《华严庵》、《白云洞望海》、《游劳山绝顶》、《三水题定僧峰》、《鹰窠涧》、《鱼鳞口看瀑布》和《赠劳山何老》等诗篇。《鹰窠涧》云："峭壁千寻立，鹰窠识旧名。石花披锦烂，雪窦射云明。古鹤盘松下，仙葩匝地生。何当荷长铲，岩下斸黄精。"①《鱼鳞口观瀑布》云："涧水从天下，奔流万派喧。跳珠凌水末，飞雪溅云根。寒欲生毛发，清真洗梦魂。时逢采药者，或恐是桃源。"此二首诗分别镌于九水景区三水中巨石和靛缸湾西壁上，1980年由书法家钱君匋书。

【郑燮】（1693—1765），字克柔，号理庵，又号板桥，清代江苏兴化人。清雍正十年（1733）举人，乾隆元年（1736）进士，官山东范县（今属河南）、潍县知县，罢归后居扬州。工诗词，善书画，其诗、书、画均旷世独立，世称"三绝"，擅画兰、竹、石、松、菊，著有《板桥全集》。任潍县令时，曾游崂山，题诗太和观："板桥胸中无成竹，放性挥毫任意涂。非为空心留色相，借他枝叶扫尘污。节历严寒骨坚秀，风摇清影淡而疏。贞操廉洁独幽雅，十八君子超尘俗。"崂山外七水中题刻"小丹邱"乃集郑板桥书。

【崔应阶】（1699—1780），字吉升，号拙圃，别号研露楼主人，清

---

① （清）黄肇颚：《崂山续志》文为："削壁千寻立，鹰窠旧识名。石华披锦烂，雪窦射云明。老鹤盘松下，仙葩匝地生。何当荷长铲，岩下刜黄精。"

代湖北江夏（今湖北省武汉市）人。曾任河南南阳知府、山西汾州知府、河南驿盐道，后升任安徽按察使、山东布政使、山东巡抚、闽浙总督，官至刑部尚书、迁左都御史。擅长诗词曲调，著述颇多，有《拙圃诗草》、《黔游纪程》、《研露楼琴谱》、《烟花债》、《情中幻》、《官镜录》等，辑有《东巡金石录》。清乾隆三十一年（1766）四月，时为山东巡抚的崔应阶曾在即墨县令的陪同下来游崂山，留有《闻晓钟登狮峰观日出》、《华楼》、《巨峰》、《黄石宫》、《华严庵》、《上清宫》、《玉鳞口》、《美人峰》、《大崂观》等诗刻石多处。《闻晓钟登狮峰观日出》云："枕上初闻晓寺钟，起来月色尚溶溶。拿舟未探鲛人室，拄杖即登狮子峰。碧浪已浮沧海日，白云犹锁万山松。耽游千里谁言老，选胜搜奇兴颇浓。"诗镌于崂山太平宫东门外登狮子峰道旁石崮上，1982 年复修。《玉鳞口》云："何处砯①崖万壑雷，高峰云净石门开。盘空瀑雪飞涛落，拂面吹花细雨来。碧天澄潭堪洗涤，青松白石任徘徊。支筇未尽游观兴，樵唱遥从天际回。"诗刻嵌于崂山北九水太和观之东壁，保存完好。

【沈廷芳】（1702—1772），字畹叔，一字荻林，号椒园，清代浙江仁和（今杭州）人。乾隆元年（1736）举博学鸿辞，选为翰林院庶吉士，授编修，出任山东道监察御史，改巡江南道，转任登莱海防道，官至山东按察使。能诗善文，尤精于古文，著有《隐拙斋诗文集》、《十三经注疏正字》、《续经义考》、《鉴古录》、《古文指绥》、《理学渊源》等。因慕郭琇其人，在"观察东莱"时，到即墨郭氏家瞻拜了郭琇遗像，并撰《左都御史郭公像赞》："公为国纪，克继汾阳。义在直谏，道存至刚。所过绩著，讴思弗忘。夷险一节，如骤康庄。事纪竹帛，名列旗常。永瞻鹤立，增重严廊。"

---

① 此前著者多著录为"冰"或"砵"，误。砯，音 pīng，象声词，水击岩石的声音。李白：《蜀道难》诗中有："飞湍瀑流争喧豗，砯崖转石万壑雷。"

【郑大进】（1709—1782），字誉捷，号谦基、退谷，清代广东揭阳梅岗人。清雍正十三年（1735）举人，乾隆元年（1736）三甲进士。历任直隶肥乡、南皮知县，大名府、河间府同知，升正定知府、山东济东道、两淮盐运使、浙江按察使、湖南按察使、贵州布政使、河南巡抚、湖北巡抚、湖广总督，官至直隶总督，卒赠太子太傅，谥勤恪。著有《爱日堂诗文集》、《郑勤恪公奏议》等。任山东济东道时，曾来游崂山，留有《鱼鳞口》、《狮子峰》、《华严庵》、《巨峰》等诗。《巨峰》云："白云深处最高峰，扪壁梯萝一线通。灵鹫西来还戢翼，瘦龙东渡合乘风。蓬瀛杳霭惊涛外，城社苍茫落照中。最爱宵分渔火尽，咸池浴竟烛天红。"

【刘墉】（1719—1805），字崇如，号石庵，清代山东诸城逢戈庄（今属高密）人。乾隆十六年（1751）进士，官至体仁阁大学士，加太子太保。工书善文，长于书法和绘画，著有《石庵诗集》、《刘文清公遗集》等。相传刘墉曾来游崂山，并在神清宫题诗一首："初登幽谷上苑堂，金风送来木瓜香。江豆栗子黍米饭，白果杏仁作饮汤。"位于今崂山沙子口街道西九水社区的刘氏祠堂，始建于明万历三十四年（1607），据传先祖白云乃北宋时刘琪的后人，刘墉来崂山时认为同宗，赠"竹筠堂"匾额一块，包金灯笼一对。刘墉还曾到青山村小住，在被青山村的道长留宿太清宫饮酒赏月时，挥笔写下了"太清水月"四字。但据考证，崂山太清宫内的"太清水月"四字，并非出自刘墉之手，实为青岛著名书法家杜颂琴于1982年所写。现青岛市崂山区档案馆珍藏有刘墉书法真迹。

【李中简】（1721—1781），字廉衣，一字子敬，号文园，清代直隶任丘（今河北任丘）西郝村人。乾隆十三年（1748）进士，授翰林院庶吉士，擢升侍讲学士，后提督云南学政、山东学政，以罣吏议罢官。

赏编修，乞疾归。博学工诗文，著有《应制诗》、《嘉树山房文集》、《嘉树山房诗集》等。曾于乾隆十九年（1754）和乾隆三十八年（1773）九月两游崂山，留有《望崂山》、《雨登华严庵》、《华严庵夜雨题壁》、《华楼曲》、《树峰中丞崂山看海市图歌》等诗。乾隆三十八年（1773）来游时所撰《崂山华严庵游记》称"前后得诗二十余首"，其中《雨登华严庵》等多首曾镌刻于华严寺。其一云："奇树记修真，名山路可循。风潮方汩没，云木迥嶙峋。浩荡寰中步，推扬物外因。飘然松未雨，荦确喜无尘。"

【胡德琳】字碧腴，一字书巢，清代广西临桂（今广西桂林市）人。乾隆十七年（1752）进士，历任四川什邡知县，山东济阳、历城知县，济宁知州，济南知府、青州知府、莱州知府、东昌知府等职。罢官后，执教于曹州书院。每历一地，即聘任当地文人，搜罗文献，修纂地方志，先后主修了《济阳县志》、《济宁直隶州志》、《历城县志》、《东昌府志》等四种，并重新刊刻了齐鲁名志《齐乘》。著有《碧腴斋诗存》、《东阁闲吟》、《书巢尺牍》、《西山杂咏》、《燕贻堂诗文集》等。乾隆九年（1744），曾游崂山。清华严寺石碣中有胡德琳题崂山诗，末署"甲子孟夏既望五日，无风兼无云，桂林受业胡德琳题稿"。①

【林树寅】字晓青，清代山东掖县人。岁贡。著有文言小说《古镜录》。曾来游崂山，留有《游二崂》诗，为黄肇颚《崂山续志》收录。

【纪昀】（1724—1805），字晓岚，又字春帆，晚号石云，又号观弈道人、孤石老人、河间才子，清代直隶献县（今河北献县）人。乾隆十九年（1754）进士，选翰林院庶吉士，授编修。历任左春坊左庶子、翰林院侍读学士、兵部侍郎、左都御史、礼部侍郎、尚书。嘉庆十年

---

① 参见周至元：《崂山志》卷六"金石志"，第210页。

（1805 年），任协办大学士、加太子少保。曾任《四库全书》总纂修官，著有《阅微草堂笔记》、《纪文达公遗集》等。《清史稿》有传。曾游崂山，写有《八仙墩》五言诗："陡壁东溟上，登临意豁然。鲸鱼吹海浪，鸥鸟破暝烟。足外真无地，眼中别有天。餐霞谁到此，千古说青莲。"

【赵佑】（1727—1800），字启人，号鹿泉，清代浙江仁和（今浙江省杭州市）人。乾隆十七年（1752）进士，改庶吉士，授编修，历充主考官及诸道监察御史，督江西、安徽、福建、顺天学政，累官至都察院左都御史。著有《清献堂集》（一名《赵鹿泉全集》）。曾游崂山，撰有《鳌山记》，辑入《小方壶斋舆地丛钞》（1891 年江苏清河王锡祺编）。

【韩梦周】（1729—1798），字公复，号理堂，清代潍县（今山东潍坊市）人。乾隆二十三年（1757）进士，曾任安徽来安县知县。乾隆三十四年（1768）返回故里，在麓台书院讲学。著有《周易解》、《中庸解》、《大学解》、《理堂文集》、《理堂诗集》、《理堂日记》、《山禾集尺牍》、《圩田图三记》、《养蚕成法》、《文法摘抄》等，后人把他与阎循观并称为"山左二巨儒"。曾游崂山，并留有《望崂山歌》、《再为崂山歌奉鉴持》、《鉴持约游崂山赋寄》及《崂山杂咏》七绝八首等，崂山太平宫东院钟亭旁太平晓钟石碑的阴面镌刻其七绝一首："闻说仙方蛇化龙，昔人曾此得相逢。丹砂也是痴人梦，好听太平半夜钟。"[①] 隶书，青岛市书法家曹和澎 1982 年书。

【朱孝纯】（1729—1784），字子颖，号海愚，一号思堂，清代山东历城人，隶奉天汉军正红旗。乾隆二十七年（1762）举人，历任四川

---

① "太平"原诗为"华严"。

叙永县令、重庆知府、泰安知府，官至两淮盐运使。工诗善画，著有《海愚诗钞》、《泰山图志》等。在山东任职时，于乾隆四十年（1775）曾游崂山，并留诗《寄题树峰中丞海市四截》四首，原刻于崂山华严寺之厅前，现已不存。

【李怀民】（1738—1793），名宪噩，字怀民，号十桐，又号石桐、敬仲，以字行，清代山东高密人。诸生。与弟叔白、子乔皆以诗闻名，人称"高密三李"，著有《石桐先生诗钞》、《十桐草堂集》、《重订中晚唐诗主客图》、《二客吟》、《赴岑溪日记》等。张维屏《国朝诗人征略初编听松庐诗话》云："石桐先生于渔洋、秋谷之后，而能自辟町畦，独标宗旨，可谓岸然自异不随人步趋者。其五言朴而腴，淡而永，苦思而不见痕迹，用力而归于自然。五字中含不尽之意，五字外有不尽之音。"《晚晴簃诗汇》则云："其诗体格谨严，词旨清朗，时时有独到语，不堕当时风气，遂谓与渔洋、秋谷鼎立，则推崇过当矣。"曾游崂山，留有《题单太守崂山绿石》、《石门寺晓起礼佛遂步至南礀》、《叔白游崂山九水寄示图记报以诗兼寄同游杨子西溟杨九水人》、《夜雨怀张阳扶》等诗。

【李宪暠】（1739—1782），字叔白，号莲塘，清代山东高密人，李怀民之弟。廪生。工诗文，与其兄李石桐、其弟李少鹤合称"三李"，对于各地形胜、典章制度亦有研究。著有《古文》、《定性斋集》、《考辨古今文物制度论解》、《莲塘遗集》、《叔白诗钞》等。曾游崂山，留有《海上呈郭冷亭先生》、《晓发》等记游诗，另写有《游崂山记》，对崂山各景观记述甚详，对研究清代崂山历史具有重要价值。清代即墨黄立世曾作有《送李君莲塘同历下陈雨人游崂山》诗。

【李宪乔】（1746—1797），字义堂，一字子乔，号少鹤，清代山东高密人，李宪暠之弟。乾隆三十年（1765）拔贡，乾隆四十一年

（1776）举人。授广西岑溪知县，改柳城，迁归顺知府。工诗文，善书画。著有《少鹤诗钞》、《鹤再南飞集》、《龙城集》、《宾山续集》、《六家诗选》、《韩诗臆说》等。曾游崂山，留有《朝阳寺》、《雨后对月有怀石门净舍》、《途中逢紫函上人为张阳扶甥》等记游崂山诗。

【周炳麟】 字少南，号云浦，清代胶州人。乾隆间恩贡生，选授馆陶县教谕，后归里以教授生徒为业，与法坤宏等名宿互有唱和。工诗擅丹青。著有《旅亭诗草》，写有《田横岛》诗。

【王椷】 原名枰，字凝斋，清代山东福山县（今烟台市福山区）孙夼社古县村人。以父荫监生，乾隆元年（1736）恩科举人，历直隶临城、湖北当阳、天门县知县。长于文笔，著有笔记小说《秋灯丛话》18 卷，多录轶闻遗事，内有《劳山道人》、《王生遇仙》等涉崂山事。

【王祖昌】 （1748—?），字子文，号西溪，别号秋水，山东新城（今桓台）人。诸生。善书诗文，著有《秋水亭诗》、《秋水亭诗续集》、《秋水亭诗补遗》，并自撰《年谱》。曾游崂山，留有《游黄石宫》、《秋日登华楼山》、《寻白云洞》、《题白云洞和王大来韵》、《怀劳山》等许多记游崂山诗。

【周嘉猷】 （?—1778），字辰告，号两塍，浙江钱塘人。乾隆二十二年（1757）进士，历官青城、益都等县。在任十余年，仕优而不废学，著有《两塍集》、《南北史表》、《南北史捃华》、《齐乘考证》。他编撰的《齐乘考证》中有关于"大小二劳山"、"阴山"、"不其山"、"女姑山"、"田横岛"等的记载，并对崂山名称由来多有考证，如："劳山，太史公记曰牢山。盖即今之青岛崂山也，从山。""盖劳山之高以其登陟之难则名劳，驱之不动又名牢也"。从而提高了该书的史料价值。

【王赓言】（1752—1825），字赞虞，号簣山，清代诸城城关铁沟村人。乾隆五十八年（1793）进士，历官吏部考功司主事、文选司员外郎、考功司郎中、广信府知府、江西按察使、常镇通海兵部道守、江苏布政使、按察使等职。好学工诗，著有《簣山堂诗集》、《车中吟》、《东武诗存》、《四书释文》等，并整理《孙过庭书谱》。游崂山时，写有七言诗《书带草》："带影纷披绿一丛，也同兰蕙泛光风。入帘草色休教混，别有风姿待郑公。"清同治《即墨县志》收有其记李毓昌案叙事诗《山阳诗》。

【汪圻】字芝轩，清代江苏吴县人。举人出身，历任淮阳知县、莱州知府、安徽按察使、云南省按察使等职。工诗善画。乾隆二十八年（1763），任莱州知府时曾为尤淑孝《即墨县志》撰序。游崂山时，留有《巨峰》、《华严庵》等咏崂诗。

【惠龄】（？—1804），萨尔图克氏，字椿亭，号瑶圃，清代蒙古正白旗人。历任工部和户部侍郎、湖北和山东巡抚、四川总督等职，累官至陕甘总督。谥勤襄。《清史稿》有传。乾隆与嘉庆年间，惠龄曾三度任山东巡抚。乾隆五十六年（1791），惠龄因阅兵海上，慕名而游览崂山，留有《题太平宫》、《太清宫》、《题华严庵》等诗多首，并题写"山海奇观"四字，命工匠将其镌刻于那罗延山下路旁的砥柱石上，字为行楷，每字高约2米，宽约1.5米，为古代崂山最大的石刻。巨石的南侧，还刻有题记，记述惠龄游崂山题字的经过，落款为"乾隆五十六年岁在辛亥春三月，惠龄，并跋"。

【徐绩】（1725—1811），字树峰，清代汉军正蓝旗人。乾隆十二年（1747）举人，授山东兖州泉河通判，历任官山东济东泰武道、按察使、工部侍郎、乌鲁木齐办事大臣、山东巡抚、河南巡抚、礼部侍郎、

大理寺少卿、宗人府府丞等。徐绩任山东巡抚时，于乾隆三十九年
（1774）四月，因兵事来即墨县，曾游览崂山，在崂山狮子峰观日出，
又在修真庵北二里处看到海市蜃楼，撰《劳山观日出记》和《劳山道
中观海市记》。华严寺原有《劳山观日出记》一文刻石，今已不存。

【毕亨】（1757—1836），原名以珣，改名以田，又改名为亨，字东
美，号恬溪，清代山东文登人，嘉庆初迁至东昌（今山东聊城）。嘉庆
十二年（1807）举人，道光六年（1826），以大挑知县分发江西，署安
义县，后补崇义，卒官。尝从戴震游，精古训之学，著有《经训杂
记》、《孙子叙录》、《古文尚书经传释疑》、《新刻十三经叙录》、《九水
山房文存》等。《续修四库全书总目提要》称其"爱劳山九水之胜，以
名其居，人称九水先生"。则毕亨曾游崂山。

【王培荀】（1783—1859），字景叔，号雪峤，清代山东淄川人。清
道光元年（1821）举人，道光十五年（1835），以孝廉方正获大挑一
等，历任四川丰都、荣昌、新津、兴文、荣县等知县。博学多识，工诗
词，政事之暇，与邑人士赋诗唱和，镂版行世。道光二十九年（1849）
任满告归，主讲般阳书院。著有《管见举隅》、《学庸集说》、《乡园忆
旧录》、《听雨楼随笔》、《听雨楼吟社诗》、《寓蜀草》、《雪峤外集》、
《秋海棠唱和诗》、《蜀道联辔集》、《雪峤日记》、《王氏家传》等十几
种。另有《四书集义》、《读书续论》、《雪峤闲录》等三种未刊稿。
《乡园忆旧录》是王培荀纂辑的一部以记述山东及游宦山东的名人嘉言
懿行、逸闻逸事为主，兼及地方掌故、名胜古迹、山川风物、自然资源
各方面内容的笔记体文献杂著。书中有关于崂山、九水、田横岛等的记
述，称"劳山之胜，未易穷究"，并录有王士禛、刘源渌、韩梦周、张
鹤等人游崂诗文，对研究崂山历史具有一定文献价值。

【林冠玉】字宝树，清代乾隆时期山东掖县（今莱州市）人。诸

生。工诗画，善鉴别古董，尤善写兰。《山左诗钞》、《清画家诗史》曾录其诗。留有《题黄仁在崂山观海行乐图》诗："万壑群山春色深，云标绝顶独登临。一声长啸海天阔，举世无人知我心。"

【赵书奎】字兰台，清代山东黄县（今龙口市）人。嘉庆二十一年（1816）举人，官高密县训导。著有《墨香书屋诗钞》、《夷安诗草》。曾游崂山，留有《田横岛怀古》五言诗。

【李诒经】字五星，号卓然、卓庵，清代山东高密人。诸生。工诗，著有《卓庵吟草》（《卓然诗稿》）、《蠡言》、《四书蠡简》、《诗经蠡简》等。游崂山时，留有《玉龙口瀑布》、《下清宫道房》、《华严庵》、《留别王远汀》等五言律诗。

【马桐芳】字子琴，号憨斋居士，清代长山（今山东邹平）人。道光诸生。著有《憨斋诗话》、《杜诗集评》、《饮和堂诗存》等。曾游崂山，留有《题田横岛》、《怀劳山》等记崂诗。

【李绍闻】字通庭，号子山，清代山东海阳石人泊村人。清道光二年（1822）副贡。精诗词，著有《绿绮山房诗集》。曾游崂山，并留有《崂山杂咏》诗数首①。

【韩凤翔】字东园，清代山东章丘人。道光元年（1821）举人，曾任广东新会知县、连山绥瑶直隶厅同知。著有《梦花草堂诗稿》。曾游崂山，留有《田横岛》、《华楼》、《初入劳山》、《宿华严庵》、《劳山道中》、《劳山村居》、《望海楼观日出》、《东坡仁里》等游崂诗数十篇。

---

① 见（清）黄肇颚：《崂山续志》卷三。

【李佐贤】（1807—1876），字仲敏，号竹朋，清代山东利津人。道光八年（1828），乡试夺魁中解元，道光十五年（1835）进士，选翰林院庶吉士，散馆授编修，历任文渊阁校理、国史馆总纂、福建汀州知府等。咸丰二年（1852）引退故里。工于诗文，擅长书法，兼涉考据之学，嗜收藏金石书画古钱币，著有《古泉汇》、《书画鉴影》、《石泉书屋类稿》、《石泉书屋诗钞》、《武定诗钞》、《武定诗续钞》等。同治十一年（1872），曾游崂山，并留有《崂山道中杂咏》、《太清宫》、《大仙山》、《太平宫》、《玄真洞》、《明霞洞夜坐》、《八仙墩》、《上清宫》、《华严庵》等许多诗篇。

【蔡绍洛】（1804—？）字莲桥，清代湖北黄州府蕲水县人。道光二年（1822）进士，选翰林院庶吉士，授编修，官栖霞令、山东道监察御史等。曾来游崂山，并留有《上清宫》、《宿华严庵》、《太清宫》、《游崂山》等游崂诗多篇。《太清宫》云："上清宫下下清连，绀宇凌霄更近仙。修竹万竿青入海，老槐一路碧参天。山中鸡犬皆离世，水底蛟龙欲问禅。夜半钟声惊客梦，不知身枕白云眠。"

【翟冕】字静溪，清代山东掖县（今莱州市）人。举人。游崂山时，留有诗《崂山》："路入华阳正晓晴，凌空佛阁看峥嵘。琼楼隐约依松起，危岫巉岩碍月行。气接蛟工青未了，云排玉笋削难成。老僧勤荐山蔬味，茅屋留宾梦亦清。"

【翟嶅】字月樵，清代山东掖县（今莱州市）人。监生。工诗善画，工水墨花卉。著有《铁笛馆诗草》。游崂山时，留有《修真庵》、《白云洞》等记游诗。《修真庵》云："未见二崂胜，到此心已适。人家隔花林，池馆连翠壁。客径覆莓苔，村肆临川泽。开轩山入户，移榻竹拂席。昼坐无微尘，夜禅有余寂。山麓犹如此，明发将奚似。伏枕一想像，愈觉兴难已。"

【徐宗襄】字慕云，清代江苏宜兴人。幼以神童名，弱冠，补诸
生。道光二十九年（1849）中举人，官内阁中书、山东平阴县知县，
以兑漕迟误革职。工诗词，著有《柏荫轩絮月词》、《柏荫轩萍云词》、
《柏荫轩词续存》等。留有《题陈玉圃崂山纪游》诗："海与山相接，
山深海亦深。混茫通一气，洞底起龙吟。山中开酒肆，海泊此停桡。寺
远钟声递，喧传趁晚潮。"

【马其】字云亭，清代河北雄县人（一说山东诸城人）。曾游崂山，
留有《游劳山自上清宫宿韩寨观》、《上清宫僧答》、《山僧答》、《游劳
山之九水庵遇雨宿苇儿铺》、《华严庵望海楼观日出》、《登巨峰》、《下
清宫》、《劳山仙杖》、《登棋盘石最高峰》等游崂诗。

【李光荣】（1816—1858），字南园，清代真州（今江苏省仪征市）
人。曾随兄李光炘①等在山东、江苏一带游历，1855 年又曾避战乱于山
东淄博、泰安和江苏镇江等地。擅诗词，著有《南园集》二卷，存诗
文二百六十余首。道光二十一年（1841），与吴载勋②"赴山左偕游崂
山，揽胜探奇，寻幽选妙，赓唱迭和，俯仰流连"（吴载勋《南园集
序》），留有诗多首。《由即墨入山》："匹马经行处，天风接海潮。平沙
皆是路，乱石自成桥。野草含花发，春松带果挑。此中如可住，长愿作
山樵。"《棋盘石》："上到棋盘石，仙人不可望。此间无黑白，何处问
元黄。一著输防错，三生劫更忙。樵柯今已烂，搔首细思量。"《太清

---

① 李光炘（1808—1885），字晴峰，号平山，别号龙川先生，又号群玉山人，江苏仪征
人，为太古学派创始人周毂（1764—1832，字星垣，号太古）的传学弟子，太谷学派南宗领
袖。

② 吴载勋，字慕渠，祖籍安徽歙县，清顺天府大兴县人，曾任山东文登、武城、淄川、
曲阜、历城知县，济宁直隶州知州，官至济南知府。1866 年，"黄崖教案"后被革职流放黑龙
江，晚年定居高邮。

宫》二首："不愁冰雪路难通，拄杖看山一笑中。五里松风三里竹，盘旋直到太清宫。""不凭香火作生涯，竹是儿孙松是家。闲然道人无一事，春来忙扫耐冬花"。

【丁宝桢】（1820—1886），字稚璜，清代贵州平远（今贵州织金）人。咸丰三年（1853）进士，改翰林院庶吉士，授编修，历任岳州知府、长沙知府、山东按察使、山东布政使、山东巡抚，官至四川总督。清同治九年（1870），丁宝桢任山东巡抚时，曾来游崂山，并宿于太清宫，回济南后，手书"别有天地"匾额，遣人送至太清宫，留作纪念。

【陈士杰】（1825—1893），字隽丞，号隽臣，清代衡永郴桂道桂阳州（今湖南桂阳县）人。道光二十九年（1849）以拔贡生选取户部七品京官。曾为曾国藩军幕，历任江苏按察使、山东按察使、福建按察使、山西布政使、浙江巡抚和山东巡抚等职。著有《陈侍郎奏议》。曾游崂山，留有五言咏崂诗《答尹琅若太史以〈唱骊集〉见示》。

【李云麟】（1831—1897），字雨苍，清代吉林长白汉军正白旗人。诸生。早年随曾国藩镇压太平天国，累官至副都统、新疆塔尔巴哈台参赞大臣兼署伊犁将军、布伦托海办事大臣兼理塔尔巴哈台事务。后因所招募屯田兵丁起事，被革职发黑龙江充当苦差。好游，善古文及经世之学，著有《西陲纪行》、《西陲事略》、《旷游偶笔》等。咸丰四年（1854）曾游崂山，留有《登巨峰顶》长赋和《度天门峰》、《晚阴赴华严道中》、《登太清宫最高顶》诗，撰有《游劳山记》[①]，收在铅印本《小方壶斋舆地丛钞》中。

【梁耀枢】（1832—1888），字冠祺，号斗南，晚号叔简，清代广东

---

① （清）黄肇颚：《崂山续志》作《游巨峰记》。

顺德人。清同治元年（1862）举人，同治十年（1871）状元，授翰林编修，历任湖南乡试考官、湖北学政、翰林院侍讲学士、会试同考官、山东学政、詹士府少詹士、正詹士。光绪十三年（1887），时任山东学政的梁耀枢来游崂山，在太清宫题留匾额"经神垂范"。

【王六谦】（1832—1871），字爻皆，一字益轩，号放斋，清代胶州人，王葆崇之父。鳌山廪生，援例授学博，不仕。擅诗词书法，著有《续兵事纪年》、《清旷书屋课赋》、《放斋随笔》、《半是斋诗草》，留有《女姑港观渔》诗，中有"波纹始动摇，万叠光华灿"、"三山如何接，恍与安期见"之句。

【王崧翰】（1833—1916），字子良，号莱山、六十一孺子、石发老人等，清末山东平度西关柳行头村（今属青岛平度市李园街道）人。咸丰八年（1858）举人，同治十年（1871）辛未科大挑一等，历任直隶乐亭、定兴、鸡泽、威县等知县，后因不善事上官而落职归里。善诗文书法，著有《说文经传同异》。曾作《胶东赋》万余言，并主持编纂光绪《平度志要》（1893）和《平度州乡土志》（1908）。光绪四年（1878）游崂山时，留有《蔚竹庵墨竹石》、《游塘子赠主人吴介山兼呈林子砥生》诗，并在华严庵西鱼鼓石上题刻"云穴"二字及题记。另撰有《塘子记》，记吴介山在塘子观设学事，并称"岱之艮在崂，崂之艮在塘子也。游崂者，其自塘子始"。

【郭绥之】（1836—1873），字靖侯，号栋坪，清代潍县（今山东省潍坊市）人。以军功举江苏候补知县，与胶州柯蘅结成西园诗社，吟咏唱和。著有《畹香村会稿》、《餐霞集》、《聊复集》、《沧江集》、《沧江菁华录》、《靖侯诗草》、《尺牍偶存》等。游崂山时，留有《崂山纪游》、《白云洞》、《巨峰》、《明霞洞》、《华楼峰》、《留题太清宫》、《崂山》、《田横岛》、《海滨即目》、《绿石滩》、《雨中忆九水旧游》等咏崂诗。

【吴峋】（1837—1892），字庾生，号绣峰，清末山东海丰（今无棣县）人。咸丰九年（1859）副贡，咸丰十一年（1861）顺天府试中举，同治四年（1865）进士。光绪五年（1879）以副主考职督山西会试，回京升员外郎。光绪十年（1884）擢监察御史，掌湖广道，诰授中宪大夫。曾同其叔吴重熹来游崂山，并作《二崂归隐歌赠琅若同年》。

【宫昱】字玉甫、玉父，清代江苏泰县（今姜堰市）人。曾任沧州代理知州等。精于鉴赏。游崂山时，留有《初入山宿修真庵》、《白云洞》、《上清道院》、《王乔崮》、《华严庵》、《巨峰观海歌》、《太清宫耐冬花歌》等记游诗和《游天井山记》文。

【奕劻】（1838—1917），爱新觉罗氏，晚清宗室大臣，满族镶蓝旗人。光绪十年（1884），任总理各国事务衙门大臣，并进封庆郡王。光绪二十年（1894），封庆亲王。1901年曾与李鸿章代表清政府签订《辛丑条约》。1903年为首席军机大臣。1911年为皇族内阁总理大臣、弼德院总裁。清亡后，避居天津租界。据《太清宫志》载："清光绪三十年（1904）甲辰五月，庆亲王由济南登山，至青岛游劳山太清宫，游览山景。赐书'乘鸾跨鹤游紫虚'句，遂乘山轿同侍卫越山而去。"

【吴重熹】（1838—1918），字仲怡，亦字仲饴、仲怿，号蓼舸、石莲，晚号石莲老人，清末山东海丰（今无棣县）人。同治元年（1862）举人，授工部郎中，擢任河南陈州知府、开封知府、江安粮台道、福建按察使、江宁布政使、直隶布政使、江西巡抚、邮传部右侍郎、左侍郎、河南巡抚等职。辛亥革命后，闲居天津，专事编辑《吴氏文存》、《吴氏诗存》、《吴氏仕德录》，著有《石莲盦文集》、《石莲盦词》及奏议若干卷。曾与侄吴峋到崂山游览，留有《华严庵》、《雕龙嘴》、《上清宫》、《太清宫》、《崂山白云洞》等诗。

【高俊选】字子义,清代山东潍县(今潍坊市)人。廪生。游崂山时,留有《太清宫道中口占》四首,其一为:"曲折山腰路几迷,巉岩矗立海云低。渔船不住随波转,一棹斜阳送马蹄。"

【孙昭焕】字介明,号石园,清代掖县人(今山东省莱州市人)。附贡。晚岁授安徽同知,旋弃去。工书,善诗文,常与平度白永修、高密傅丙鉴、潍县郭恩孚以诗酒唱和,写有《送琅若太史归隐崂山》诗四首。

【傅濋】字皖生,号答泉,又号龙山一樵,清代聊城人。清同治元年(1862)举人,官内阁中书、浙江严州府同知,升知府。擅诗画,尤以书法著名。曾游崂山,留有《二崂寄迹图赠琅若太史》长诗。

【王咏霓】(1839—1916),原名王仙骥,字子裳、旌夫、伯旌夫,号六潭、桂圃、鹤叟,人称六潭先生,清代浙江省黄岩县(今台州市椒江区)人。清同治九年(1870)举人,光绪六年(1880)进士,授刑部主事,后任驻欧洲公使随员、安徽凤阳知府、太平州知府、池州知府、安徽大学堂总教习等。工诗文,善书法篆刻,著有《道西斋日记》、《函雅堂集》、《离骚证读》、《庄子草木疏》、《续方言补遗》、《书序考异》、《书序答问》等。坐船途经田横岛海上,作《经田横岛》诗:"我行过登莱,渤海流漾灏。青青双髻丫,言经田横岛。三齐地略尽,一身且不保。可怜五百人,血溅山前草。颇闻子姓繁,僻处敦古道。怀旧心茫然,夕阳数归鸟。"

【白永修】(1841—1911),字君慎,又字澄泉,号旷庐,晚又自号方壶子,清末平度人。光绪十一年(1885)拔贡,候选直隶州州判。

为诸生时，即以诗名冠莱郡，掖县举人董锦章《诗人白澄泉传》称其"能卓然于渔洋后自成宗派"。著有《旷庐诗集》、《旷庐诗集续集》、《旷庐诗集补遗》。曾游崂山，留有《白云洞》、《修真庵》、《宿下清宫道房》、《太清宫西山》、《华严晚归》、《金液泉》、《观星台》、《聚仙台》、《狮子峰》、《华表峰》等许多诗篇，其《华表峰》云："摩霄卓立碧芙蓉，天开名山第一峰。岚气蒸成金液水，海霞飞满石门松。"

【董锦章】（1844—1920），字蔚堂，又字茞塘，别号襄村，又号寓园，民国改元后，自称"故国遗农"，清末民初掖县（今山东省莱州市）人。光绪十四年（1888）举人，好诗词，尤精于考据、训诂之学。著有《尚书今文证》、《学庸遵注》、《论语赘笔》、《惜余轩初集简言》、《惜余轩集四钞》、《读钞杂文诗》、《莱州府乡土志》、《掖县乡土志》等。游崂山时，留有文《游崂山记》和诗《上清宫》、《明霞洞》、《华严寺》、《答人问崂山风景》、《忆崂山》、《不其山怀古》、《王乔崮》、《赠义安上人》等。《忆崂山》云："岱岳不如东海崂，斯言寻绎兴为豪。游探九水乃称奥，身到巨峰方是高。香雪扶春涨桃雨，翠筼和月落松涛。琳宫更有推奇处，合抱耐冬供染毫。"

【曹鸿勋】（1846—1910），字仲铭，又字竹铭，号兰生，清代山东潍县人。光绪二年（1876）进士第一，状元，历任翰林院修撰、湖南乡试副考官、湖南学政、江西乡试副考官、庶吉士教习、云南永昌知府、云南府知府、迤东道、云南按察使、贵州布政使、湖南布政使、陕西巡抚等。擅长书法，著有《校经堂初集》、《益坚斋诗文》。光绪十一年（1885）回原籍省亲时，曾来游崂山，留有《题太清宫》诗："鸡催钟声曙光明，斗移星转日将升。耐冬尚开容色艳，梦回愈觉魂魄清。"

【毓俊】（1848—?），字赞臣，号友松山人，满族颜札氏，祖籍长白。光绪五年（1879）举人，授陕西候补道。著有《友松吟馆诗钞》。

游崂山时，写有七言诗《寄昌仁禅师》。

【王葆崇】（1855—1908），字小姚，一字孙嘏，号次山，清代胶州人。光绪附贡，官鸿胪寺序班，赏六品衔。后返故里著书、办学，其建立的达材学堂，是胶州第一所官办新式学校。著有《助息园遗书》33种。光绪二十三年（1907）秋，因重修《山东通志》，被聘为采访员。其间，曾数次入崂山采访调查，先后撰有《劳山纪胜集》、《鳌山采访录》、《崂山金石录》等书，并留有《华山小住》、《华阴阻雨》、《白云洞》、《华严庵》等许多咏崂诗篇。《崂山金石录》辑存了崂山石刻、碑石和铜器、铁器文物共 42 条目录，对研究崂山历史文化有一定的参考价值。

【林钟柱】字砥生，清代山东掖县（今莱州市）人。光绪五年（1879）举人，工诗文，好山水。时道士吴介山出资购得塘子观后，"拓修之"，更名为"餐霞观"，邀其在观中教课授徒，凡十余年。暇即出游，"二崂山水，题咏殆遍"，写有《游崂山记》、《重游崂山记》、《华楼山记》、《北九水记》、《南九水记》、《小蓬莱记》、《玉麟口记》等记游文，留有《雕龙嘴望海》、《文笔峰》、《玄真洞》、《鹤山》、《骆驼峰》、《我住崂山久》、《赠胡松泉道士》、《海滨夜行》、《华严寺》、《五水》、《餐霞观》、《餐霞观望云》、《游白云洞》、《白云洞坐月》等许多咏崂诗。清光绪十七年（1891），游崂山梯子石时所写《梯子石记》游记，现镌刻于崂山梯子石东端的登山路南，为青岛书法家修德书。

【夏联钰】字笠舟，晚号蛹叟，清末山东济宁直隶州（今任城区）人。光绪六年（1880）进士，曾任河南太康县知县、武陟知县、郏县知县等。工书善画，精金石文字篆刻，著有诗文集。游崂山时，留有咏崂诗《崂山》："山海相围抱，天然启壮观。书留高士篆，花绕老君坛。

峰影随波碎，钟声度岭残。寻幽欣屐到，仙迹访棋盘。"

【毛遇凯】字鹏南，号禄峰，清代掖县（今莱州市）人。岁贡。游崂山时，写有五言诗《康成书院》："东汉有大儒，书堂依不其。不曳尚书履，乃笺我公诗。阶下书带草，青青岁寒时。"

【柳培缙】原名柳晋，字子琴，号夏君，清代山东蓬莱人。岁贡生。游崂山时，留有五绝《明霞洞》、七绝《王乔崮》、五律《太清宫》和《崂山歌》长诗。其《明霞洞》云："石洞窈然深，疑出神工凿。云随履底飞，瀑自面前落。"

【孙凤云】字瑞亭①，号半楼，清代山东高密人。诸生。工诗善文，喜游山水。光绪十五年（1889）夏秋，曾两游崂山，历时60余日，每至一处都有吟咏，留有《狮峰观日出》、《华楼山》、《太平宫》、《华严庵》、《八仙墩》、《明霞洞》、《劳山观日出》等许多诗篇。《狮峰观日出》云："东方曙色渐相浸，栖鸟惊飞声满林。霞彩千条天簇锦，洪涛万里涌熔金。鱼龙变化神工力，山水奇观客子心。料得尘世应未觉，众生大梦尚沉沉。"该诗镌刻于崂山上苑狮子峰顶西侧，为青岛市书法家蔡省庐所书。他还撰有《游崂纪略》、《游崂续纪》长篇游记，共3万余字，详记游程，是研究清代崂山历史的重要参考资料。

【董书官】字伯常，清代山东掖县（今莱州市）人。游崂山时，留有《思崂山》、《白云洞李道人赠杖》等咏崂诗。

【林绍言】清代山东掖县（今莱州市）文人。游崂山时，留有著名咏崂诗《夜宿太清宫》："相约访仙界，今宵宿太清。烟澄山月小，夜

---

① 一作"孙风云"，字"瑞庭"。

静海潮平。微雨五更冷，新秋一叶惊。悄然成独坐，细数晓钟声。"

【刘镕永】字孟门，清代山东掖县（今莱州市）人。诸生。游崂山时，留有《石竹洞》、《梳洗楼》、《金壁洞》等咏崂诗，为清同治《即墨县志》收录。

【易顺鼎】（1858—1920），字实甫，又字石甫、实父、中硕、硕甫、仲硕、易硕，号眉伽，晚号哭庵，自署龙阳才子、忏绮斋主人、碧湖秋梦词人等，清末民初湘南龙阳（今汉寿）人。光绪元年（1875）举人，捐资得刑部山西司郎中，改官河南候补道。甲午中日战争时，两赴台湾助刘永福抗战。后入庐山，筑琴志楼隐居。曾被张之洞聘主两湖书院经史讲席。庚子事变时，督办江阴江防，寻调驻陕西，督办江楚转运，后任广西右江道、云南临安开广道、广东钦廉道。辛亥革命后寓居上海。袁世凯称帝，出任代理印铸局局长。工诗词、骈文和联语，一生作诗近万首，著有《琴志楼编年诗集》、《琴志楼游山诗集》、《四魂集》、《外集》、《壬子诗存》、《甲寅诗存》、《癸丑诗存》、《眉心室悔存稿》、《岭南诗录》、《蔿园诗事》、《盾墨拾余》等。1914年，与袁克文等寓青岛七日，游崂山诸胜。北九水庙壁间嵌有其游北九水题诗："清溪回转听流泉，隔绝尘寰别有天。诸涧好花如静女，静峰奇石似飞仙。三春海上寻三岛，一日山中抵一年。独倚桥栏更惆怅，斜阳红到古松边。"

【杨渭】字竹山，清末民初潍县（今山东省潍坊市）人。清光绪二十九年（1903）进士，授翰林。据《太清宫志》载，1914年5月与其胞弟来游崂山，在崂山太清宫居十余日，游山观海看景，临行时，书写对联屏幅"自是君身有仙骨，富贵于我如浮云"，赠太清宫留作纪念。

【杨士骧】（1860—1909），字莲府（莲甫），号萍石，清代安徽泗州（今安徽省泗县）人，出生于江苏淮安。光绪十二年（1886）进士，改翰林院庶吉士，授编修，官直隶通永道道员，擢直隶按察使，迁江西布政使，调直隶布政使。光绪三十一年（1905）署山东巡抚，三十三年（1907）代袁世凯为直隶总督。卒后，赠太子少保，谥文敬。在任山东巡抚时，重建山东省修志局，主持完成了宣统《山东通志》的编纂。光绪三十三年（1907）四月，同随员多人来游崂山，请太清宫道长韩太初携琴到华严庵，弹数曲，并留韩道长住一昼夜，即兴写了《崂山听韩太初琴》诗一首，其中有"指点断文古，传留到如今"、"不求悦俗耳，但求养自心"之句，韩道长亦和韵答一首。在华严寺门内墙上，还留有杨士骧碑记题刻。

【华世奎】（1864—1942），字启臣，号璧臣，祖籍江苏无锡，出生于天津。清光绪时举人，曾官内阁中书、军机处章京、内阁阁丞。辛亥革命后，隐居不仕，自号"北海逸民"，以诗文、书法自娱。曾主持崇化学会、国文观摩社、城南诗社等文化团体，并长期担任天津文庙主持。工书法，崂山太平宫迎门之石壁正面题刻"海上宫殿"，为华世奎手书。

【孙中山】（1866—1925），名文，字逸仙，号日新，广东香山（今中山市）人。1892 年毕业于香港西医书院，随后在澳门、广州等地行医。1894 年 11 月，在檀香山组织反清革命团体兴中会，1895 年广州起义失败后流亡海外，1905 年中国同盟会成立时被推举为总理。1911 年武昌起义后被推举为中华民国临时大总统。1913 年"二次革命"失败后再度流亡日本，1914 年 6 月，在东京组织中华革命党，1919 年将中华革命党改组为中国国民党，护法运动失败后退居上海。1923 年 1 月与苏联代表越飞发表《孙文越飞宣言》，1924 年 1 月在广州召开中国国民党第一次全国代表大会，确立联俄、联共、扶助农工三大政策，重新解释三民主义，实现了第一次国共合作。11 月应邀北上共商国是，

1925 年 3 月 12 日在北京逝世。1940 年，国民政府通令全国，尊称其为"中华民国国父"。著有《建国方略》、《建国大纲》、《三民主义》等。1912 年 9 月 28 日，孙中山曾到青岛，10 月 1 日，在同盟会员徐镜心（1873—1914，又名文衡，字子鉴）、刘冠三（1872—1925，名恩赐，字冠三）、蒋洗凡（1881—1915，名衍升，字锡藩、洗凡）等陪同下，偕夫人卢慕贞、秘书宋霭龄等十数人游览了崂山，并摄影留念，孙中山游崂山照片现存青岛档案馆。为表达青岛人民对中山先生的深切怀念，1929 年 5 月 22 日，民国青岛接收专员公署将原山东路改称中山路，将第一公园改为中山公园。2001 年 10 月，在中山公园增设一尊国内最大的孙中山先生石雕塑像。

【孙宝琦】（1867—1931），字慕韩，晚署孟晋老人，清末民初浙江杭州人。其父孙诒经，清咸丰十年进士，官至刑部、户部侍郎，为光绪帝的老师。孙宝琦以父荫任刑部主事，历任候补直隶道台、军机处官报局局长、驻法公使、顺天府尹、驻德公使、津浦铁路会办、山东巡抚等。1913 年后先后任北洋政府外交总长、北洋政府税务处督办、审计院院长、财政总长、国务总理兼外交委员会委员长、淞沪商埠督办、北京中法大学董事长等。著有《驻法时政奏稿》等。清光绪三十年（1904）秋，曾来青岛并游览了崂山，宿于太清宫。

【翟熙典】字式文，清代山东掖县（今莱州市）人。光绪时庠生，候补上元县知县。工诗善画，著有《听绿山房诗集》。曾游崂山，留有《华严庵》、《游大崂观即景》、《寄夏道士崂山》、《神清宫题壁》等诗篇。

【王卓如】字立夫，清代清江人。举人。光绪二十八年（1902）曾来游崂山，留有《太清宫即事》、《仙胎鱼》、《华严庵》、《华阴河》、《华阴道中》、《月子口》、《寂光洞》、《晚宿大劳观》、《狮子岩观海》

等大量游崂诗篇。《宿大劳观》云："斜阳下西岭，炊烟远弄景。道人知客来，伫立久延颈。山深天易暝，连床人尚醒。万籁寂无闻，冷然一声磬。"

【陈述斋】清末马来亚槟城闽籍华侨。著有《陈述斋琐语》、《伤寒论注释》等。曾来青岛，游崂山时，在九水庵留有诗一首："九水山家竹万竿，绿荫深处宿云寒。惜无当世倪迂笔，收入画阁挂壁看。"另有《小青岛》诗："领略青山不在多，水中一岛小如螺。云鬟别有飘萧态，似向风前浴晚波。"

【徐金铭】字庚生，清末山东历城人。光绪三十年（1904）进士，曾官度支部主事。著有《六慎斋文存》、《六慎斋诗存》、《补遗》，并曾参修宣统《山东通志》、《历城县志》、《济宁直隶州续志》等。光绪三十年冬至曾来游崂山，留有《甲辰冬至青岛有感》诗二首。

【蔡元培】（1868—1940），字鹤卿，号孑民，浙江绍兴人。清光绪十五年（1889）中举人，光绪十八年（1892）中进士，光绪二十年（1894）授翰林院编修，后弃官南下，任绍兴中西学堂监督。1905年加入中国同盟会，1907年赴德国留学。曾任南京临时政府教育总长、北京大学校长、中国国民党中央政治会议委员、国民政府委员、国民政府大学院院长、监察院院长、中央研究院院长等。抗日战争时期移居香港。著有《蔡元培选集》。自清光绪二十九年（1903）第一次来游青岛后，蔡元培曾多次来青。他力主将国立山东大学设在青岛，并题写了国立青岛大学校名；与李石曾、杨杏佛等人一起倡议在青岛筹建中国海洋研究所，筹资兴建青岛水族馆，并主持了1932年水族馆建成后的开馆典礼；建议在青岛设立海洋生物研究室；还为青岛市立中学题写了校名。1934年4月，蔡元培在山东省主席韩复榘、青岛市市长沈鸿烈的陪同下游览崂山，并到太清宫阅览了珍藏的《道藏》。他还曾到浮山南麓全圣观（朝阳庵）拜访道士曾明本，并亲笔题字："薜崖直上飞双屐，云洞前头岸幅巾"①。题头为"性全先生雅属"，落款"蔡元培"，今朝阳洞门前此题字的刻石楹联仍保存完好。1934 年 10 月，蔡元培曾偕夫人周峻来青岛观光，周峻在青岛水族馆二楼以海为景作画，蔡元培在画上题诗一首："水族馆中窗窈窕，海滨园外岛参差。惊涛怪石互吞吐，正是渔舟稳渡时。"

【孙德谦】 （1869—1935），字受之，一字寿芝，号益菴、龙鼎山人，晚号隘堪居士，江苏元和（今苏州市）人。光绪十三年（1887），补诸生。自幼"性好读书，与学则无不窥"，精研经史文学，兼及声韵训诂。宣统三年（1911），移居上海，历任东吴大学、大夏大学、交通大学、国立政治大学教授。著有《太史公书义法》、《汉书艺文志举例》、《刘向校雠学纂微》、《六朝丽指》、《稷山段氏二妙年谱》、《诸子要略》、《诸子通考》等。曾多次来青岛讲学，拜访寓居青岛的前清遗老和学人，与章梫、劳乃宣私交甚厚。1918 年秋，写有赠劳乃宣的诗稿："劳山遁隐已经年，一室萧条似磬悬。翻羡岩陵垂钓客，披裘犹有故人怜。"

【章炳麟】 （1869—1936），初名学乘，字枚叔，后改名绛，号太炎，浙江省杭州市余杭人。光绪十七年（1891）入杭州诂经精舍，师从俞樾。后参加维新运动和辛亥革命，曾任《时务报》主笔，与蔡元培等联合发起光复会，参加中国同盟会，主编《民报》。1912 年后任南京临时政府枢密顾问、东三省筹边使等。1917 年参与护法运动，任海陆军大元帅府秘书长。1935 年在苏州主持章氏国学讲习会，主编《制言》杂志。在文学、历史学、语言学等方面，均有成就。一生著作宏富，约有 400 余万字，刊入《章氏丛书》、《章氏丛书续编》、《章氏丛

---

① 出自南宋诗人陆游的七言律诗《独游城西诸僧舍》。

书三编》、《章太炎全集》。1932 年 5 月 29 日至 6 月 3 日，曾应青岛市政府和国立青岛大学邀请，来青岛大学演讲，并游览了青岛海滨公园、海水浴场、汇泉炮台、崂山等风景名胜。

【孔令贻】（1872—1919），字谷孙，号燕庭，孔子七十六世孙，清代山东曲阜人。光绪三年（1877）袭封衍圣公，光绪十五年（1889）奉谕为翰林院侍讲，并正式主持府务。光绪十八年（1892），署理四氏学堂学务。光绪三十三年（1907）奉旨稽查山东学务。1915 年袁世凯阴谋复辟帝制，被推选为"筹安会名誉理事"，袁称帝后，加封"郡王"衔。光绪三十四年（1908），孔令贻偕友及随从一百余人游览崂山，与太清宫住持韩谦让谈玄论道，甚为投契，并赠以联屏，住一日离去。

【蒋维乔】（1873—1958），字竹庄，号因是子，江苏武进（今常州）人。20 岁中秀才，后入常州府学。光绪二十一年（1895）秋起，先后入江阴南菁书院和常州致用精舍。1903 年任上海爱国学社、爱国女学教员，后进商务印书馆编译所编写小学教材，辛亥革命后历任教育部秘书长、江苏省教育厅厅长、东南大学校长等，1929 年任上海光华大学哲学系教授、中文系主任、教务长、文学院院长。1949 年后，任上海文史研究馆副馆长。著有《中国佛教史》、《中国近三百年哲学史》、《吕氏春秋汇校》、《佛学概论》、《因是子静坐法》、《因是子静坐法续编》、《中国的呼吸习静养生法——气功防治法》、《因是子游记》等。喜游山水，1935 年商务印书馆出版的《因是子游记》收有他的游记 40 多篇，其中就有《劳山纪游》。

【苏竹影】民国时期画家，毕业于上海美专，曾寓居青岛，在中小学任教美术，擅画花卉。著有《竹影杂记》（1936 年 3 月大新图书局出版），其中收有《汇泉公园之樱花》、《海水浴场试浴记》、《记青岛之海市蜃楼》、《我也谈谈青岛的海水浴场》、《丹山赏花记》、《崂山观瀑记》、《青岛游程》、《记青岛海水浴场》等青岛和崂山游记。

【杨云史】（1875—1941），初名朝庆，更名鉴莹，又名圻，字云史，号野王，以字行，清末民国江苏常熟人，李鸿章孙婿。初以秀才为詹事府主簿，迁户部郎中。清光绪二十八年（1902）举人，官邮传部郎中，出任驻英属新加坡总领事。入民国，任吴佩孚秘书长，亦曾经商。1938 年后移居香港。长于诗词，著有《江山万里楼诗词钞》等。1924 年春曾专程到青岛探访康有为，结伴游崂山，留下《丹山看花》诗二首："樱花落尽逐香尘，此际丹山浩荡春。万顷胭脂千岭雪，艳阳烘醉白头人。""桃杏李樱争艳香，游人熏得醉如狂。绿茵斜卧春草地，愿伴群芳度夕阳。"

【靳云鹏】（1877—1951），字翼青，又作翼卿，清末民国山东济宁邹城人。毕业于天津武备学堂。1902 年任北洋常备军军政司参谋处提调。中华民国成立，被任命为山东省北洋陆军第五师师长，调任陆军部次长。1913 年就任山东都督。1917 年赴日本考察军事，归国后任参战督办公署参谋长。1919 年任国务总理兼陆军总长，1921 年辞职后赴天津英租界定居，致力于办实业，晚年笃信佛法。曾到青岛并游览过崂山，留有《吊田横》诗三首："幼年读史慕高风，壮烈何人可继踪。沧海清风明月夜，只鹜斗酒吊先生。""沥肝披胆信誓盟，韩生竟自卖郫生。可怜卅里尸乡驿，成就先生千载名"。"昨夜征书下未央，海滨人自气昂藏。英雄壮志空千古，宁愿分身不愿王"。曾到民众教育馆听倓虚法师讲经，倓虚法师主持修建湛山寺时，他曾捐资，并帮助倓虚法师从北京购买的木料免费运到青岛。

【周肇祥】（1880—1954），字嵩灵，号养庵，别号退翁，浙江绍兴人。先后卒业于京师大学堂、法政学堂。曾任四川补用道、奉天警务局总办、奉天劝业道、奉天葫芦岛商埠督办、署理盐运使、警务局督办兼屯垦局长、湖南省财政厅厅长、署理湖南省省长、奉天葫芦岛商埠督办、清史馆提调、临时参政院参政、北京古物陈列所所长、北京团城国学馆副馆长等职。工诗文，精鉴藏，通文史，喜游历，擅书画。晚年潜心金石书画，任中国画学研究会会长。著有《东游日记》、《补正宋四家墨刻簿》、《山游访碑目》、《故都怀古诗》、《游山》、《鹿岩小记》、《石刻汇目》、《辽金元古德录》、《寿安山志》、《婆罗花树馆题记》、《辽文拾》、《辽金元官印考》、《虚字分类疏证》、《复辑录庄教馆金石目》、《宝觚楼金石目》、《宝觚楼杂记》、《琉璃厂杂记》、《重修画史汇传》、《画林劝鉴录》、《退翁墨录》等。1932年农历8月14日至16日，曾与绍兴名士傅增湘同游崂山，留有《华严寺》、《蔚竹庵》、《玄真洞》、《上清宫》等诗。《蔚竹庵》云："一庵依涧曲，四面拥云岚。落落长松石，崎崎野竹毿。归真空有塔，弥勒尚同龛。饱领山蔬美，毋为肉食谈。"

【叶恭绰】（1881—1968），字誉虎，又字裕甫、玉甫、玉虎、玉父，号遐翁、遐庵，晚年别署矩园，广东番禺（今广州）人。出身书香门第，早年毕业于京师大学堂仕学馆，后留学日本，并加入中国同盟会。曾任清政府铁道督办、北洋政府交通总长、交通大学校长、孙中山广州大本营财政部长、南京国民政府交通部长、北京国学馆馆长。中华人民共和国成立后，曾任中央人民政府政务院文化教育委员会委员、中央文史研究馆副馆长、北京中国画院院长、中国佛教协会理事、第二届全国政协常委、第三届全国政协委员等。擅长诗词书画，精于考古鉴赏，著有《遐庵诗稿》、《遐庵汇稿》、《遐庵词赘稿》、《遐庵书画集》、《遐庵清秘录》、《遐庵谈艺录》、《清代学者传像续编》、《五代十国文》、《交通救国论》、《历代藏经考略》、《叶恭绰书画选集》、《矩园余墨》等。1931年8月，时任南京国民政府交通部长的叶恭绰应邀来游崂山，并为原"鱼鳞瀑"（或"玉鳞瀑"）题写"潮音瀑"三字，镌刻于北九水靛缸湾之北崖上，并署"中华民国二十年八月番禺叶恭绰"，后该瀑布遂称为"潮音瀑"。他还与中东铁路稽查局长陈飞青和佛学家周叔迦等倡建湛山寺，并带头捐资，同时邀请倓虚法师做主持，题写了"湛山精舍"的匾额。

【王正廷】（1882—1961），原名正庭，字儒堂，号子白，浙江奉化人。1896年考入天津北洋西学堂，毕业后任教于天津新学书院、湖南省立高等学堂。1907年加入同盟会并赴美国留学。中华民国成立后，先后担任南京临时政府参议院副议长，北洋政府工商部次长、外交总长、代理内阁总理等职。1919年为中国出席巴黎和会全权代表之一，坚持拒签对德和约。1922年被选为国际奥林匹克委员会终身委员。1928年6月任南京国民政府外交部长、中国国民党中央政治会议委员、国民党中央执行委员等职。1931年"九一八"事变后，被迫辞职。后出任驻美大使、国民党中央执行委员和国民政府委员、上海市参议员、全国体育协进会理事长、中国红十字会会长、交通银行董事等职。1949年初移居香港，任太平洋保险公司董事长等职。著有《王正廷博士演讲集》、《王正廷自传：顾往观来》。王正廷曾多次来青岛并游览崂山。1922年3月曾任鲁案善后督办，12月代表中国同日本签订《鲁案协定》，并办理移交胶澳管理手续。1933年，为崂山斐然亭撰写碑文。今青岛山海关路11号有其别墅，建于1934年。

【汪精卫】（1883—1944），名兆铭，字季新，号精卫，广东番禺人。1901年中秀才，1904年赴日本留学，入日本法政大学速成科。1905年参与组建同盟会，被选为评议部部长，曾任《民报》主笔。辛亥革命后赴法国留学，曾参加"二次革命"、护国运动和护法运动。1924年中国国民党"一大"上，当选为中央执行委员，并任宣传部部长。1925年7月后，历任国民政府常务委员会主席、军事委员会主席、行政院长、国防最高会议副主席、中国国民党副总裁等。1938年12月离开重庆，后到上海，继而赴日本东京。1940 年 3 月在南京成立伪国民政府，任主席兼行政院长。1944 年 11 月病死日本名古屋。长于诗文，有《汪精卫文存》、《汪精卫集》及《双照楼诗词稿》等。一生多次到过青岛，1935 年 8 月到青岛时，曾游崂山，并留咏青岛和崂山诗《太平角独坐》、《斐然亭晚眺》、《纪游劳山》等多首。其《斐然亭晚眺》云："蔚蓝波染夕阳红，天宇昭昭暮色融。海作衣裾山作带，飘然我欲去乘风。"《纪游劳山》之一："两峰缺处海天明，灼灼银波媚晚晴。一片清音听不断，松风直下接涛声。"之二："仰攀乔木俙幽宫，路转千岩万壑中。海阔天空归一览，始知人在最高峰。"

【王升】（1886—1916），清末民初山东诸城人。曾应募参加辛亥诸城之役，1914 年加入中华革命党。1916 年讨袁师起，占周村，攻淄博，立下战功。率敢死队入济南，中埋伏牺牲。曾游崂山，留有《华严庵》、《巨峰》诗。《巨峰》云："卓立应推第一峰，神鳌驾出巨灵通。扶筇徙倚思探斗，振袂凌空欲破风。半壁天光遮海外，九州烟色落杯中。羯来浩荡乾坤小，西望崦嵫落照红。"

【熊瑾玎】（1886—1973），又名熊楚雄，湖南长沙人。早年在长沙从事教育工作，1918 年秋加入新民学会，1919 年参加长沙五四运动。1922 年起先后任湖南自修大学教务主任和湘江学校董事。1927 年加入中国共产党，先后在武汉中共湖北省委和上海中央机关工作。抗日战争和解放战争时期，任《新华日报》总经理、《晋绥日报》副经理、解放区救济总会副秘书长、中国人民救济总会监察委员会副主席等职。1949 年后历任全国政协第一届、二届、三届、四届委员、中国红十字总会副会长。著有《熊瑾玎诗草》等。1960 年夏，熊瑾玎偕夫人朱端绥来青岛休养，游历了青岛海滨和崂山，写有《游崂山》、《游青岛水族馆和海洋博物馆》、《青岛栈桥》等诗歌。

【柳亚子】 （1887—1958），原名慰高，字安如，更名人权，字亚卢，再更名弃疾，字亚子，江苏吴江人。清末秀才，1903 年加入上海爱国学社，1906 年加入同盟会，1909 年创立文学团体"南社"。曾任孙中山总统府秘书、中国国民党中央监察委员、上海通志馆馆长、中国国民党革命委员会中央常务委员兼监察委员会主席、三民主义同志联合会中央常务理事、中国民主同盟中央执行委员。中华人民共和国成立后，当选为中央人民政府委员、全国人大常委会委员。著有《磨剑室诗词集》、《磨剑室文录》、《柳亚子诗词选》、《柳亚子自传年谱》等。1934 年 10 月，柳亚子来青岛，游览了崂山北九水及华严寺等地，留有《游崂山》、《华严寺观花》、《晨游海滨公园与海水浴场》等诗。其《游崂山》诗云："海上神仙事渺茫，崂山金碧尽辉煌。燕齐迁怪君休诮，谡谡松风夹道凉。"

【丁叔言】 （1888—1946），名锡纶，字叔言，以字行，清末民国潍县（今山东潍坊）人。热心教育与公益，先后创办丁氏第一小学、丁氏第二小学，并参与筹建潍县县立中学。曾任中国红十字会济南分会驻潍办事所所长、中华民国众议员、总统府咨议、潍县中区教育会长、潍县第一区区长、潍县公民训练大队长、中华民国第一届国民大会代表等。能诗善文，精于绘画，著有《养静轩诗稿》、《枕戈集》、《孟浩然年谱》、《潍县半月围城记》、《傅戈庄盐店被焚案纪实》、《张士保先生评传》、《考察日记》、《五十年之回顾》等。1930 年 5 月，丁叔言曾游崂山，并画有多幅山水画，归而作《崂山游记》，并写有《寄题太清宫兼呈果园先生》诗。

【陆福廷】 （1885—1960），名嘉佑，字心亘，号福廷①，安徽灵璧双沟镇（今属江苏省徐州市睢宁县）人。南京两江师范学堂、保定陆

---

① 一作"福庭"。

军军官学校第三期炮科毕业，历任安徽陆军督练公署军官讲习所教习，北京陆军大学战术教官，陆军第一师炮兵团团长，粤军总司令部参谋兼第二团团长，黄埔军官学校第一期上校战术教官、入伍生部炮兵主任教官，国民革命军总司令部交通处长，军事委员会后方勤务部铁道运输处长，代理运输司令兼陇海铁路局长，津浦铁路管理局长等职。抗日战争爆发后，任交通部陇海铁路局副局长，陇海线运输副司令，兵站总监部陇海线分监，陇海铁路局局长兼铁道运输处长，国民党第六届中央执行委员。1943 年授陆军少将。1946 年起任三青团陕西支团监察委员，国民党陇海路特别党部执行委员，陕西省党部监察委员，第一届国民大会代表并任宪政实施促进委员会考察委员会委员。1947 年授陆军中将，当选立法院立法委员及交通部顾问。1949 年去台湾。能诗善书法，著有《交通战史》等。1933 年 10 月，陆福廷曾与铁路协会代表团乘 "永安号" 舰艇抵达崂山太清宫游览，并留有《宿华严寺》诗一首和跋语，刻于白云洞左侧石壁上："癸酉二十二年十月，余偕章君阜春同游劳山，经太清宫华严寺而至白云洞，偶题数句以留鸿爪。'夜宿华严寺，力疾（旧病初愈）访胜名。海潮聋耳啸，山月入帘青。永舰同游返（铁路协会代表同人乘永安舰至太清宫偕回青），肩舆结伴行。白云洞口上，潺潺听泉声。'灵璧陆福廷题句，武进章阜春书丹。"

【杜月笙】（1888—1851），原名月生，后改名镛，号月笙，江苏川沙（今上海浦东新区）人。幼时父母双亡，1902 年进入时为青帮上海龙头的黄金荣公馆。1925 年，成立三鑫公司，垄断法租界鸦片提运，出任法租界商会总联合会主席，兼纳税华人会监察。1927 年 4 月与黄金荣、张啸林组织中华共进会。1929 年创办中汇银行，不久出任法租界公董局华董。1933 年成立自己的帮会组织 "恒社"。1934 年起先后任上海市地方协会会长、中国红十字会副会长、中国通商银行董事长等职。1937 年全面抗战爆发后，积极支持抗日，先后迁居香港、重庆，组织人民行动委员会，建立恒社总社，组织中华实业信托公司等。抗战胜利后，返回上海，1949 年赴香港。1932 年，杜月笙率上海工商界代表团来青岛考察，并游览了崂山，为颂时任青岛市市长沈鸿烈开发崂山的功绩，在返岭后村临海岩石上建斐然亭。次年，立"斐然亭碑"，碑文由王正廷撰写。

【邵元冲】（1890—1936），初名骥，字翼如，浙江绍兴人。1903 年考中秀才，1906 年考入杭州浙江高等学堂，同年加入中国同盟会。曾赴日、美留学，历任上海《民国新闻》总编辑、孙中山大元帅府机要秘书、《民国日报》社长、国民党中央执行委员、中央政治委员会委员、杭州市市长、考试院考选委员会委员长、立法院副院长、代院长、国民党中央宣传委员会主任等职。著有《各国革命史略》、《孙文主义总论》、《邵元冲演讲集》、《心理建设论》、《西北揽胜》、《邵元冲日记》等。1933 年游崂山时，曾题写有"天半朱霞"、"涵虚凝翠"、"空潭泻春"，分别镌刻在明霞洞洞左、太清宫三官殿后、观瀑亭下路旁石壁上。

【曾琦】（1892—1951），原名昭琮，后改名琦，字慕韩，别号愚公，四川隆昌人。早年就读于成都四川法政学堂。1914 年入上海震旦学院，1916 年赴日本中央大学留学。1918 年回国，参与发起成立少年中国学会，1919 年到法国留学。1923 年 12 月与李璜等人在法国发起成立中国青年党，任党务主任。1924 年回国，在上海创办《醒狮》周报，宣传国家主义。1926 年在青年党一大上当选为中央执行委员会委员长。1938 年后任国民参政会参政员，1945 年 12 月当选为青年党主席，曾任国民政府委员、总统府资政，1948 年赴美。著有《国体与青年》、《曾慕韩诗稿》、《藏云室诗集》、《曾慕韩先生遗著》、《曾琦先生文集》等。早年曾偕夫人周若南来青岛并游崂山，题诗华严寺。今华严寺前有曾琦《步憨山上人韵》诗碣："避地齐东愿久荒，偶携良友一褰裳。名僧佳句留禅寺，大海潮音送夕阳。躑足未能登绝帙，濯缨今喜有沧浪。

劳人例合崂山住，且枕诗囊卧石房。"抗战胜利后再游崂山，为纪念李先良抗战，在华严寺题诗一首："百战犹存射虎身，临淮韬略信无伦。二崂仙境凭君护，我欲移居东海滨。"

【丁锡田】（1893—1941），字倬千，号稼民，清末民国潍县（今山东潍坊）人。21岁入丁氏第一高等小学校，毕业后被聘为该校教师，后任丁氏第二高等小学校长。曾参加黄炎培创办的中华教育改进社。平生酷爱史地，对地方志书广泛搜求，致力于地方文献资料的整理，先后刊印了《潍县文献丛刊》、《十笏园丛刊》、《小书巢丛刊》、《韩文靖公遗集》、《后汉郡国令长考补》、《全潍记略》、《潍县竹枝词》等，还参加了重修《潍县志》的工作，著有《稼民杂著》、《崂山记游》、《赴燕记游》等。《崂山记游》，有民国十九年（1930）石印本。

【吴南愚】（1894—1942），名岳，字南愚，以字行，江苏扬州人。自幼学习诗歌、书画、金石，尤其擅长微雕，"能于五分方圆之象牙面上，刻字千余，具有帖气。非用放大之镜，不可辨识，不知其何以为之。是殆所谓鬼斧神工也。"① 还喜集邮。1935年8月，游崂山时，曾留题刻两处：一处在太清景区，篆书"宇宙奇观"，落款"民国二十四年八月江都吴南愚题"。一处在九水景区鱼鳞峡南岸凹洞内，隶书"鱼鳞峡"，落款"乙亥年八月江都吴南愚"。

【罗章龙】（1896—1995），本名璈阶，易名仲言，号文虎，笔名沧海、景云、真君等，湖南浏阳人。1918年4月与毛泽东等发起成立新民学会，后入北京大学文学院。曾参加五四运动，是中共最早的党员之一。在中共三大至六大上连续被选为中央委员或中央候补委员，是中共第三届中央局委员。1928年后，历任中共中央工委书记，中华全国总

---

① 赵汝珍：《古玩指南全编》，北京出版社1992年版，第239页。

工会委员长、党团书记。1931 年中共六届四中全会后被开除出党。1934 年起，先后在河南大学、西北大学、华西协和大学、湖南大学等校任教。1949 年后，先后在湖南大学、中南财经学院、湖北大学任教。1978 年起先后被选为第五届、六届、七届全国政协委员。1979 年起，任中国革命博物馆顾问。著有《罗章龙回忆录》、《康德传》、《中国国民经济史》、《欧美经济政策研究》、《社会主义经济计划原理》、《椿园载记》、《椿园诗草》等。20 世纪二三十年代，曾多次来青岛并游览崂山，登巨峰，观日出，看云海奇观。1936 年夏来青岛时并游崂山，留有五言诗《崂山吟》（载于《椿园诗草》），其中有"崂山峻千仞，东向沧溟开"、"怪石耸霄汉，飞瀑喷云雷"之句。另有《田横岛》、《旋风歌为郑心亭作》、《登崂山观海》诗。

【苏雪林】（1897—1999），原名苏小梅，后改为苏梅，字雪林，以字行，笔名瑞奴、瑞庐、小妹、绿漪、灵芬、老梅等。祖籍安徽太平（今黄山市），生于浙江瑞安。先后毕业于安徽省立安庆第一女子师范学校、北京高等女子师范学校，1921 年留学法国，先进入里昂中法学院，后又进入里昂国立艺术学院，1925 年以母病归，先后在沪江大学、安徽大学、武汉大学任教。1949 年去香港，后到台湾师范大学、成功大学任教，1973 年退休。著有《青鸟集》、《屠龙集》、《蝉蜕集》、《归鸿集》、《绿天》、《遁斋随笔》、《南明忠烈传》、《文坛话旧》、《我与鲁迅》、《中国文学史》、《辽金元文学》、《二三十年代的作家与作品》、《诗经杂俎》、《唐诗概论》、《屈赋论丛》等作品近 50 种，包括小说、散文、剧本、诗词、现代作家作品研究及多种学术著作。1935 年夏，苏雪林曾与丈夫一起来青岛度假避暑，并游览了崂山，留有《岛居漫兴》、《劳山二日游》两篇游记，1938 年由商务印书社出版了单行本《青岛游记》。

【俞平伯】（1900—1990），名铭衡，字平伯，祖籍浙江德清，生于苏州。1915 年，考入北京大学预科，积极投身五四新文化运动，为新潮社、文学研究会、语丝社成员。1919 年北京大学毕业后，先后在浙江第一师范学校、上海大学、北京外国语学校、燕京大学、北平女子文理学院、北京大学、清华大学、中国大学任教。1947 年加入九三学社。1949 年后，历任北京大学教授，中国社会科学院文学研究所研究员。与胡适一同称为新红学的奠基人之一。著有《红楼梦辩》（1953 年再版时改名《红楼梦研究》）、《唐宋词选释》、《论诗词曲杂著》，诗集《冬夜》、《古槐书屋词》、《西还》、《忆》，散文集《燕知草》、《杂拌儿》、《古槐梦遇》、《燕郊集》等。1932 年来青岛游览时，曾为信号山题写诗一首："故人邀我作东游，可惜年时在早秋。三面郁葱环碧海，一山高下尽红楼。"1937 年 4 月，曾侍父母亲并偕夫人同游青岛崂山，并作五言长诗《青岛纪游诗》以记。

【蹇先艾】（1906—1994），原名蹇肖然，笔名罗辉、萧然、赵休宁、蔼生等，贵州遵义人。1926 年考入北平大学法学院经济系。1931 年至 1937 年，在北京松坡图书馆工作。1937 年至 1951 年，先后任遵义师范学校校长，贵州大学、贵阳师范学院等校教授。1951 年后，曾担任贵州省文联主席、省文化局局长、贵州省省政协副主席等。著有《朝雾》、《盐的故事》、《城下集》、《乡谈集》、《蹇先艾散文小说集》、《蹇先艾短篇小说选》等，约 350 万字。1936 年 7 月，中华图书馆协会第三次年会和中华博物馆协会第一次年会联合在青岛召开，蹇先艾作为北平市的代表第一次来到青岛，会后游览了崂山。回去后，写下著名的散文《青岛海景》。

【倪锡英】（1911—1942），江苏省无锡县东亭镇长大厦村人。毕业于江苏省立第三师范学校（现无锡高等师范学校），因成绩优秀留校。不久，宋美龄推荐他到国民革命军遗族学校任教。1931 年到江苏徐州民众教育馆工作。1933 年曾同赵光涛、李可染等人一起开辟中原及西北地区的社会教育，筹办洛阳民众教育实验区。1942 年病逝于重庆。1931 至 1939 年之间，陆续出版了一套《都市地理小丛书》10 卷，分别是《泰山曲阜游记》、《杭州》、《南京》、《北平》、《广州》、《上海》、《西京》、《洛阳》、《济南》、《青岛》，由中华书局出版发行，"专供中等学校学生学习地理时参考自习之用"。其中，《青岛》卷出版于 1936 年 10 月，共包括 10 个部分："不夏的青岛"、"青岛建设史"、"青岛形势概述"、"青岛交通概况"、"青岛风景志"、"崂山胜迹（上）"、"崂山胜迹（下）"、"海滨风景线"、"青岛市区巡礼"、"青岛生活印象"，通过真实、简明、生动的语言和大量珍贵的图片记载了青岛的历史沿革、地理形势、交通、名胜、古迹等，特别是对崂山作了详细介绍，具有重要的历史文化价值。

【端木蕻良】（1912—1996），原名曹汉文，又名曹京平，曾用笔名黄叶、罗旋、叶之林、曹坪等，辽宁昌图人。1928 年入天津南开中学读书，1932 年考入清华大学历史系，同年加入"左联"，开始文学创作活动，后从事教育和编辑工作。新中国成立后，曾任北京文联创作部副部长、出版部副部长、北京市作家协会副主席、中国作家协会理事等。著有长篇小说《科尔沁旗草原》、《大江》、《大地的海》、《大时代》、《上海潮》、《曹雪芹》，短篇小说集《土地的誓言》、《憎恨》、《风陵渡》，另有戏剧、译作等。1937 年夏曾来青岛，并创作了著名游记散文《青岛之夜》，发表在上海由沈雁冰主编的杂志《呐喊》创刊号（1937 年 9 月 5 日）上。后来又在《题崂山》、《忆旧游》、《青岛怀思》诗中抒发了对崂山的赞美和对青岛的眷恋之情。《题崂山》诗云："付与画家任意收，驱鲸鞭石坐春秋。崂山近在蓬莱远，渔火星星洲外洲。"

【张充和】（1914—　），祖籍合肥，出生于上海。与姐姐张元和、张允和、张兆和一起被称为"合肥四姊妹"。幼时学古文、书法、昆曲。1934 年考入北京大学中文系，后因病辍学。抗战胜利后，于北大讲授昆曲及书法。1949 年移居美国，在耶鲁大学等多所大学执教，教授书法和昆曲。工诗词，擅书法绘画，1936 年 8 月曾以笔名"季旋"在《中央日报》"贡献"副刊发表《崂山记游》，现收入《小园即事——张充和雅文小集》中。

【徐中玉】（1915—   ），笔名王卓、宗越，江苏江阴人。1934 年考入青岛国立山东大学中文系，担任山东大学文学社社长。1938 年 3 月转入重庆国立中央大学，1939 年毕业后到中山大学研究院文科研究所研究古代文论。1941 年起任中山大学中文系讲师、副教授，1946 年 8 月回青岛任山东大学中文系副教授，1947 年任沪江大学中文系教授，兼任同济大学和复旦大学中文系教授。1952 年起先后任华东师范大学中文系主任、文学研究所所长，教育部中文学科评议组成员，全国高教自学考试中文专业委员会主任，上海作协第五届主席，《中文自学指导》主编等。著有《鲁迅遗产探索》、《古代文艺创作论集》、《激流中的探索》、《徐中玉自选集》、《美国印象》、《现代意识与文化传统》等，主编有《古文鉴赏大辞典》、《大学语文》等。徐中玉曾游览崂山，写有散文《绿色的回忆》，其中写道："我忘不掉一年一度崂山。崂山是天下的胜景，山深，寺古，竹瘦。瀑布和清磬的声音交织成了崂山的伟名。"

【孔德成】（1920—2008），字玉汝，号达生，系孔子第 77 代嫡孙。出生百日袭封 32 代衍圣公，1935 年改作大成至圣先师奉祀官。1937 年迁居重庆，主持成立孔学会。1949 年迁居台湾，历任台湾大学教授、台湾故宫中央博物院联合管理处主任委员，曾任台湾地区"考试院"院长、"总统府"资政等职。著有《礼记释义》、《孔子圣迹图》、《金文选读》、《论儒家之礼》、《明清散文选注》等。据《太清宫志》载，民国二十五年（1936）秋，孔德成曾由青岛乘船至崂山太清宫，并书

"修真养性"四字，藏于太清宫。1994年3月其师王献唐墓迁葬崂山支脉浮山，孔德成闻讯后为新墓撰写了碑文："王公献唐先生之墓，公元一九九一年元月吉日，曲阜孔德成拜题。"

四、宗教文化名人

本部分收录人物：崂山道教文化名人、崂山佛教文化名人等。

（一）道教文化名人

【安期公】 又作"安期生"，是道教传说中的著名仙人。据皇甫谧《高士传》，安期生是琅琊阜乡人，卖药东海边，老而不仕，人称"千岁公"。秦始皇东游，曾与之长谈三日三夜，并留书始皇："后数年求我于蓬莱山"，后来始皇遣方士徐福入海寻找，船还未到蓬莱山，就遭遇大风浪被迫返回。《史记·封禅书》记载，一个叫李少君的方士对汉武帝说："臣尝游海上，见安期生食巨枣，大如瓜。安期生，仙者，通蓬莱中，合则见人，不合则隐。"唐代诗人李白《寄王屋山人孟大融》诗曰："我昔东海上，劳山餐紫霞。亲见安期公，食枣大如瓜。"今崂山内九水有"安期泉"。

【张廉夫】 （前171—?），字静如，号乐山，西汉豫章郡瑞州（今江西省高安县）人。汉景帝中元三年（前147）甲午，举文学茂才，得一等，官至上大夫。后因得罪权要，弃职入道，精研玄学，入终南山数载，得师传道，遨游天涯。汉武帝建元元年（前140）辛丑来到崂山，先后建"三官庙"茅庵和"太清宫"殿宇，供奉三官大帝神位和三清神像，授徒拜祭，奠定了崂山道教的基础，他因此被尊称为"开山始祖"。汉昭帝始元二年（前85），张廉夫命弟子刘方清、赵冲虚、冯若修等主持庙事活动，自回江西鬼谷山三元宫潜修，而后又多次来崂山①。今太清宫内两株汉柏，相传为张廉夫在初创太清宫时亲手所植。

【姜抚】唐代术士，宋州（今河南商丘市）人。常着道士衣冠，自言通仙人不死术，年已数百岁，隐居不出。开元末年（741），太常卿韦绍祭名山，兼访民间隐逸之士，将姜抚召至洛阳，安置在集贤院，向玄宗荐报。姜抚言服食长春藤、终南山旱藕可延年益寿，唐玄宗将其赐予群臣，并授姜抚银青光禄大夫，号"冲和先生"。右饶卫将军甘守诚识药，言姜抚欺诈，民间有饮用以酒渍长青藤者多暴死者，朝廷下令禁服这两种药。姜抚惭悸，请"求药牢山"，遂逃去。欧阳修《新唐书》有姜抚传，并称崂山为"牢山"，《册府元龟》、《太平广记》等都有关于姜抚的记载。据传姜抚来崂山后，即在白云洞的天然洞穴中修炼。

【孙昙】唐代道士，生平不详。唐天宝二年（743），曾奉唐玄宗李隆基之命到崂山采炼仙药，并筑建"采药山房"，留有《棋盘石明道观自咏》诗："日上万峰雪渐消，负笈携铲不辞劳。一生采得长生药，救生济苦疾病消。"今崂山招风岭前明道观西南的石壁上篆书刻有"敕孙昙采仙药山房"和线刻观音像。相隔不远有竖排 8 行 60 余字的成篇刻石，但因风侵雨蚀，仅"大唐天宝二年三月六日……敕采仙药……孙昙远行……山海于……见灵药采……之以俟来命"等字尚依稀可辨。在明道观南之棋盘石上则刻有"敕采药孙昙逸祭山海求仙石"十二个字②。除上述三块刻石外，此前所传棋盘石下向西壁上还刻有孙昙像，"面向

---

① 周宗颐：《太清宫志》卷一"开山始基"。

② 参见《半岛都市报》2012 年 6 月 9 日报道"驴友爬崂山发现唐朝石刻 佐证李白曾来过"。

西，须眉生动"，旁镌"天宝二年敕采药孙昙"，今不见①。

【王旻】唐代玄宗时期道士，号太和先生。常游名山五岳，貌如三十余人。著有《山居录》、《山居种莳要术》等。据唐牛素《纪闻》，唐玄宗诏王旻至宫访以道术，在京多年。天宝七年（748），南岳道士李遐周，劝其出京，"旻乃请于高密牢山合炼，玄宗许之，因改牢山为辅唐山，许旻居之"②。

【任新庭】唐代道士。祖居济南府，出身诗书门第，自幼善鼓琴，曾官至七品，后弃官到崂山白云洞出家，潜心修道三十余年。据传，他曾创作有《秋山行旅》和《鹊华春山》等琴曲，是崂山道乐琴曲之精华，在宋元明清曾一度流行，为道士们所弹唱。

【吴筠】（？—778），字贞节③，唐代华州华阴（今属陕西）人。少通经史，尤善属文。累举进士不第，乃入嵩山为道，师从著名道士潘师正，受授上清经法。曾云游各地，遍访名山，与当时文士李白等交往甚密。文辞传颂京师，唐玄宗闻其名，多次遣使征召，问以道法和神仙修炼之事，并为其别立道院居之。弟子私谥为"宗玄先生"。著有《玄纲论》、《神仙可学论》、《形神可固论》、《心目论》、《著生论》、《明真辨伪论》、《玄门论》等。今有《宗玄先生文集》传世。相传，唐天宝三年（744），吴筠曾与李白等由徂徕山东行游琅琊之后，乘船至崂山

---

① 周至元：《崂山志》卷三《建置志·道观·明道观》：明道观"为孙昙采药山房遗址"，"观之西南有洞。洞东巨石上刻有高约丈许的观音像及孙昙像。刻划生动，为崂山石刻之杰作。石刻旁镌有'天宝二年敕采药孙昙'，'敕孙昙采药山房'和'祭海求仙'等字。"卷六《金石志·摩崖·唐棋盘石石刻》："石上镌：'敕采仙药孙昙遗祭山海求仙石'十数字。似篆似隶。其西北下一石，上刻孙昙遗像，高可六尺，须眉毕具。稍西一大石镌：'大唐天宝二年三月六日采仙药孙昙山房'等字。余不可读。"齐鲁书社1993年版，第95—96、194页。

② （宋）李昉等：《太平广记》卷七十二《道术二》引《纪闻》。

③ 一作"正节"。

太清宫等处，饮酒于太白石，并共同创作了《清平调》曲子，传授给太清宫道士，同时还把江南道家经韵曲牌《三涂五苦颂》传给了太清宫道长詹兆升。另留有《游仙诗》："碧海广无际，三山高不及。金台罗中天，羽客恣游息。霞液朝可饮，虹芒晚堪食。啸歌自忘心，腾举宁假翼。保寿同三光，安能纪千亿。"

【李哲玄】（847—959），字静修，号守中子，五代河南道陈留县（今河南省兰考县）人。少聪敏，中进士，因性好清淡，无意仕进，喜阅道书，厌世弃俗，遂弃家云游，寻访至道。唐昭宗天佑元年甲子（904），至崂山太清宫，与张道冲、郑道坤、李志云、王志诚相投契，遂留居崂山，建"三皇庵"殿宇，供奉三皇神像。后周广顺三年（953），被敕封为"道化普济真人"。后周显德六年（959）八月十二日，卒于崂山，年112岁，葬于太清宫后东山之阳。精通琴曲，琴技出众，太清宫后来所流传的道乐琴曲《普济三界》，即为其所创①。今太清宫三清殿外逢仙桥旁的千年龙头榆，相传是李哲玄亲手所植，又名"唐榆"。

【刘若拙】（898—991），号华盖真人，唐宋间蜀州（今四川）人。幼年在四川罗浮山曜真洞出家，拜李哲玄的师兄青精真人为师，道成后云游名山。后唐庄宗同光二年甲申（924），自蜀云游崂山，寻访师叔李哲玄，在太清宫东南侧自修一庵，供奉老子神像，潜心修行。因他勇驱虎狼，为民除害，山民为其茅庵赠匾"驱虎狼庵"，后称"驱虎庵"。李哲玄仙逝后，刘若拙受太清宫众道士拥戴，入主太清宫为道长。宋建隆元年（960），宋太祖闻其有道，召京入观，敕封为"华盖真人"，留京布教。宋乾德五年（967），被诏为左街道录，奉敕参与整顿道教。宋开宝五年（972）十月，又诏令其与功德使"集京师道士试验，其学

---

① 参见陈振涛：《崂山道教音乐考查记》，《中国道教》1991年第4期，第23页。

业至而不修饬者皆斥之"。刘若拙"善服气养生，九十余岁不衰，步履轻捷。每水旱，必召于禁中致祷。其法精至，上甚重之"①。后其"坚求还山"，经奏准，奉敕回崂山重修殿宇，留《入觐回崂山》诗两首，曰："东来海上访道玄，幸遇一见有仙缘。宋祖天子丹书诏，奉命敕修道宫院。""海角天涯名最胜，秦皇汉武屡敕封。古来游仙知多少，元君老子初相逢"。乃建上苑宫作为其道场，同时重修太清宫，新建上清宫为其别院。宋太宗改元太平兴国后，上苑宫建成，改名为"太平兴国院"，即今太平宫。四方士人闻风求道者踵至，遴选弟子十余人传授道要，崂山道教兴盛空前。丘处机有诗赞曰："华盖真人上碧霄，道山从此蔚清标。"刘若拙后又出游多年，复归崂山静修。传其"冬夏不冠履，寒暑不炉扇，仅以蔽布遮体"②。宋淳化二年（991）十月十二日仙逝于即墨，葬于即墨东关高真宫前（今即墨市东关小学院内），墓前石碑上镌"元敕封华盖真人之墓"，为即墨知县李奎所立，1986 年即墨市博物馆建立了碑亭，现该墓为青岛市文物保护单位。太清宫三官殿院内的两株银杏和上清宫门前的三株银杏传为刘若拙手植。

【乔绪然】北宋崂山道士。曾任长广郡侍管，后因讼事遭株连而弃官到崂山太平兴国院（太平宫）为道士。他自幼好诗文善古琴，出家后，更是潜心庙事与琴法。北宋元丰八年（1085 年），苏轼游崂山，曾专程拜访乔绪然，并将其谪居黄州期间所创编的古琴曲《归去来辞》赠予他③。

【甄栖真】（？—1022），字道渊，号神光子，宋代单州单父（今山东省单县）人。博涉经传，长于诗赋，多次应科举考试而不中后，遂弃

① （南宋）李攸：《宋朝事实》卷七《道释》。
② 周宗颐：《太清宫志》卷一。
③ 参见陈振涛：《崂山道教音乐考查记》，《中国道教》1991 年第 4 期，第 23—24 页。

其业，读道家书以自乐。初访道于牢山华盖真人刘若拙，以为师。久之出游京师开封，入建隆观为道士。周历四方，以药术济人，不取其报。祥符中（1012年前后），寓居晋州，性和静无所好恶，晋人爱之，以为紫极宫主。年75，遇许元阳授炼形养元之诀，行之二三年，渐反童颜，攀高蹑危，轻若飞举。著有《还金篇》两卷，专论养生秘术。《宋史》中有"甄栖真传"。

【孙不二】（1119—1182），原名富春，金代宁海（今山东牟平）人。金大定九年（1169），与夫马钰（号丹阳）皆皈依全真道祖师王重阳，出家修道，法名不二，自号清静散人，人称孙仙姑，全真七子之一，全真道清静派创始人。工书善琴，著有《孙不二元君传述丹道秘书》、《孙不二元君法语》、《清净元君坤元经》等。元世祖赐封为"清净渊贞顺德真人"，元武宗加封"清净渊贞玄虚顺化元君"。据蒲亨强《仙乐风飘处处闻——中国重要宫观道乐》，金大定十四年（1175），孙不二曾偕同侄女孙又贞来崂山，隐居明道观和白云庵，精心研究医药和经韵琴曲。孙不二曾作诗《子午钟》并谱曲，在明代被金山派道士称为《崂山吊挂》，并传唱至今。她留下的道乐琴曲被崂山道士称为"孙谱"①。

【马钰】（1123—1183），原名从义，字宜甫，金朝山东宁海（今山东牟平）人。生于富豪之家，少通五经，能诗善文，擅针灸。金大定八年（1168）拜王重阳为师，更名钰，字玄宝，号丹阳子。位列"北七真"之首，全真教第二任掌教，创全真遇仙派。著有《洞玄金玉集》、《神光灿》、《渐悟集》、《丹阳真人语录》、《重阳教化集》等。1269年，元世祖封马钰为"丹阳抱一无为真人"，武宗时加封"丹阳抱一无为普化真君"，世称"丹阳真人"。相传，马钰于丘处机二次来崂山之前，

---

① 参见陈振涛：《崂山道教音乐考查记》，《中国道教》1991年第4期，第24页。

曾与其妻孙不二由昆嵛山来崂山修道，但史无记载。华楼山碧落岩南壁刻有"丹阳真人归山操"和语录，凌烟崮南下有"丹阳师父题长生师父《沁园春》"，华楼宫后题有《马师父答王重阳》诗。

【谭处端】（1123—1185），初名玉，字伯玉，后改法名处端，字通正，号长真子。金代宁海（今山东牟平）人。金大定七年（1167）师事王重阳，全真道北七真之一，全真教第三任掌门，创立全真教南无派。元世祖敕封"长真云水蕴德真人"，武宗至大三年（1310），加封"长真凝神玄静蕴德真君"，世称"长真真人"。涉猎经史，著有《云水集》。相传，谭处端曾来崂山修道，据考证，浮山雏凤顶山腰中的朝阳庵和神笔峰山谷中的荒草庵两处道观，是全真南无派道场，现已被列为《崂山道教建筑群庙宇名录》。崂山华楼山碧落岩南壁有谭师父语录。

【郝大通】（1140—1212），原名升，字太古，号广宁子。金朝宁海（今山东牟平）人。出身宦族，但不乐仕进，好黄老，尤精易理，擅卜筮占卦。金大定七年（1167）（一说大定八年），师从王重阳，皈依全真教，改名璘，法名大通，号恬然子。后随师传道，创全真教华山派，著有《太古集》等。元世祖时追封为"广宁通玄太古真人"，元武宗加封为"太古广宁通玄妙极真君"，世称"广宁真人"、"华山郝祖"。相传，南宋庆元元年（1195），郝大通与其他全真六子自宁海昆嵛山来游崂山，"讲道传玄，宏阐教义"。郝大通布道场所为上清宫。此后，在崂山道教发展的过程中，全真教华山派道场还有太平宫、蔚竹庵、关帝庙、大崂观、华楼宫、神清宫等。

【王处一】（1142—1217），字净道，号玉阳子，金元时期宁海东牟（今山东乳山）人。金大定八年（1168）师事王重阳，长期隐居昆嵛山烟霞洞。后独去文登铁槎山（今属荣成市）云光洞结庵，苦心修炼9年，被称为"铁脚仙人"，后下山云游传真布道。著有《云光集》、《清真集》、《西岳华山志》等。元世祖至元六年（1269）敕封"玉阳体玄广度真人"。元武宗至大三年（1310）加赠"玉阳体玄广慈普度真君"。为全真"北七真"之一，创全真嵛山派。王处一《云光集》中有《赠崂山郑先生》、《崂山采药》诗。《赠崂山郑先生》云："志坚心稳住崂山，华盖曾兹炼大丹。无限峰峦深掩映，自然尘事不相干。"《崂山采药》："放荡真如性，逍遥养内丹。寸灵无彼我，百草变芝兰。"

【刘处玄】（1147—1203），字通妙，号长生子，金莱州（今山东省莱州市）武官庄人。金大定九年（1169），拜王重阳为师入道，后于洛阳隐修数年，大定十六年（1176），返回莱州武官庄，长期在山东弘道。大定二十五年（1185），继谭处端后成为全真教第四任掌教。著有《仙乐集》、《至真语录》、《黄帝阴符经注》、《黄庭内景玉经注》等。据《太清宫志》载，金明昌六年（1195），他曾与丘处机及其他道侣五人①，由宁海昆嵛山来崂山后，独留太清宫，讲授道家经典年余，创全真教随山派，太清宫、天后宫等为随山派道场。金承安二年（1197）冬，奉诏赴燕京，数月后返回莱州故里。金泰和三年（1203）二月初六日，逝于武官庄灵虚观。元至元六年（1269），元世祖敕封"长生辅化明德真人"，武宗加封"长生辅化宗玄明德真君"，世称"长生真人"。据称刘处玄曾对崂山道乐经曲进行了较大的充实，继承了太清宫始祖张廉夫所传经韵并加以改编，使其具有了浓厚的江浙昆越色彩，形成崂山道乐的一大特色，后被崂山各教派称为"南韵"②。

【丘处机】（1148—1227），又作邱处机，字通密，自号长春子，金登州栖霞（今山东省栖霞市）滨都里人。幼亡父母，年十九，赴宁海

---

① 史无记载。有学者认为"全真七子"中到访过崂山者仅丘处机一人。

② 参见蒲亨强：《仙乐风飘处处闻——中国重要宫观道乐》，巴蜀书社2005年版，第70页。

州昆嵛山烟霞洞学道。翌年，拜全真道祖师王重阳为师。金大定九年
（1169）冬，入今陕西磻溪及龙门山潜修十三载，创立全真道教龙门
派。金明昌二年（1191）秋，回归故里，在登、莱、青各州传道，声
望渐增。金、宋末，都曾遣使来召，不往。及元太祖成吉思汗召，乃与
弟子十八人往见于雪山（今阿富汗境），以"欲一天下者，必不嗜杀
人"、治天下以"敬天爱民为本"、长生以"清心寡欲为要"为言，成
吉思汗十分赞赏，录其言，以为《玄风庆会录》，赠虎符、玺书，封为
"长春真人"，令其掌管天下道门，全真道遂盛极一时。年八十卒，葬
于北京白云观处顺堂，元世祖时加封为"长春演道主教真人"。工诗
词，著有《磻溪集》、《大丹直指》、《摄生消息论》、《鸣道集》及《西
游原旨》等。《元史》有传。《太清宫志》载："宋庆元元年乙卯
（1195），真人丘长春、刘长生同他道侣五人，号曰七真，由宁海之昆
嵛山来游崂山，止于本宫，讲道传玄，宏阐教义，道众大悟，各受戒
律。"但此说存疑，因此时"七真"中孙不二、马丹阳、谭处端均已仙
逝。明万历《莱州府志》：丘处机"尝云游访道至劳山，见其奇秀，遂
栖养久之。"明黄宗昌《崂山志》：丘处机"云游访道劳山，见其奇秀，
改名鳌山，以为栖真处。"据元李道谦《七真年谱》[①]、姚从吾《元丘处
机年谱》[②]、崂山所留题刻及学者考证，丘处机曾两次莅临崂山[③]。第一
次在金泰和八年（1208），在昌阳（今莱阳）醮罢，由王城（今莱西望
城）永真观来崂山，"迁延数日而方届"，留诗二十首，镌于白云洞，
并将"牢山"易名为"鳌山"。诗序云："东莱即墨之牢山，三围大海，
背负平川，巨石巍峨，群峰峭拔，真洞天福地，一方之胜境也。然僻于

---

① （元）李道谦编：《七真年谱》："大安元年己巳（1209），长春真人年六十二。是年
游鳌山，有诗二十首。"

② 姚从吾编：《元丘处机年谱》："己巳年（1209）……至胶西醮，醮罢，与道众再游鳌
山，留题二十首。"《东北史论丛》（下册），正中书局1959年版，第234页。

③ 参见曲宝光：《丘处机与崂山道教文化考略》，《崂山研究》第1辑，中国海洋大学出
版社2006年版，第94—101页。

海曲，举世鲜闻，其名亦不佳。予自昌阳醮罢，抵于王（今作望）城永真观，南望烟霭之间，隐隐而见，道众相邀，迁延数日而方届，遂闲吟二十首，易为鳌山，因畅道风云耳。栖霞长春子书。"第二次是在1209年，他在胶西醮罢，道众相邀，再游崂山，上至南天门，命黄冠士奏空洞步虚毕，乃作词一首，名曰"青玉案"，又留诗二十首①。据《玉清乐引》记述，布道期间，丘处机对唐代道乐《三涂五苦颂》八首进行改编，择其精华合成一首，更名为《三涂颂》，成为宋以后崂山道乐曲牌中的精粹②。丘处机等来崂山布道后，崂山成为全真道教的主要道场，除个别道宫之外，皆为全真道教，崂山白云洞、凝真观、玉清宫、修真庵、百福庵、塘子观等为全真龙门派的主要道场。今崂山神清宫东有"长春洞"，传为丘处机修真处。太清宫南500米处有丘处机衣冠冢，旧称"丘祖坟"。崂山的多处道观名胜留有丘处机大量的诗词题刻，如刻石有：白龙洞额诗刻二十首、太清宫三皇殿后的山石上诗刻十首、上清宫玉皇殿西墙外之混元石上诗刻十首、上清宫东之巨石上青玉案词刻一首。题刻有："上道"、"道山"、"明霞洞"、"南天门"、"鳌山"、"鳌山上清宫"、"鹤山遇真庵"、"仙鹤洞"、"访道山"、"卧风窟"、"福"、"游仙仑"、"寻真"等。目前经考证为丘处机手迹的有太清宫玉皇殿之东的一处刻石"道山"二字，余则为后人镌刻。太清宫三皇殿门外两侧墙壁上嵌有两块碑刻，分别是成吉思汗赐给丘处机的金虎符文及护教文。

【宋绩臣】（1183—1247），又名德芳，字广道，号披云，元代莱州掖城（今山东莱州市）人。自幼拜刘处玄、丘处机为师修道，道号太谷子。他深通道儒，博知史书经典，传崂山《钓鱼台一字诗》即其所

---

① 丘处机：《磻溪集》卷二："大安己巳，胶西醮罢，道众相邀再游鳌山，复留题二十首。"见《丘处机集》，齐鲁书社2005年版，第32页。
② 参见陈振涛：《崂山道教音乐考查记》，《中国道教》1991年第4期，第24页；蒲亨强：《仙乐风飘处处闻——中国重要宫观道乐》，巴蜀书社2005年版，第70页。

作，诗云："一蓑一笠一髯叟，一丈长竿一寸钩。一山一水一明月，一人独钓一海秋。"现刻于太清宫东南至八仙墩之途中海中礁石上，末署"太谷子宋绩臣"。

【白玉蟾】（1194—？），原名葛长庚，后母亲改嫁，继为白氏子，遂易名白玉蟾。字如晦、紫清、白叟，号海蟾、海琼子、海南翁、琼山道人、武夷散人、神霄散吏等。南宋闽清（今福建闽清县）人，生于琼州（今海南琼山）。幼聪慧，谙九经，能诗善赋，工书擅画，曾举童子科。及长，因"任侠杀人，亡命至武夷"，后出家为道士。一生遍游名山胜地，晚年隐居于武夷山，致力于传播丹道，为道教全真南宗第五代传人，正式创建南宗内丹派。著有《海琼问道集》、《海琼白真人语录》、《海琼玉蟾文集》、《玉枢宝经集注》、《金华冲碧丹经秘旨》、《道德宝章》、《罗浮山志》、《白玉蟾书四言诗》等。卒后封"紫清明道真人"，世称"紫清先生"。曾游历过崂山，并对始建于唐天宝二年（743）的白云洞重新整修，使其形成一座修道殿堂。传说十梅庵亦系其所建。今华楼宫以东有"五祖洞"，供奉全真南派五位宗师。

【谢丽】宋末元初人，与其妹谢安同为南宋皇帝的妃子。据太平宫道士传述《塘子观庙志》载，南宋灭亡后，二人从临安（杭州）天目山化装渡海来到崂山，到太平兴国院（太平宫）出家修道，后移居塘子观。姊妹二人常年在"阆云洞"中苦修，故后人又称"阆云洞"为"谢丽洞"。她们出资扩修了塘子观殿堂庙院，又扩凿了"阆云洞"和"白龙洞"（玄都洞）。二人才华超众，均精通琴法音律，能演奏古琴和笙管笛箫等多种乐器，到崂山后专心研究道乐与玄学，把宫廷音乐融入崂山道乐中。二人把原《三涂颂》的首段韵曲进行改编，再加进一些江南丝竹乐的旋律音型，更名《三清号》，同时对《玉皇号》、《大洞清》等经韵曲牌也进行了艺术修饰，还创编了《望海》、《观潮》和《听涛》等琴曲，对崂山道乐的发展起到了较大的影响。为纪念她们的功德，崂山道士们在她们去世后，将她们的经曲等均称之为《谢谱》①。两谢的遗体葬于双台，后称为双妃坟。

【柴悟真】金代崂山道士，曾任太平宫住持。金泰和戊辰（1208），曾将丘处机诗二十一首刻石于崂山白龙洞，末署"泰和戊辰三月□日栖岩洞主柴悟真。刊石野人王志心、刘志宽"。

【刘志坚】（1240—1305），号云岩子，元代博州（今山东聊城）人。自幼家贫，不通文墨，但办事干练，曾在永昌王府当过差，为英王掌管鹰坊。32岁时弃家入道，师事东平县仙天观道士郭至空，云游数载后至崂山，初居清虚庵，后在华楼山结庐修行，弟子成群，是全真教华山派第二代传人，元大德八年（1304），敕封"崇真利物明道真人"。逝后葬于崂山凌烟崮下石洞中，洞前石上镌有"元真人刘志坚遗蜕处"，上方石上镌"灵烟坚崮"、"永丘之坟"，洞侧石壁上刻有"云岩子，刘志坚，永丘门，三阳洞"。元泰定元年（1324）秋，其门人拟在其结庐处建华楼宫，由黄道盈亲诣京都，恳请大学士、光禄大夫赵世延为刘志坚撰写了《云岩子道行碑》铭，记述其生平事迹，内引刘志坚自述诗一首："三十二上抛家计，纵横自在无拘系。来到劳山下死功，十年得个真力气。"泰定二年（1325），创建华楼宫时，遂将此碑立于宫内院中，碑文今仍存。刘志坚在华楼山留下大量刻石遗迹，今崂山现存刻石中，有"云岩子上石"者多处，分别为诗刻"离山老母作"、"邱长春诗"、"重阳师父诗"、"王重阳诗"、"洞明真人作"、"长生师父作"、"孙真人作"、"三千师父作"、"三才诗"、"马师父答"、"长春师父手卷"、"刘师父丘师父游上清宫来看劳山道士诗句"、"丹阳真人归山操"、"长春真人词双双燕"、"肆师父一家道一句"、"宣字曲道

---

① 参见陈振涛：《崂山道教音乐考查记》，《中国道教》1991年第4期，第24—25页；蒲亨强：《仙乐风飘处处闻——中国重要宫观道乐》，巴蜀书社2005年版，第71页。

明"等。凌烟崮下刻有"云岩子作"诗一首："先生有志不须愁，劳擒意马锁猿猴。白牛常立金栏里，免了伦（轮）回贩骨头。"这些题刻对研究崂山道教文化具有重要价值。

【李志明】（1246—?），号隐真子，元代全真道华山派道士。以清虚为体，明道为宗，一生云游迁居四十余处，收徒五百余人。元大德元年（1297），应云岩子刘志坚之邀来崂山，筹款重修上清宫殿宇，塑造神像。延佑四年（1317），承务郎朱羋撰《重修上清宫碑记》，详记此事，碑安放于上清宫内。李志明又在其徒林志远、志全的帮助下，重修崂山太清宫和明霞洞，并独自在明霞洞修道 25 年，"远近信向稽首问道者络绎相属"，年八十，步履轻健（见张起岩《劳山聚仙宫记》），被敕封为"通玄弘教洞微大师"。元泰定二年（1325），与道士王志真共同创建聚仙宫，学士张起岩撰写《聚仙宫碑铭》。今华楼山诗刻"王重阳诗"："王祖师道。一别终南水竹村，家无二女一无孙。三千里外寻知友，引入长生不死门。"落款为："匠人曲道明，云岩子上石，李志明书。"

【张三丰】（1247—?），本名通，又名全一，字君实，号三丰、昆阳、玄玄子、大元逸民等，因其不修边幅，又号张邋遢，元明之际辽东懿州（今辽宁黑山）人。自幼年出家修道，精研武功、剑法和道家养生之理，为全真武当派开山祖师。善书画，工诗词，著有《玄机直讲》、《道言浅近说》、《玄要篇》、《无根树》、《云水集》等。明英宗正统元年（1436）敕封"通微显化真人"，明宪宗成化二十二年（1486）敕封为"韬光尚志真仙"，明世宗嘉靖四十二年（1563）又封为"清虚元妙真君"。关于其生平事迹，史籍记载颇多歧义。相传，张三丰曾三至崂山，在明霞洞、石障庵、太清宫及太清宫东南的驱虎庵修行多年。崂山明霞洞北上有一洞，名玄真洞，为张三丰修真处，洞额上镌"重建玄真吸将鸟兔口中吞"，传为张三丰手笔。在明霞洞，张三丰还撰写了道家座右铭《训世文》，并授予金山宗派道首孙玄清，明末及清与民国年间崂山各道庙的老道士们多以此歌来教化道童①。相传耐冬就是张三丰第三次来崂山时移植的。据黄宗昌《崂山志》记载："明永乐间张三丰者，尝自青州云门来于崂山下居之，居民苏现礼敬焉。邑中初无耐冬花，三丰自海岛携出一本，植现庭前，虽隆冬严雪，叶色愈翠。正月即花，蕃艳可爱，今二百年，柯干大小如初。"此外，崂山头上的"张仙塔"、三标山西的"邋遢石"等均与张三丰有关。《太清宫志》将张三丰列为崂山道教祖师之一。

【王志真】元代道士。元泰定二年（1325），时任提点的王志真曾与道士李志明一起创建崂山聚仙宫，并请大学士张起岩撰写《聚仙宫碑》碑文。

【沈志和】元代崂山道士。元泰定二年（1325），道士李志明、王志真修建聚仙宫，即将建成时，曾被派请大学士张起岩撰写了《聚仙宫碑铭》。

【黄道盈】（1272—1352），元代道士，刘志坚的门人。元大德元年（1297），天佑道人黄道盈在大都（今北京）的集庆里得地二亩，建云岩观。元泰定元年（1324）秋，葆玄崇素圆明真静大师、天佑道人混成子、前益都路道门提点、崂山华楼宫宗门提点黄道盈亲诣京都，恳请大学士、光禄大夫赵世延为刘志坚撰写了《云岩子道行碑》。崂山华楼宫翠屏岩上有"玄门道教所知事提点吕德通，益都路道门提点无尘子王道真，至元（正）四年正月十日同道教委本宫宗门提点黄道盈"字样。

【李灵仙】名来先，字灵仙，号凝真子，明代莱州府昌邑县（今山

---

① 参见陈振涛：《崂山道教音乐考查记》，《中国道教》1991年第4期，第26页。

东昌邑）人。长期隐居鹤山遇真庵，潜心修炼，系长春真人丘处机弟子，道教龙门派的传人。他精通医理，医术高明，被誉为"神医"，曾收徐复阳为徒，并治愈其眼疾。诏赐紫衣，加号"凝真大师"，著有《修真要录》、《清虚集》。

【徐复阳】（1476—1556），字光明，号太和子，又号通灵子，明代莱州府掖县（今山东省莱州市）人。幼年双目失明，精于医卜，游食四方，后流落到即墨鹤山，被遇真庵道士李灵仙收养为徒，得李道长的秘方治疗，双目复明，遂在鹤山遇真庵的仙鹤洞中面壁九年，又至明霞洞和太清宫潜修，并于遇真庵中从师学经习武，创全真教"鹤山派"，亦称"崂山派"。明嘉靖皇帝敕封为"中元永寿太和真君"。著有《迎仙客词》。今鹤山洞旁有徐复阳墓，另有升仙台、摸钱洞等景观，据说都与徐复阳有关。相传李灵仙为考验并锻炼徐复阳的心志，乃将十二枚铜钱散扔于山涧草木之中，令其于涧中摸取铜钱，三年后铜钱俱捡到，始传道法与秘术为其治疗眼疾，后人将此处称为"摸钱涧"。

【孙玄清】（1497—1569），字紫阳，号金山子、海岳山人，明代寿光（今山东省寿光市）人。幼年双目失明，出家为僧。嘉靖初年，闻崂山道士徐复阳双目复明事，遂来崂山明霞洞，弃释修道，得张三丰指导传授修养之术，20多年后，目疾不治而愈。嘉靖三十七年（1558），明世宗诏令赴京，赴白云观坐钵堂一年，敕封为"护国天师府左赞教"，掌管真人府事，"海岳真人"，由此开创了全真教金山派，亦称崂山派，属龙门支派，明霞洞成为金山派的祖庭。著有《释门卷宗》、《皇经始末玄奥》、《灵宝秘诀玉皇心印经》、《太上清净经》等。曾主持重修明霞洞上之斗姆宫，并将其移建于洞西，同时增建三清殿。明隆庆元年（1567），重修上清宫。隆庆三年（1569）六月二十六日，逝于崂山上清宫。文渊阁大学士、太傅翟銮题诗《持赠孙真人》吊唁，诗刻于明霞洞处。明霞洞左侧巨石上镌刻有"孙真人紫阳疏"（又称《海岳修真记》），详述孙玄清修行始末。孙真人行觉题记之后为诗刻"孙真人紫阳诗"："隐迹云林不记年，冲虚清谈妙中玄。留经世远开迷海，阐教功多度有缘。派接七真辉玉性，丹成九转涌金莲。俄惊解化乘风去，常使同心思惨然。"据记载，清乾隆三十五年（1770），道士王生本曾在白云洞立有"白云洞历代碑"，内述其开山师田白云之功果及其祖师海岳真人，惜碑文已佚。

【龚中佩】① 明末嘉定（上海）人。幼出家昆山为道士，通晓道教诸神名号。因入真人陶仲文名下，得交撰青词诸人。荐为太常博士，累迁太常寺少卿。因嗜酒被告发，为明世宗下诏狱杖死。嘉靖三十八年（1559）至四十二年（1662），崂山明霞洞道士孙玄清所造释门宗卷、皇经备述、诸书丹诀等，经其具本呈进御览后，得到敕封宠褒。崂山明霞洞石上文渊阁太傅翟銮题刻"持赠孙真人还元一首"，末署"直阁书局中顺大夫掌真人府事太常寺少卿姑苏剑池龚中佩书"②。

【清虚子】明代鹤山道士。鹤山遇真庵南山路巨石上"聚仙门"三字楷书题刻，为其所书，末署"永乐十八年（1420）二月日清虚子立"。曾主持重修鹤山玉皇殿、老君殿，遇真庵西有题刻云："玉皇殿，大明永乐二十一年三月初七日，本山清虚子、陈玉真等同鳌山卫指挥廉清等，并千百户军民重修。正统二年十月初一日，指挥朱鉴等正千户於隆男於昊童重修。""老君殿，大明宣德五年九月下旬，本山清虚子、陈玉真等同鳌山卫指挥廉清等，并千百户军民重修。道士曹志忠，石匠于福通"。大明宣德五年是公元 1430 年。

【李阳兴】明代成山卫（今山东荣成市）人，嘉靖年间（1522—

---

① 《明史》卷三〇七《陶仲文传》作"龚可佩"。
② （清）黄肇颚：《崂山续志》卷七"明霞洞"。

1566）来崂山，拜全真教道士朴一向为师，在巨峰白云庵修道。当时白云庵已倾圮，李阳兴在其师初修的基础上，募资重建白云庵，大起玉皇殿，房顶覆以铁瓦，瓦长三尺，上铸施者姓名，人称"铁瓦殿"。香火盛极一时，生徒千余人，道风之畅为一时最。明万历十二年（1584），其徒高来德得即墨蓝田及莱中丞刘拙斋相助，又将殿宇进行了扩建，增修玉皇殿三间。可惜清康熙年间该殿毁于火灾，后遂为废墟。

【毕玄云】（？—1573），明代崂山北九水太和观道士。通道乐琴曲。明嘉靖十二年（1533），与即墨文豪蓝田在太和观一同创办"即墨书院"，又称"九水书院"，为各庙的道童传授琴法。其创作的《清溪鸣琴》、《秋山》等琴曲，流传至今①。

【宋冲儒】明代全真华山派道士。明万历十七年（1589），云游至崂山凤凰山下，见"实世外仙乡，清修佳处"，遂建道庵于此，名"蔚竹庵"。因所处之地名为蔚儿铺，故此庵亦俗称蔚儿铺。庵中计有正殿三间，原祀檀木雕真武、观音和铜铸三官像，并有配房近二十间。明万历二十一年（1593）三月，立"蔚竹庵碑记"，嵌于正殿东壁上，文为："大明国山东莱州府胶州即墨县仁化乡聚仙社崂山蔚儿铺所建三元殿蔚竹庵，计开四至：东至鹰嘴石，南至三教堂，西至丑蒲（仆）涧，北至大山顶。住持道人宋冲儒万历二十一年三月。"据传，庵建后，曾一度为坤道（道姑）所住，后因无继人，清咸丰年间又改为乾道士住持。1982年，青岛市人民政府将蔚竹庵列为市级文物保护单位。

【齐本守】（？—1602），字养真，号金辉，又号逍遥子，明代钱塘（今浙江杭州）人。性静默，厌世俗。明万历年间，随师白（阎）不夜来崂山。因酷爱崂山风光，遂留居先天庵，潜心修行，创立了道教全真

---

① 参见陈振涛：《崂山道教音乐考查记》，《中国道教》1991年第4期，第26页。

金辉派。据说他在修行期间，垦荒辟田，自耕自种，多事劳苦，广行方便，"自食糠秕，供人米粮，同居道众，莫不钦感"（《太清宫志》）。曾历经 21 年，采石伐木，修造不辍，为先天庵增建殿宇三间及两廊配房。晚年在太清宫居住修行，故太清宫一度称金辉派道观。去世后被万历皇帝敕封为"上元普济宏道真君"。即墨庠生杨懋科有《齐道人赞》。

【耿义兰】（1509—1606），字芝山，号飞霞，又号灵应子，明代高密人。嘉靖年间进士，后弃家入道，来崂山太清宫拜道士高礼岩为师。随师云游华山，跟华山道士赵景虚学道说法，后辞师入京都白云观，学玄数年后返崂山，隐居慈光洞、黄石宫等处静修。明万历十三年（1585），憨山和尚在太清宫前建海印寺，太清宫道士刘真湖与之争庙址，又以宫中主持张德容之死引发官司。万历十七年（1589），耿义兰与贾性全、刘真湖、张复仁、谭虚一等道人上书县、府，控告憨山和尚在道院建佛寺。万历十九年（1591）秋，耿义兰进京控告，直至万历二十三年（1595）始获受理。万历二十八年（1600），朝廷降旨"毁寺复宫"，并敕封耿义兰为"扶教真人"，又赐新版《道藏》，并钦赐御伞御棍、金冠紫袍、永镇太清宫道场及珍贵乐谱和精致古琴三十余张。崂山太清宫一时声名远播。耿义兰逝后葬于三皇殿前，今太清宫三皇殿西厢为"耿真人祠"，内祀耿义兰之神位。《太清宫志》收其咏太清宫诗："大劳小劳天下奇，海岳名山世间稀。修真野客能避世，万古长春道人居。东海名高上鳌峰，初开茅庵是太清。恩深一观明帝主，敕谕颁来道藏经。"

【赵复会】 明末太清宫道士。明熹宗天启二年（1622），曾主持重修太清宫，正式确定了三官、三清、三皇殿三个院落的格局，并各立山门，有便门相通，使太清宫基本上形成了今天的规模。

【刘贞洁】（1577—1647），字恒清，俗称刘仙姑，明末即墨马山东麓新安村（今即墨市通济街道办事处山东村）人。据清同治《即墨县志》、李寅宾《马山志》、黄肇颚《崂山续志》和孙葆田等撰《山东通志》载，刘贞洁9岁始能言，年15目不知书，但"言辄深慧"，"忽面壁断息而坐，遂默契道要"。神宗二十一年（1593）六月二十八日"顿悟禅宗"，遂出家崂山朝阳洞，旋居明霞洞。慈圣太后、神宗皇帝闻仙姑神异，传旨将其接至京城，为皇亲国戚、达官显贵讲解经法，并出资将其所述《体原》、《豁悟》等八部经刻印成书，"布诸四方"。时为太子的明光宗闻讯召见，赐法号"慧觉禅师"，并赐蟠龙法衣一袭，赤杖一双。平日巾袍道装，人以仙姑称之。奉诏入京二十多年后回归故里，入崂山，居明霞洞之东铁佛洞，又居明霞洞与慈光洞，后由其侄迎归故里，于其村东筑大士庵居之。清顺治四年（1647）二月初八日圆寂。据传，后人因慧觉圆寂时有白气升腾，似白云，故改大士庵名为白云庵。为纪念她，又于庵中建仙姑殿，塑像供奉。清顺治十三年（1656），在白云庵前建慧觉禅师墓塔。清乾隆五十四年（1789）重修时，墓塔由山东村东南隅移至村南隅。每逢农历二月初八和六月二十八日，当地都会举行盛大的白云庵庙会。"文革"中，墓塔和白云庵皆毁，1993年后复建。马山山会亦恢复，会期从农历六月二十六日至二十八日。

【李常明】（？—1681），原名凤，明末山东济南府武定州阳信县李家庄人，明万历年间进士出身。据李寅宾《马山志》所收《泥丸师祖传》，李常明"少慕玄虚"，明末，弃家远游，至青州白云洞出家，拜宋真空为师。清顺治五年（1648），东入登莱，访七真遗迹，初居崂山，后至即墨马山，重修庙宇，并新建玉皇、三元、三圣等殿，使马山道场初具规模，为即墨马山道教龙门派创始人，号紫气真人。他学识渊博，道行高超，尤其精通医理，擅长于因病施治，"初以药活人，后应接不给，和土为丸，以治百病，未有不愈者"，故号泥丸祖师。他不仅创建了马山道院，还募修了即墨县境内的北河、沽河、店口河、五龙河诸处石桥，受到当地民众赞颂。性好经典，"所刻皇经及三元功课等板策，皆亲手校定"，曾派人将青州府颜神镇任衡文所收藏的乾元观《道藏》抄本购至马山道观中收藏，并奉为镇山之宝。先后收徒14人，其中包括东北全真道龙门派开创者郭守真等，著有《玉帝真言》、《道门清规》等。

【田白云】号白云，明代末年道士。云游至崂山白云洞，以为神山仙窟，遂主持将白云洞建成道教庙殿，辟为居室，起名"白云洞"，自此为道家修炼之处。

【丁本无】字太乙，明代浙江举人。明天启年间（1621—1627）弃家到崂山白云庵为道，居崂山三十余年，常潜居庵北葫芦洞诵经著述，著有《金辉录》、《戒杀文》、《群仙要语》等。死后葬于姑余山下。

【李真立】明代末年崂山道人。原为明宫廷内监，后来崂山出家为道。明天启二年（1622），将原为佛教古刹的庙宇扩建，改为道庵，名"修真庵"。后该庵于清康熙十年（1671）、嘉庆六年（1801）和光绪十年（1884）三次重修，规模宏整。

【边永清】（？—1671）字震圈，号玄隐道人，明末保定府满城（今河北满城）人。明熹宗天启年间（1621—1627）任乾清宫管事西协兼视忠勇营提督太监。明亡后，与太监杨绍慎携养艳姬、蔺婉玉等四名宫女来崂山，到王哥庄修真庵出家，易名边静宁，后为修真庵住持。所携宫娥，后皆为道姑（一说养艳姬、蔺婉玉是在太监蔺卿的保护下，化装成乞丐，潜至崂山修真庵出家为道）。边永清与她们一起研习道乐曲牌，其创编的大型祭悼曲牌《离恨天》、《六问青天》、《山丹花》等，流传至今①。海阳进士赵似祖写有《边道人歌》，详述其一生。

【杨绍慎】字我修，号玄默道人，明天启年间任乾清宫管事提督上林苑监四署太监。明亡后，与太监边永清一同到崂山修真庵出家为道士，改称杨静悟。在边永清去世后继任修真庵住持，曾率众募资重修修真庵，并请进士张若麒撰文立碑为记。边永清与杨绍慎二人之墓在崂山王哥庄村东双台山。

【蒋清山】又名迪南，字云石，号烟霞散人，明末江南人（周至元《蒋云石道人像赞》云其出身"东武名族"，东武，即今诸城）。明代进士，曾任祥符（今河南开封）县令，明亡后，弃官修道，于清顺治二年（1645）至崂山不其山百佛庵隐居，并扩建庙宇，改奉道教，将"百佛庵"更名"百福庵"。（一说其自幼出家，18岁入崂山百福庵。）好读书，工书能文，擅琴棋书画，尤喜音律，于庵中收藏大量经书乐谱，与流亭胡峄阳和隐居崂山的莱阳名士孙笃先交往甚密，并曾与游访崂山的蒲松龄共同创编了《云石风松》琴曲。相传，明崇祯皇帝的二位妃子养艳姬与蔺婉玉精通音律琴法，明亡后到崂山修真庵出家，后得蒋清山之助，移居百福庵，精心研究道乐曲牌，编创了《六问青天》、《离恨天》等曲，并将宫廷及京晋地方戏曲曲牌和道家一些传统应风乐曲传授给道教乐手和民间乐人，对崂山道乐的流传和发展起了积极推动作用。清康熙十三年（1674），蒋清山曾与马山道士鲁太璞对马山《道藏》抄本残卷进行了详细的查对与简单的修补，并编写目录。康熙四十七年（1708），曾根据道士刘信常的自述，撰写《熟阳洞刘道人自叙碑》，植于玉虚殿中。蒋清山曾请人在百福庵壁间绘制了一幅小像，此像一直存留到清末民初。黄肇颚在其《崂山续志》中说："余尝两至其地，仰瞻云石小像，儒者气象，果有道者也。自云石迄今，二百余年，

---

① 参见陈振涛：《崂山道教音乐考查记》，《中国道教》1991年第4期，第26—27页。

众羽士恪守清规，无他务。其童子有专师，读儒书，书声琅琅达户外。有老者坐石上，侍者护持惟谨，盖丈老也。余所见如此。曰：庵其后衰者乎？云石之泽长矣！"周至元有《蒋云石道人像赞》云："登不其之山，访百福道观于西麓，因得瞻蒋公遗像于壁间。……先生为东武名族，家世清廉。偶厌俗累，遂超尘寰。翩然来崂，栖止幽岩。与清泉白石同其孤冷，与闲云野鹤共其消闲。有麋鹿木石作为伴侣，有隐士高人时相往还。一遨一游，尽其天年。……瞻公之像，识公之身。清风高节，我思古人。"

【于一泰】号中玄①，清代东昌（今山东聊城）人。出身于诗书门第，顺治年间（1644—1661）到崂山明霞洞出家为道。精通经义和武当派内外功法拳法，是清初崂山道行较高的道士，也是张三丰所创武当派武术的传人。明末临城名士乔已百于崇祯十四年（1641）写有《牢山道士歌为于中玄先生赋》。

【鲁太璞】清初马山全真道士，属龙门派第九代传人。康熙十三年（1674），与蒋清山对马山收藏的《道藏》抄本进行了修补，加以详细清点，编写目录，并撰《重校马山道藏目录序》。雍正十年（1732），北海人李寅宾曾重编该《道藏》目录。

【张妙升】字云仙，山东地区人，清康熙年间崂山道士，属全真教崂山派。因久慕葛洪仙名，到罗浮山，重修冲虚观，到黄龙洞开创了崂山派的独立道场，并取名为黄龙观。其道行深受当时社会名流的器重，他们在游山访观之时，纷纷题诗相赠。

---

① （清）黄肇颚：《崂山续志》卷七"明霞洞"："孙真人玄清……再传为抱玄真人胡至廉，再传为中玄真人于一泰，再传为刘无尘（号守玄山人），再传则王冲阳也。……《县志》作于一泰事，疑误，更之。"

【杨存仁】（1621—1753），字佐臣，号澄清，明末清初山东莱州府即墨人。明崇祯十六年（1643）进士，明亡，绝意仕进，乃回籍奉养老母，母死后，萌反清复明志，往崂山拜师，投入道门，为北京白云观邱长春所创龙门派第十三代弟子。他常不僧不道，蓬头赤足，云游天下。后至蓟州（今河北省蓟县）岐山澜水洞居住修道，创立理教，遂更姓改名为羊宰，字莱如，亦作莱儒，号诚澄，教内尊为羊祖。理教教义以公理为本，同信儒、释、道三教之理，奉佛之法，修道之行，习儒之礼，正心修身，克己复礼。教徒遵守八大戒律，其中最主要的是不抽烟、不喝酒，有"复明灭大清"五字真言，虽父母妻子也不传。杨存仁在世时，信徒并不多，影响也不大。到了清乾隆三十年（1765），其五度传人尹来凤在天津梁家嘴建立理教公所，公开传教，从此理教大兴，信徒日众，遍及山东、河南、河北、安徽、江西、江苏、上海、东北、内蒙等地。至清末民初，仍然盛行。

【刘信常】原名刘显长，字调元，号熟阳，清代高密（今山东省高密市）武兰庄人，志好老庄，后到崂山拜刘长眉为师出家入道。其师去世后，遂迁身于三标山北的消息石洞，改其名为熟阳洞。初刘信阳结草庵而居，后募捐修建玉虚殿，康熙元年（1662）创基，康熙四十年（1701）起大殿，庙名亦为熟阳洞。康熙四十七年（1708）百福庵道士蒋清山，根据刘信常的自述，撰写《熟阳洞刘道人自叙碑》，植于玉虚殿中。

【王冲阳】清代康熙年间（1661—1722）崂山道士，初居明霞洞，又重修上清宫，后创建玉皇殿。黄肇颚《崂山续志》卷七："冲阳经义精通，聚徒讲学，远近多从之者。初居明霞，后迁大庙，年七十五，犹如童颜。"即墨黄宗崇写有《赠明霞洞王道人小记》（1672）、《玉皇殿碑记》（1673）。

【褚守恃】字振运（一说名守持，字振远、振云），清康熙四十五年（1706）在崂山太清宫出家，曾任太清宫主持。素勤俭，善理财，历40余载，添买庙产香火地并山场多处，康熙五十六年（1717），曾出资重修鹤山遇真庵，并派弟子叶泰恩主持。精通古琴，琴技高超，曾创作琴曲《观海》和《月下修行》等，并培养了不少古琴门生，突出的有温高恒、叶泰恩等①。年98岁终。

【叶泰恩】清代道士。康熙年间曾任崂山太清宫住持。康熙五十六年（1717），崂山太清宫道长褚守恃出资重修遇真庵时，被派往任道长。师从褚守恃学古琴，精医卜，善鼓琴，是崂山地区有名的古琴演奏家。曾将《海底沉》改编成《东海吟》，同时又是明末太清宫古琴演奏高手刘真湖《三涂五苦颂》和《紫薇送仙曲》的唯一传人。此外，他又把百福庵的《离恨天》改编成古琴曲演奏，使其成为崂山道乐中一个经典作品和世代相传的保留演奏曲目②。

【温高恒】清康熙年间崂山道士，曾任常在庵主持。据《太清宫志》记载，清康熙四十四年（1705），他独立重修崂山常在庵，并添买山场地亩数十亩，永为该庙香火之资。他还师从太清宫道士褚守恃学习过古琴，琴技高超。

【宋天成】（？—1708），号水一，清代安丘人。幼习儒，中年入道，云游天下后，晚年入崂山，为全真道金山派道士，崂山白云洞道士田白云的传人。清康熙五十三年（1714），于孙昙采药山房遗址重建明道观，现保存完好。

---

① 参见陈振涛：《崂山道教音乐考查记》，《中国道教》1991年第4期，第27页。
② 参见陈振涛：《崂山道教音乐考查记》，《中国道教》1991年第4期，第27页。

【王生本】（1666—1770），号得一子，清代即墨人。康熙时入太清宫为道士，后在白云洞旁筑室居之，清同治《即墨县志》、周至元《崂山志》等称其"精医筮及堪舆，食五谷不去秕糠，服气御神，真阳内充"。逝后遗骨葬于白云洞东南二仙山中间的逍遥谷。据记载，清乾隆三十五年（1770），曾在白云洞立"白云洞历代碑"，内述其开山师田白云之功果及其祖师海岳真人，惜碑文已佚。现白云洞左下刻有大门碑记："玄清老族十代弟子王生本赵体顺李性元，大清乾隆三十四年二月十五日。"

【赵体顺】清代乾隆年间（1736—1795）道士，玄清老族十一代弟子，曾主持重修雕龙嘴村西之白云洞并在洞前建有青龙阁，供铜质三清像。现白云洞左下刻有碑记"玄清老族十代弟子王生本赵体顺李性元，大清乾隆三十四年二月十五日"。相传于海上得铁佛像一尊，供奉在白云洞西下青龙石前菩萨洞内。

【王良辉】清嘉庆年间（1796—1820）崂山太清宫监院。赋性果断，好习武术，精通拳剑，是继张三丰之后在崂山的又一名武当名师。每日登山开地，修路栽竹植树，治宫井井有条，任监院多年，深得道众称赞。

【李礼秀】清嘉庆道光间崂山道士，曾任蔚竹庵主持，并对蔚竹庵进行过重修。清道光十九年（1839）四月所立《重修蔚竹庵碑记》，记述了李礼秀收回此庵并重修的经过，此碑现嵌于正殿西壁内。

【薛一了】清代嘉庆年间太清宫道长。从师叶泰恩道长学习古琴，在太清宫任琴师达半个多世纪，常盘坐于太清宫东南海边钓鱼台处的石崖上鼓琴吟诗，常有游山者和来访者围观听之。以演奏宋代的《广陵散四十大曲》、《忆王孙》、《寒山缘》为著，此外还演奏叶泰恩的《东海吟》、《离恨天》等，来自四方求教的弟子曾达四十余人，为崂山古琴的传承发展作出了巨大贡献①。

【张然江】清代山东高密人。生性恬静，不喜浮靡，工诗善画，清嘉庆年间（1796—1820），弃家来崂山明霞洞入道。其所画之山水，清淡中有深远之意境，见者知为逸品（见周至元《崂山志》）。

【陈合清】清代胶州人。七岁出家于崂山修真庵，后入京白云观受戒，继复访道辽东千山，晚始归崂。鹤貌松姿，矫然绝尘，年88岁，犹强健如少壮。一日谓其弟子曰："尔等好自修，莫蹉跎自误，道在至诚，无他嘱也。"言毕更衣危坐，溘然而逝（见周至元《崂山志》）。

【王裕恒】清咸丰初年崂山太清宫道长。性情谦和，品学兼优，精于道教全真派的内修功研究和运用，参考各种道教经典要旨，用以谈道说法，曾四十年如一日在崂山太清宫之拜斗台上修炼，仙骨道风，童颜鹤发，据《太清宫志》载，其世寿136岁。

【李旅震】清代崂山道士。清光绪元年（1875）来崂山太清宫出家为道，因喜栽菊，别号菊农。常与道众讲解《道德》、《南华》、《清静》、《阴符》、《黄庭》诸经，后居南阳玄妙观，任督讲二十余年，回崂山太清宫后又任监院数年，年83岁终。

【韩谦让】（约1829—1921），字太初，自号了一子，清末寿光人。清同治年间（1862—1874）来崂山太清宫，从薛一了学古琴，曾任太清宫长老兼监院。精研道乐，深悟琴理，演艺精湛，收徒众多，友人题

---

① 参见陈振涛：《崂山道教音乐考查记》，《中国道教》1991年第4期，第28页。

其堂曰"道洽琴心"。曾创作具有较高艺术价值的大型古琴曲《雪地红花》①。山东巡抚杨士骧、衍圣公孔令贻、清末翰林岑春煊、赵尔巽等都曾慕名专程到崂山与其交流琴艺。杨士骧留有"我揖太清宫,道士善弹琴。访得韩道长,琴床眠龙吟"的诗句。岑春煊还与其共作琴曲《山海凌云》,并题写"山海凌云"四字,镌刻于太清宫后石壁上。赵尔巽则书写条幅"欲逃庄叟人间世,来听成连海上琴"相赠。韩谦让有门徒三十余名,其中著名的有太清宫道士庄紫垣、马贤静、李昱庆等。

【周旅学】字觉悟,清同治年间(1862—1874)携带巨资来崂山太清宫出家。自奉俭约,热心公益,为太清宫添买地亩庙产,又常周济附近贫民,修筑桥梁道路,捐劝义学公费,地方村民立碑颂其德,98 岁终(《太清宫志》)。

【刘永福】(1836—1928),清末胶州人。儒生,善医精卜筮,光绪初年来崂山,在修真庵出家为道。他独辟一室,塞其户,跌坐其中,人有乞其医者,辄慨然无难色。1930 年王哥庄村民集资在庵北三里处为之立塔。

【吴介山】清代光绪年间崂山道士。曾主持对崂山塘子观进行修缮,并更名为"餐霞观",延请掖县(今莱州市)举人林钟柱(字砥生)在此教课授徒,培养人才。

【周兴教】清代光绪年间崂山道士。曾任修真庵主持。光绪十年(1884),涵祖道人吴教真等发起重修修真庵,"鸠工庀材,不数月而告厥成",殿宇森然,神像俨然,前后有次,左右有序,焕然一新,周兴

---

① 参见陈振涛:《崂山道教音乐考查记》,《中国道教》1991 年第 4 期,第 28 页。

教撰写了"重修修真庵碑"纪念碑文。

【萧贤升】清末民国时期崂山道士。曾为官，光绪二十六年（1900）到崂山太清宫出家为道，拜韩谦让为师。次年，捐资创建了台东镇圣清宫，宫内供奉老子和"三太爷"神像。

【郭恩孚】（1846—1915），字伯尹，号蓉汀、果园居士，清末潍县（今山东省潍坊市）人，太学生，候选知县。在西关大街道南住宅以东辟为东园，广种桃李、榆柳、花草。工诗词，与高密傅丙鉴（字绍虞）、平度白永修（字澄泉）、掖县董锦堂并称"胶东四大诗人"。他学识渊博，广收弟子，课徒传艺。辛亥后弃家到崂山出家为道士，据丁叔言回忆："果园师，居崂山三载，病极，其子迎之归，卒于家。"著有《果园诗钞》、《天中岛》、《果园枕戈集》、《遗诗》等。居崂山时，曾留有《题白云洞客堂》、《白云洞》、《登狮子峰》、《华严庵》、《留题太清宫》、《太清宫老道人》、《劈石口》、《赠林砥生孝廉》、《与林孝廉夜话》、《丰山观海同砥生赋即以留别》等记咏崂山诗多首。

【姚祥瑞】（1847—1912），传戒法名明瑞，号霭云，陕西西安府渭南县人。少年遭战乱，阖门遇难。年十七，投奔清军将领多隆阿从军，后弃官出家崂山学道。"已复游吴楚燕豫间，逾海游奉天，栖太清宫，入都居白云观"（清·于荫霖《玄妙观西北园记》）。居住北京白云观时曾任知客、监院，光绪十一年（1885）被委派南阳玄妙观任住持。光绪三十一年（1905），捐巨资创建玄妙观元宗学堂。光绪三十二年（1906），获清廷颁授"全真广学"和"惠浃中州"两块匾额。

【赵泰昌】俗名善初，清光绪十五年（1889）来崂山太清宫出家，参悟道学，志坚修真，常与人诵经拜忏，并将三十余年所得经资积蓄全部施于太清宫，添置庙产，永为香火之资。民国二十八年（1939），太清宫道众为之立碑，以志功行。赵善初任太清宫监院兼长老多年，后经青岛商会各董事推举为青岛天后宫住持。曾与门人黄友琴、孟宗绍、于惟东等校正周宗颐编撰之《太清宫志》。

【曾明本】（1856—1961），别名曾陶。出生于辽宁省沈阳市里大北关，曾国藩之孙。辛亥革命后，曾任满清贵族密谋复辟的"宗社党"秘书长一职，复辟失败后，追随恭亲王溥伟来到青岛。后在青岛芙蓉山建了一座庙宇，命名为全圣观，自任主持，道号"性全"。1935年，经崂山太平宫住持张嘉林介绍，购买浮山朝阳庵的庙产，进行整修和增建，并将此庙更名为"全圣观"。1934年4月，蔡元培曾到全圣观拜访曾明本，并亲笔题字"藓崖直上飞双屐，云洞前头岸幅巾"。题头为"性全先生雅属"，落款"蔡元培"，今朝阳洞门前此题字的刻石楹联仍保存完好。

【王悟禅】（1865—1947），俗名王明佛，道号悟禅，山东诸城人。清亡后到即墨马山平安殿、崂山塘子观出家，曾在普庆庵栖居，晚年居于二龙山玄都洞中，并将洞凿而大之。闲尝出游，以书换酒，足迹遍名山。工诗能文，擅书法，著有《雪泥鸿爪》诗集、《悟禅遗墨》等。留有《登棋盘石看云》、《鹤山仙人路》、《咏摸钱洞》、《仙鹤洞》、《上清宫》、《太清宫》、《百福庵萃元洞题咏》等许多咏崂诗篇。《登棋盘石看云》云："一片白云海上生，宛如绵絮半天横，仙人棋罢渺然去，足踏浮云比叶轻。"即墨文人蓝水、周至元、崂东隐士张墨林常与其诗酒相唱和，蓝水有《赠悟禅道人》、《题悟禅小照》、《哭王悟禅道人》、《游玄都洞怀王悟禅》诗，周至元有《赠悟禅》、《玄都洞访悟禅》诗，张墨林有《赠王悟禅》诗。今崂山塘子观北约100米处，有王悟禅诗刻："四十余年迷前津，误将名利认作真。吾今识破黄粱梦，誓愿出家不染尘。"落款"圆月谨附俚句于乙亥春"。乙亥年应为公元1935年。即墨市博物馆现有悟禅书法作品十九幅，其中中堂十幅，对联九幅。

【李昱庆】清末崂山白云洞道士。琴技高超，清宣统年间（1909—1911），在他任住持期间，将建于峭壁上的迎客堂重新装修，辟为道士们练琴的场所，并题一匾额"琴功房"挂于门上。相传，他还把当年蒲松龄游白云洞时写的《题白云洞》诗，按照崂山晚坛功夫经中的《救苦诰》经韵的旋律谱成道乐，在崂山各宫观广泛传诵。其弟子有阎全德等人①。

【刘本荣】清代末年，崂山华楼宫道士。上清宫殿宇因遭暴雨为山洪冲毁，曾主持重修，恢复原貌。

【唐宗煜】20世纪初崂山蔚竹庵道长。1930年，离庵去西安八仙庵主持庙事。积极支持杨虎城将军的抗日主张，曾于1936年1月岳飞的祭日，组织起全国各大庙观的道士百余人，参加杨虎城在西安大雁塔前广场举行的万人共同抗日的誓师大会，并主持道祭，演出了应风歌乐《满江红》等，一时传为佳话。

【邹全阳】（？—1939），清末民国荣成（今山东省荣成市）人。民国初年，入崂山白云洞入道，继复访道名山，"云屐所至，遍于五岳"（周至元《崂山志》）。云游十五年后，回到即墨武庙，见庙已近荒废，于是四处募化，将其修缮一新，之后携徒重返崂山白云洞主持庙事。1934年，于白云洞左青龙石前建青龙阁，以览崂山全胜之景，周至元曾作《白云洞青龙阁落成记》记述此事。1939年5月4日，侵华日军残杀邹全阳道长等6人，并烧毁了白云洞建筑。周至元《崂山志》、蓝水《崂山古今谈》中均有记载。

---

① 参见陈振涛：《崂山道教音乐考查记》，《中国道教》1991年第4期，第28页。

【王真吾】（？—1939），民国安丘县（今山东省安丘市）人。落落有节气，厌世务冗嚣，来崂山白云洞出家为道，拜道人邹全阳为师。1939 年 5 月 4 日，日本侵略军在崂山白云洞残杀道士及山民 6 人，其师邹全阳亦蒙难。时王真吾适外出，未罹祸事。后归洞，尽收遗骨掩葬之，叹曰："人生所重义耳，今国亡、亲殁、师死，吾能安偷生！"越数日，至雕龙嘴脱衣冠向北再拜，蹈海死，当地民众葬之，立碣永志。

【阎全德】（？—1939），清末民国时期白云洞道士。对道乐经曲有很深的研究和造诣，除继承了唐以来形成的珍贵道乐曲牌外，还综合了崂山与十方各派道乐的精华，进一步改编了道乐的高难曲牌《海底沉》等，并系统地完善了金山派的殿坛经韵曲牌，如《步虚》、《澄清韵》、《吊挂》、《大赞》、《六句赞》、《小赞》、《大洞清》、《小洞清》、《忏悔文》以及部分超度"亡韵"《叹骷髅》、《五更悲叹》等。20 世纪 30 年代（1930—1936），他将金山派"崂山韵"经曲较完整地传给了弟子孙真淳、匡常修及明道观的朱士鸿、吴嘉会、李相周和明霞洞的张世淳、朱真传等，使其成为崂山道派经韵中唯一完整保存下来的道乐（据《宗教音乐》、《中国道教宫观文化》）。1939 年 5 月 4 日，阎全德被侵华日军杀害。

【周宗颐】字养山，民国时期崂山太清宫监院。他历时两年多，整理了太清宫历届住持及名道的回忆与笔记，经广征博采搜集资料和考证，于 1941 年编纂成崂山《太清宫志》。全书约 5 万字，共分 10 卷，分别记载了太清宫历史沿革、名道、景观、碑记、执事、神祇、下院、诗文及游山名人。该书为崂山道教首部志书，是考察崂山道教发展变化的重要资料。孟宗绍在卷末的"跋文"中评曰："其文笔朴厚，弗没彩饰，其叙事也，直书巅末，全不见雕琢之痕。"1944 年，经道人赵泰昌、黄友琴、孟宗绍和于惟东为该书校正，正式刊印。1962 年，青岛市人民委员会宗教处作为资料将其书稿油印。

【庄紫垣】名宗枢，清末民国太清宫道士，师从韩谦让，琴艺高超，常演奏《归去来辞》、《离恨天》、《山丹花》等琴曲，表达对时政的不满。曾创编《夜半青华歌》琴曲，乐曲深奥，技法别致，被时人誉为"青出于蓝而胜于蓝"，其弟子太清宫的王茂全、上清宫的佟大宗、明霞洞的王勉臣、明道观的朱士鸿、寿阳宫的王宣财、聚仙宫的林王德，也都是优秀的古琴人才，他们七人被当地老百姓称为"七弦子"。据《太清宫志》记载，1926年昌邑县文人黄恩涛（字孝胥）曾慕名携琴来崂山，切磋琴艺，并拜其为师。1931年庄紫垣还曾与太清宫住持葛友生及单友宽一起参与常在庵庙产诉讼。

【宋宗科】（1902—1989），山东费县胡杨乡南山阳村人。幼时上过私塾，15岁到临沂学中医，业余时间曾拜当地民间艺人高敬修和邹明山为师，学渔鼓和山东快书。20岁到云蒙山万寿宫出家当道士，两年后云游四方，传经讲道，先后到过河南南阳玄妙观、西安八仙观、北京白云观等名道观，并曾在北京白云观任代理道长。1947年还俗从医，在青岛"金盛堂"药房当经理。他阅历丰富，学识渊博，多才多艺，善讲故事，所讲故事受道教文化影响较重，题材广泛，而以讲崂山民间故事著称。中国民间文艺家协会山东分会授予他"民间故事家"称号。1990年，山东省民间文艺家协会与青岛市民间文艺家协会搜集整理了其讲述的故事98篇，计27万余字，出版了《宋宗科故事集》一书。

【匡常修】（1904—1993），原名匡桂林，字华泉，号山原，别号卧云居士，胶州市人。少时曾习武，学习中医。1931年，来到崂山白云洞，拜匡真觉道人为师，改道名匡常修，字和阳，道号圆觉子，别号一氙道人。先后在白云洞、天后宫、明霞洞、凝真观、太清宫修行过，为全真道金山派道士。1952年曾被推选为青岛市各界人民代表大会代表，1966年6月，被遣返回原籍，在城关中云生产队当了14年医生。1980

年，回到崂山太清宫任监院，1989 年被选为青岛市道教协会会长。曾身兼中国道教协会理事、山东道教协会副会长、青岛市道教协会会长、中国气功科学研究会理事、山东省政协委员、青岛市政协委员、青岛市人大代表等数职，爱国爱教，名扬于世。匡常修一生致力于道学、武术、医学、气功的研究和崂山经韵的整理传授，培养道徒，完善制度，修缮庙宇，恢复殿堂，为崂山道教事业，为弘扬和传承崂山道乐文化作出了自己的贡献。1980 年回庙后，他整理编写了《先天炁功筑基要诀》一书。1988 年，还把自己的养生秘方——崂山道饮，无偿献给了青岛黄海葡萄酒厂。曾著有《乾元丹指》、《坤元丹指》、《玄真篇注解》、《道家气功》、《武林别传》、《武当别传》、《本草诗编》、《养生三字经》等书稿，惜在"文化大革命"中遗失殆尽。

【李宗廉】（1915—2008），原名李宗章，道号秉洁子，山东即墨段泊岚镇人。自幼父母双亡，被叔父收养，后从族师习武强身，膂力过人，能单臂举起二百斤重石锁。年二十许，随乡民闯关东谋生。去鞍山探亲时，为日寇挟持，成为日军的铁矿劳工，后以镐把击倒日寇监工及士兵，逃至辽宁本溪九顶铁刹山八宝云光洞入道。后铁刹山遭土匪扰掠，遂迁至沈阳太清宫。1948 年，回归故里到崂山太清宫，又迁住华楼宫，后应汉河玉清宫道众之请，出任该宫监院。"文革"期间受遣返乡，1981 年春，应青岛市政府之邀，重返崂山太清宫。1989 年 10 月，在北京白云观受三坛戒，号秉洁子。曾任中国道教协会第七届理事，青岛市崂山区第十届至十三届人大常委会委员。他生活俭朴，终年食素，笃志苦修，入夜则坐以待旦，从不卧床。年逾九十，面如童颜，红光满面，声如洪钟，鹤发童颜。2008 年 6 月 5 日夜羽化。

【黎遇航】（1916—2002），江苏金坛人。5 岁时，随父在江苏省句容县茅山元符万宁宫出家，道名顺吉，1935 年被推为主持。抗战时期为新四军做粮食保管和通讯联络工作，1949 年新中国成立后，离开道院在茅山下泊宫小学任教师、校长。1957 年后，历任中国道教协会副秘书长，第二届副会长兼秘书长，第三届、四届会长，1992 年后任中国道教协会顾问。是第五届全国政协委员，第六届全国政协常委，第七届全国政协常委、宗教委员会副主任，第八届全国政协常委、宗教委员会委员。1980 年 12 月，曾草书"仙山揽胜"四字，镌于崂山狮子峰北面登山阶旁之崖壁上。

【孙真淳】（1920—2003），原名孙永喜，即墨市枣行村人。19 岁拜金山派程全安道长为师，出家于即墨窑头村，道号纯德子，为道教全真金山派二十代玄裔。1947 年随师回崂山明道观潜修。中华人民共和国成立后曾在明道观、白云洞住持庙务，行医修道。1966 年被遣散。1980 年重回崂山太清宫，与匡常修道长一起主持庙事。1989 年于北京白云观受戒，以戒坛第二十八名"岁"字号荣膺登真箓、获戒号。历任崂山太清宫知客、副监院、监院，青岛市道教协会副会长，山东省道教协会副会长、名誉会长，中国道教协会理事、名誉理事，政协崂山县（区）委员（参见《山东省宗教志·道教》）。

【张常明】（1929—1998），原名张德法，即墨市丰城镇南颜武村人。幼秉聪慧，性喜清静。1944 年到崂山明霞洞出家为道，系金山派第二十一代接法传人。中华人民共和国成立后，张常明道长积极参加反帝爱国活动。1956 年参加崂山佛道教生产合作社，在沧口明真观行医济世。1962 年至 1965 年，被山东省委统战部、省政府宗教处推荐参加中国道教协会第一期道教知识专修班学习，结业后，被安排到泰山碧霞祠住持宗教活动。1966 年"文化大革命"初，被"造反派"赶下山，1967 年被安排到济南市砂布厂工作。1980 年落实宗教政策后，于 1980 年 5 月当选中国道教协会第三届理事会常务理事、副秘书长。1985 年 6 月，被山东省委统战部、省政府宗教事务局任命为泰山碧霞祠住持。曾任泰安市道教协会第一届理事会会长、山东省道教协会会长兼秘书长，中国道教协会第四届、五届理事会常务理事，山东省政协第六届委员、第七届和第八届常委，泰安市政协第七届、八届、九届常委。他一生惮心竭虑修庙授徒弘道传教，习武学医，爱国爱教，尊道贵德，素为人重。1998 年 8 月 14 日羽化，安葬于崂山太清宫道茔。

【刘怀元】（1945— ），原名刘建奎，山东省黄县（今龙口市）人。高中毕业后，1985 年到崂山太清宫出家，入道教全真派，师从张常明道长。曾任青岛市道教协会筹备委员会办公室主任、太清宫执客。1992 年后，被推选为青岛市道教协会会长、山东省道教协会副会长、青岛市第八届政协委员、山东省道教协会会长兼秘书长、中国道教协会常务理事、中国道教协会副会长、全国政协第十一届和第十二届委员、山东省政协常委。他在任太清宫主持期间，注重崂山道教的基础建设，1990 年农历三月初三，主持重塑神像开光典礼，先后维修了三清殿、三皇殿、三官殿和道友住房一百七十多间，并新建混元殿、元辰阁、元君阁、石牌坊等景观，植树栽花数万株，并修建了太清宫的院墙和石砌山门。2005 年太清宫重新组建了崂山道乐队；2008 年 6 月，崂山道乐正式入选为国家级非物质文化遗产项目。2006 年 10 月 31 日至 11 月 1 日，太清宫与山东大学宗教、科学与社会问题研究所联合主办首届"崂山论道"国际学术研讨会。2008 年 8 月，太清宫讲经堂、藏书阁等建成。在他的不懈努力下，崂山太清宫面貌焕然一新，并逐渐成为全国一流的道教活动场所。

（二）佛教文化名人

【法显】（334—420），俗姓龚，东晋并州上党郡襄垣（今山西襄垣）人，一说司州平阳郡武阳（今山西临汾市）人。3 岁时出家，20 岁受戒。他有感于当时藏律残缺，于东晋隆安三年（399），偕同慧景、道整等从长安（今西安）西行前往天竺求法。东晋义熙八年（412），随商船从狮子国（今斯里兰卡）循海路回国，途遇大风浪，后漂流至青州长广郡的崂山南岸栲栳岛一带登陆。长广郡太守李嶷敬信佛法，亲往迎接，并筹款在栲栳岛建庙，曰"石佛寺"（后改名潮海院）。法显在此驻留期间，曾翻译了部分佛经，并传经说法。不久，法显返建康（今南京），后到荆州（湖北江陵）辛寺。他将带回的大量梵本佛经译成中文，并根据自己的西行见闻撰写成《佛国记》。他翻译的《摩诃僧祇律》，为五大佛教戒律之一，对中国佛教的发展产生了深远的影响。《佛国记》，又称《法显行传》、《法显传》、《历游天竺纪传》、《佛游天竺记》等，撰于义熙十二年（416），是现存最早的旅印游记，具有重要的文学和历史文献价值，是研究当时西域和印度历史的极为重要的史料。该书首称崂山为"牢山"。

【法海】北魏高僧，始光元年（424）至正平元年（451），来崂山传播佛教，在今青岛城阳区夏庄镇源头村东创建寺庙，为该寺第一代方丈，为纪念他，该寺被称作"法海寺"。明代周如砥写有《游法海寺》诗，明代即墨文人范养蒙有《法海寺道中》诗。法海寺是青岛地区最古老的佛教寺院，与石佛寺、华严寺被称为崂山佛教的三大寺院。宋嘉祐二年（1057）、元延祐二年（1315）、清康熙五十二年（1713）、民国二十三年（1934）都曾对该寺进行过重修，1956年青岛市人民政府曾拨专款对该寺进行修葺。"文化大革命"中，法海寺遭到破坏。1982年青岛市人民政府将法海寺列为市级文物保护单位，并于1994年6月拨专款对该寺进行修复。2006年该寺被列为山东省重点文物保护单位。

【道凭】俗姓韩，南北朝时北齐平恩（今河北邱县）人，年十二出家，法号道凭。自幼聪慧，才华出众，奔走四方听经求法，后入河南嵩山少林寺随佛教南派四分律始祖慧光大师学习，"经修十载，声闻渐高"，到魏、赵等地讲经诵佛（《续高僧传》卷八）。相传道凭曾到崂山讲经传教，至华楼山之阴石竹涧山谷中，见凤凰崮南麓的"石竹庵"虽已倾圮，但环境幽静，便出资重建，定寺名"慧炬院"。据碑石记载，该寺隋代开皇二年（582）曾重修，元代大德年间、明代成化二十三年（1487）、清代乾隆四十七年（1782）复又重修。明代万历年间憨山和尚被谪、海印寺被毁后，憨山的弟子携带藏经、佛像、法器等西迁至慧炬院。明代监察御史蓝章曾多次游历此院，并写过《成化丁未重修慧炬院佛殿碑》碑文，清初胡峄阳曾在慧炬院深造。许多文人雅士来此游览，并留下诗文。据传道凭在慧炬院主持庙事十年，至隋炀帝大业末年圆寂。道凭的墓碑直到 1958 年尚完好，后修建崂山水库时淹没于水下。但据唐代释道宣撰《续高僧传》，道凭在北齐天保十年（559）三月七日，于邺城西南宝山寺中圆寂，"春秋七十有二"。今河南安阳西南宝山寺（灵泉寺）有道凭法师双石塔，西石塔塔心室门额刻有"宝山寺大论师道凭法师烧身塔，大齐河清二年（563）三月十七日"题记。

【普丰】唐代僧人，俗姓冯，在荆州玉泉寺出家，后至四川峨眉山，唐玄宗开元年间来崂山，先在今崂山区王哥庄大桥村东建大悲阁，内祀如来，后称峡口庙。又在铁骑山东（今城阳区惜福镇东葛家村）修了一座分院，名为林花庵，在峡口庙东五里的东台村建另一座分院，名为普济寺。他还在普济寺院中亲手栽种一棵槐树，至今仍枝繁叶茂。树旁原有一座石碑，上刻"五百年树仙槐卿德"，并附有小字"唐僧普丰植"。此碑在"文革"中被毁，但残石犹存。明代寂云和尚重修峡口庙，清嘉庆年复又重修，祀观音，移佛像于后殿。1959 年时该庙已倾圮，1966 年拆除。林花庵和普济寺亦早已倾圮，现无垣。

【宝寿】元代即墨人，出家即墨城南淮涉寺，法名宝寿，法号圆通。元延祐二年（1315），从淮涉寺至崂山法海寺任主持，重修法海寺，"首创法堂五间，前后六楹七柱，既塑释迦五士，兼饰观音一堂，金碧灿然，功勋备矣。然后创建云堂、耳室、僧寮……四十间……为当代之宏观"（元泰定三年《重修法海寺碑》）。宝寿法师圆寂后，弟子们追念他的功德，在寺西建塔祀之。后来明代永乐年间又为僧人广进、玉柱分别建了两座塔。"崂西三塔"，成为崂山一处胜景，可惜"文革"期间已遭破坏。

【安定】元代僧人，俗姓赵，元代胶西（今胶州市）人。元末至正年间（1341—1367）来崂山，栖居崂山东麓之那罗延窟中，面壁十年，忽悟法乘，乃作偈题壁上曰："口说无挂碍，今朝挂碍无，风光随处好，净土不模糊。"书毕，整衲而坐化。

【罗祖】（1442—1527），本名罗清，又名罗春、罗因，字梦鸿、孟鸿，法名普仁，法号悟空、清庵，后世门徒称其为罗祖，又称"无为老祖"，明代莱州府即墨县海润乡城阳社紫芽村（今青岛市城阳区流亭街道南城阳社区）人。3 岁丧母，7 岁丧父，为叔婶培养成人。14 岁代叔父从军戍驻北直隶密云卫，退伍后开始参师访道，遍访佛法，于明成化十八年（1482）明心悟道，自创无为教，并在密云卫古北口司马台建造经堂，传法布道，曾受迫害入狱。其弟子据其口述整理成"五部六册"《无为经》：《苦功悟道卷》、《叹世无为卷》、《破邪显证钥匙卷》（上、下册）、《正信除疑无修正自在宝卷》、《巍巍不动泰山根深结果宝卷》，将儒、佛、道三教融为一体，佛教色彩较为突出。无为教又称罗教、罗清教、罗道教、罗祖教等，由于教义通俗易懂，易于传唱，因此传播迅速，信奉者甚众，在明代后期和清初曾兴盛一时，许多民间宗教皆受其影响，在不少地方甚至视无为教为佛教，连僧侣道士也不乏皈依者。山东即墨、崂山一带，从来都是罗教的传教中心。明万历十四年（1586）憨山大师到崂山时，发现当地人多信奉罗祖教，不知有佛教："方今所云外道罗清者，乃山下之城阳人。外道生长地，故其教遍行东方，绝不知有三宝。"（《憨山老人自序年谱实录》）清人蒲松龄在《聊斋志异》中记载有罗祖的故事和传说。

【憨山】（1546—1623），俗姓蔡，名德清，字澄印，号憨山，又称憨山大师，明代全椒（今安徽省全椒县）人。12 岁寻佛金陵报恩寺，19 岁至栖霞山云谷寺削发为僧，后云游各地。万历元年（1573）到五台山，因喜爱五台山的憨山神奇秀丽，便以此为号。万历十一年（1583）四月，憨山读《华严疏·菩萨住处品》，其中云："东海有处名'那罗延窟'，从昔以来，诸菩萨众于中止住。"《清凉疏》将其释为："梵语'那罗延'，此云'坚牢'，即东海之牢山也。"遂慕名由五台山至崂山（《憨山老人自序年谱实录》）。先在华严寺西山的那罗延窟修禅，后至太清宫附近树下掩片席为居，历 7 个月，山民张大心结庐使其安居。此时，太清宫旧道院倾圮倒塌，憨山得到即墨灵山桂峰法师的引见，结识了即墨之士绅，并得到江、黄两乡绅和泰岩、荫谭诸人的助成，遂用太后所助之金尽购太清宫之地，于万历十三年（1585）始建海印寺，万历十六年（1588）建成，莱州知府薛承范撰《新建海印寺碑碑文》。万历十七年（1589），进士出身的太清宫道士耿义兰控告憨山强占庙产，万历十九年（1591）又去京师上告，万历二十三年（1595），憨山以因私修庙宇获罪，被充军到广东雷州，海印寺被毁。万历四十二年（1614）获赦后，结庵庐山五乳峰下，居四年，又到广东曹溪宝林寺，潜心著述。憨山多才多艺，晓通史书，熟谙佛经，工于书法，擅长诗词。著有《法华经通义》、《圆觉经直解》、《大乘起信论直解》、《观楞伽经记》、《金刚决疑》、《八十八祖真影传赞》、《庄子内篇注》、《老子道德经注》、《中庸直指》等。还有门徒汇编的《憨山梦游集》和《憨山语录》。憨山著述中提及崂山，均书为"牢山"。万历十二年（1584），憨山应太清道士之请，为巨峰玉皇殿（铁瓦殿）题写了《重修巨峰顶白云庵玉皇殿记》的碑文并铭。居崂期间，崂西悟山（今午山）重修观音庵，憨山为之撰写了铭、记。另留有《山居十首》、《那罗延窟赠达观禅师》、《八仙墩》、《张仙塔》、《卜居海上》、《巨峰慈光洞》、《登上苑狮峰晓望同桂峰禅师赋》等诗。《巨峰慈光洞》云：

"鸟道悬崖入翠微，一龛高敞白云隈。坐观①沧海空尘世，回首人间万事非。"该诗题于慈光洞洞壁，末署慈宁宫近侍。据记载，诗上方刻"慈光洞"三个大字系憨山大师手书。崂山太清宫三清殿前有"海印寺遗址"石碑，刻有"明万历十三年憨山大师建海印寺于宫前，二十八年降旨毁寺复宫"。黄宗昌撰有《憨山传》。

【达观】（1543—1603），俗姓沈，名真可，字达观，晚号紫柏，明代吴江（今属江苏）人。年少时，性格刚烈勇猛，貌伟不群，慷慨具侠义气，17岁时辞亲远游，出家于苏州的云岩寺。悟道后，遍游名山大川，博览经书。因感于梵夹本大藏经卷帙重多，不易阅读和流传，历经多年辛苦筹备，万历十七年（1589），于山西五台山妙德庵创刻方册本大藏经，四年后移至浙江余杭县径山寂照庵续刻，其后又在嘉兴、金坛等处开刊，直至清初才完成。改刻的大藏经因其印行于嘉兴楞严寺，故名《嘉兴藏》，又以其雕版存贮于杭州径山寂照庵，亦名《径山藏》，由于其版式呈书本册装，又称"方册藏"。达观与德清和尚交往甚为密切，万历十四年（1586），曾东访僻居东海牢山的德清，留十余日，德清特由京城回访，二人相见恨晚，畅谈达旦。《憨山老人自序年谱实录》："予在京闻达观禅师访予于海上，即趋归，兼程追之。值师出山，寻即同回，盘桓两旬。赠予诗，有'闲来居海上，名误落山东'之句。"为刻藏之事，两人曾多次出入京城竭力奔走。二人曾共议复修明代《传灯录》，并相约前往曹溪，复兴法脉。后德清以私建寺院罪被捕入狱，达观拟赴京营救，旋闻德清已被谪戍雷州，便在江浒之地等待，相见于下关旅泊庵，叹曰："公负荷大法，公不生还，吾不有生。"并发愿为德清诵《法华经》百遍，祈求佛力加被。万历三十一年（1603），京中发生了"妖书大案"，达观蒙冤入狱而死。达观一生著述甚多，他曾经续写了《高僧传》，并著有《续灯录》、《紫柏尊者全集》、

---

① （清）黄肇颚：《崂山续志》卷五"观"作"乾"。

《紫柏尊者别集》和《长松茹退》等，后人将他与莲池（1535—1615）、
藕益（1599—1655）、德清合称为"明代四大名僧"。《紫柏尊者全集》
（憨山德清校，别称《紫柏老人集》）中收录有《登那罗延窟》、《牢山
海印寺》和《牢山访憨山清公不遇》诗。《登那罗延窟》云："菩萨僧
常住，皈依上翠微。山高疑日近，海阔觉天低。岛屿屏中国，波涛限外
夷。重来防失路，拂石一留题。"《牢山海印寺》云："珠林完旧物，天
子锡灵文。鸟道悬丹嶂，僧堂起白云。鱼龙阶下宿，尘世海边分。佛火
谁相续，心香朝暮熏。"《牢山访憨山清公不遇》云："吾道沈冥久，谁
倡齐鲁风。闲来居海上，名误落山东。水接田横岛，云连慧炬峰。相寻
不相见，踏遍法身中。"①

【桂峰】（？—1602），俗姓王，名性香，明代僧人。据清同治《即
墨县志》、《山东通志》及周至元《崂山志》等载，其年少时，遇异僧
奇之曰："此他日莱牟间第一祖师也。"及年长，留心禅理，因多病，
遂出家于即墨城东郭崇宁院，掩关面壁六载，即念即修。既而游京华，
遍探讲席，五载归崂，转入即墨之北灵山寺，与憨山相识。尝说法曰：
"吾视吾与空等，视人与吾等。成法破法皆名涅盘，大知大痴通为般若。
无明真如同是菩提，戒定贪嗔俱是梵行。地狱天宫比为净土，飞走羽族
总证佛道，一切烦恼觉即解脱时。"闻憨山建海印寺，谓人曰："吾将
投足于无畏之途，浴身于不波之沼，彼憨师筑室路旁，岂能久乎？"既
而憨山和尚以讼败，谪配雷州，桂峰大师竭力为受牵连之众僧辩解奔
走，使他们无罪得释。万历三十年（1602）仲秋坐化。

【黄纳善】（？—1591），字子光，明末即墨人。据清同治《即墨县
志》载，纳善性冷静，尤好佛学。年十九入崂，拜憨山为师。憨山授以
《楞严》，两月成诵。志切参究，胁不至席。及憨山南归，纳善恐其不

① 一说此三首诗为明代文人刘月川（生平不详，黄作孚有《答刘月川》诗）作，存疑。

归，悲思不胜，乃对观音大士破臂燃灯，祝其师早旋。创甚，日夜危坐，诵佛号不辍。既而伤愈，见疮痕结一大士像，宛然如画。万历辛卯（1591）秋，坐蜕。

【自华】俗姓谭，名海近，明代四川夔州府奉节（今重庆市奉节县）人。7 岁出家妙莲寺，师事青山上人，12 岁时随船远游至金陵，寄居古林庵 15 年，乃遍历名山，参证宗旨，益有获。又东渡海，至普陀山，参法华洞中。明崇祯末年至即墨，居黄宗昌家，后得即墨望族周氏施地，在崂山华岩山西北麓建寺庙，名洪门寺（又称西莲台），在此建坛说法传戒六载。一日忽端坐说偈曰："叵耐这个皮袋，终身惟作患害，撒手抛向尘沙，一轮明月西迈。"言罢逝去。葬于西莲台，墓上建石塔一座。据记载，洪门寺中有木雕之仗八佛像，殿宇恢宏，庭院修洁。清代即墨文人蓝中珏写有《西莲台》诗："晚照空山里，万松护寺基。磬声依石静，幡影动云迟。花落春归日，鸟啼雨歇时。高峰僧对语，何处著尘思。"清代乾隆末年洪门寺塌毁，道光年间拆除，只余石塔一座。

【慈沾】（1588—1672），俗姓李，明末观阳里（今山东省海阳市）人。少孤，事母孝，性善悟，喜谈空门静理。其母死后，遂削发为僧，师从江南临济派僧人一生和尚，法号慈沾。时御史黄宗昌罢归乡里，在即墨县城西北建起一座准提庵（俗称后庵庙），闻慈沾之名，于崇祯十四年（1641）迎其至即墨，主持准提庵。黄宗昌还在那罗延窟东北兴建华严庵，但庵未建成即毁于兵燹。其子黄坦继父遗志，与慈沾共同重建华严庵（亦称华严禅院，1931 年改称华严寺）于今址，清顺治九年（1652）建成后，慈沾遂任第一代方丈，为临济派第四代传人。慈沾居崂山 20 年，清同治《即墨县志》载他"潜心禅道，老而弥笃"，生平"不为苟得，不募缘，不蓄幼童，扬善弃恶，言必信，以非礼来者若罔闻见，然居墨三十余年，未尝见有忌色嗔语"。黄宗崇撰有《慈沾上人浮屠记》。华严寺前路西有一塔院，建有慈沾大师圆寂塔。

【于七】（1609—1702），名乐吾，字孟熹（亦作孟禧、孟喜等），乡人呼为于七，明末山东栖霞唐家泊人，戚继光的外孙。少时酷好武术，拜师习武，明崇祯二年（1629）考取武秀才，次年中武举。清顺治五年（1648）起兵反清，后一度受招安，任栖霞把总。顺治十八年（1661）复率旧部反清，义军势力遍及胶东半岛，并一度攻破宁海州（现牟平县），杀死知州刘文淇。清政府调动军队，围攻义军根据地锯齿山（又名牙山）。于乐吾只身突围，于康熙元年（1662）逃到崂山华严庵，化名王郎，后拜慈沾为师，出家为僧，法名寂澈，法号善和①，后继任华严庵住持。相传他是近代螳螂拳的创派祖师。他圆寂后，众僧为其在慈沾塔旁建了一座石塔，铭文为"庄严示寂弘戒大师澈公上善下和塔"，该塔在"文化大革命"中被毁，1989 年由崂山文管所和崂山武馆修复，墓塔前立有"螳螂拳始祖于七"的墓碑，华严寺外立有一尊于七雕像。青岛市博物馆藏有一幅于七遗像。烟台市博物馆也藏有一幅于七画像。仁济和尚曾写有《善和和尚像赞并序》。周杰三（1928—2005，名汉良，字杰三）编著有《于七起义述略》，李恩浦（1922—2001）著有《于七起义》。

【喜岩】清初即墨人，黄培之女。黄培因"逆诗案"被处绞刑后，其子黄贞明（字永光，庠生）入崂山深居。其女年方及笄，痛父遭此巨祸，矢志不嫁，带着父亲的画像（今存于山东省博物馆），出家崂山潮海院为尼，法号喜岩。后迁巨峰前白云庵，据传白云庵前的白木槿即其亲手所植。

---

① 据李恩浦及于七第十代嫡孙于桂明考证，于七的法号为"善观"，法名"照瞳"。参见李恩浦：《于七起义》，青岛出版社 1995 年版，第 254 页；《青岛文史资料》第 17 辑，青岛出版社 2008 年版，第 59—74 页。

【广住】（1767—1825），俗姓王，字大方，清代胶州王氏女。幼时因多病到高密灵应庵出家为尼，嘉庆四年（1799）游京师，受戒西山。嘉庆二十三年（1818）四月来崂山，暂居于白云洞西之摩日岭前镇武殿，后受胶州邓夫人与白云洞道人的资助，在崂山黄山村西北日起石之清风洞（又名高石屋）居住，在此苦修十八年，死后葬于洞下，白云洞道人为之筑石塔，胶州进士匡源为其立碑于雕龙嘴并撰写碑文。同匡源至崂山的张锡福赞曰："海山苍苍，宇宙茫茫。一片真如，无显无藏。倏面厌世，舍此皮囊。来也何自，去也何乡。广住不住，是名大方。大方大方，山高水长。"胶州文人王大来留有《一气石怀大方禅师》诗。

【昌仁】俗姓矫，字一庵，清末僧人，父母死后削发出家崂山华严庵。曾到京受戒，并云游多年，后于光绪年间归崂山华严庵久住。闲居除禅定外，以诗自娱，著有《山居诗稿》、《唯心诗草》（《唯心集》），写有《归山吟》、《华严庵山居》、《还寺》、《山居杂咏》等许多咏崂诗篇。其中《华严庵山居》曰："窗外数峰秀，门前碧水流。山深人意淡，林静鸟声幽。云影归樵客，烟波不钓舟。明晨天气好，吾亦趁闲游。"当时名流毓俊曾写有七言诗《寄昌仁禅师》。

【仁济】清末民国宁海州东牟（今山东省烟台市牟平）人。幼习举业，品学卓越，清末毕业于济南师范学堂，年四十余，偶读《华严经》，如有所悟，遂弃家到即墨准提庵削发出家，自号"九巅和尚"。抗战时避居崂山华严寺。1950年还俗回原籍。写有《砥柱石》、《慈沾塔》、《华严寺外塔院鱼池》、《天波池》、《崂山》等诗篇。《砥柱石》云："嶙峋巨石起岩根，荡漾清波到海门。山色云开含画意，潮音风送警诗魂。丰碑峙立添新迹，大笔留题认旧痕。信是奇观属第一，松阴茗瀹且细论。"周至元写有五言诗《赠华严寺诗僧仁济》，蓝水写有《庚寅送仁济上人归家》。

【莲桥】俗姓王，法名仁栋，青岛崂西区小河东村（今崂山区沙子口街道小河东村）人，拜崂山华严庵住持能义（原即墨东关帝庙和尚，民国元年到华严庵任主持）为师，学习禅法。自 20 世纪 20 年代起，任华严庵住持。1930 年募资修筑了一条从华严庵门前直抵海边的石砌盘道，名华严路。1935 年由青岛市长沈鸿烈倡议，组成"崂山释道联合会"，该会由华严寺、太清宫、明道观、白云洞等 11 个寺观的道长、住持组成，莲桥任会长。

【頔颢衡】俗姓林，名玉瑞，崂山黄山村人。民国十二年（1923）11 岁时，在崂山华严庵出家，法名圣璇，法号頔衡，在该寺住持莲桥的教导下，精心学习经典及诗文，成为一时名僧。1931 年华严庵更名"华严寺"后，頔衡南游镇江金山寺、宁波天童寺等名刹，学习南派经韵乐法，回崂山后积极推广江南梵呗韵牌，并结合北派的经韵，创出独树一帜的崂山梵呗赞偈。1950 年頔衡将他珍藏多年的于七画像，献给了文物管理部门，现藏于青岛市博物馆。

【隆界】俗姓华，崂山双石屋人。46 岁时，因女儿被骗卖入青岛妓院，悲愤愁苦，到即墨茶棚削发为尼姑，后又迁居崂山东李村文殊普贤庙（又名清华庵、菩萨庙），任住持。

【高鹤年】（1872—1962），名恒松，字鹤年，号云溪，别号终南侍者、云山道人、云溪道人，晚年被世人尊称为高老居士，江苏兴化刘庄（今属江苏盐城大丰市）人，佛教居士。幼年即从事佛教活动，潜心研究佛教教义，29 岁时在金山寺受戒。一生苦心修行，并从事公益慈善事业。1953 年，应邀出席在北京召开的中国佛教协会成立大会，当选为理事。1955 年，出席在南京召开的江苏省人民代表大会，被选为江苏省人大代表。还曾任江苏省红十字会理事、省佛教协会副主任。自光绪十六年（1890）至民国十三年（1924），曾云游全国名山大川，参拜名刹高僧，有"当代徐霞客"之称，1935 年出版了《名山游访记》，对了解和研究近代佛教具有重要价值。民国七年（1918）12 月，曾至青岛崂山，历十余日，游北九水、太平宫、狮子峰、华严庵、那罗延窟、明霞洞、太清宫等，在《名山游访记》卷五《由云台经劳山至岱岳游访记》中详记此游程。

【**倓虚**】（1875—1963），俗名王福庭，法名隆衔，法号倓虚，自称湛山老人，河北宁河县北塘庄人。幼读私塾，年十四入商铺学徒半年，先后到过沈阳、大连、营口等地经商及在军营、码头等处当统计、杂工等，学过医卜星相乃至道教、基督教等，摆过卦摊为人占卜，到佛教宣讲堂讲过经，开过药店行医。1917 年出家，皈依天台宗第四十三代传人宁波观宗寺谛闲法师，学成后北归，除主持沈阳万寿寺佛学院外，1922 年起先后在辽宁营口修建楞严寺，在哈尔滨创建极乐寺，在长春创建般若寺，在沈阳重兴般若寺，在青岛修建湛山寺，在绥化修建法华寺，在天津修复大悲院等，另在东北建有十几处小寺庙，曾任哈尔滨极乐寺首任住持、北京法源寺住持，并随时随地为大众讲经说法，致力于"僧伽教育"，前后建立了 13 所佛学院，培育僧才。1925 年 9 月，参加了由北京法源寺住持道阶为团长的中华佛教代表团，到日本东京出席"东亚佛教联合会"。1931 年"九一八"事变后，离开东北，赴西安讲经，任大兴善寺住持，开设佛学院。1932 年应叶恭绰之邀来青岛筹建湛山寺并于 1934 年湛山寺第一期工程落成后任第一任住持。他还在鱼山路创建了湛山精舍，每周亲往讲经两次，1935 年创办湛山寺佛学院，并曾到即墨、平度、龙口、烟台、济南等地弘法。自书"海印遗风"四字于寺中后殿匾额，并自号"湛山老人"。1944 年离开青岛，赴天津、北京、长春、沈阳等地弘法，1948 年重返青岛，主持湛山寺事务。1949 年到香港，在叶恭绰和乐渡法师支持协助下，主持弘法精舍，并于舍内设立"华南佛学院"。1950 年当选为香港佛教联合会第一任会长，在香港先后创办了谛闲大师纪念堂、中华佛教图书馆、青山极乐寺佛教印经处等。一生著述二十余种，主要有《心经义疏》、《金刚经讲义》、《楞严经讲义》、《大乘起信论讲义》、《天台传佛心印记释要》、《始终心要义记》、《普贤行愿品随闻记》、《影尘回忆录》等。其佛学造诣深厚，功德卓著，以他为代表的佛学学派被称为"湛山学派"。其主持兴建的湛山寺1982年被青岛市人民政府列为市级重点文物保护单位，1983年被国务院确定为全国重点佛教寺院。湛山寺山门横匾金字"湛山寺"，门旁两侧"常住"、"三宝"，东西石墙"转大法轮"、"佛日增辉"皆为倓虚法师手迹。

【海靖】（1877—1948），俗姓曲，清末民国崂山沙子口石湾村人。光绪十八年（1892）在石湾庵（又名大石寺、大士寺、大士庵、石院庙，系潮海院之下院，创建于明代，在今沙子口街道石湾村西北）出家，后又至潮海院拜住持觉成（1823—1898）为师。光绪二十四年（1898）觉成逝世后，担任潮海院的住持。他与众僧募化集资，于光绪二十九年（1903）重修了殿堂，扩建了围墙，增修了大金鱼池和娘娘殿，僧众达二十余人。海靖的结义兄弟朱新科（今大河东社区凉水河村人，后至潮海院协助海靖管理庙务，活到103岁）请直系军阀吴佩孚亲笔题写了"潮海禅院"四字，由海靖制成巨匾，悬于殿檐下，匾在"文革"中被毁。

【慈舟】（1877—1958），俗姓梁，法名普海，法号慈舟，湖北省随县人。幼年习儒，随父母学佛，宣统二年（1910），投随县佛洹寺剃度出家，于汉阳归元寺受戒，后赴扬州、镇江等地参学。1914年到上海入华严大学正科班就读，毕业后朝礼普陀、九华等名山。1917年随侍月霞法师到湖北汉阳。1918年春，应邀到河南信阳贤首山，开始讲经弘法。1919年回到武昌普度寺静修。1920年在汉口九华寺内创办华严大学，受请担任汉口栖隐寺住持。后到上海、常熟、开封、镇江等地讲经，任苏州灵岩山寺住持，在福建鼓山和福州城内的法海寺办"法界学

院"。1936 年受倓虚法师邀请到青岛湛山寺讲戒，对湛山寺的寺规作了
修改和完善，倡导结夏安居的古制，教风为之一振。倓虚法师到长春般
若寺传戒期间，代理寺中事务。同年冬，受请任北平净莲寺住持，将在
福州法海寺办的法界学院迁到北平净莲寺。曾先后到北平的广济寺、拈
花寺、居士林，以及天津、济南等处宣讲经论，阐扬戒律。遗著有《起
信论述记》、《金刚经讲义》、《菩萨戒疏本疏》、《心经讲录及述意》、
《阿弥陀经讲记》、《八大人觉经讲录》、《普贤行愿品闻记》、《开示录》
等多种，后辑为《慈舟大师法汇》行世。

【弘一大师】 （1880—1942），俗姓李，名广侯，又名李息霜、李
岸、李良、李文涛，字叔同，别号漱桐，晚号晚晴老人，生于天津河北
区。年轻时喜读诗词散文，也好戏剧，兼学书法和篆刻。1898 年迁居
上海，加入"城南文社"。1901 年曾入上海南洋公学（上海交通大学前
身）就读，1905 年东渡日本留学，次年入东京美术学校专攻油画，同
时在校外研学音乐戏剧，并创办中国第一个话剧社团"春柳社"。1911
年回国，在直隶高等工业学堂任图画教员。1912 年秋，被聘为浙江省
两级师范学校（次年改为浙江省第一师范学校）的图画、音乐教师。
1914 年加入西泠印社，从事金石研究与创作。1915 年受聘兼任南京高
等师范学校图画音乐教员。1916 年秋倾心佛乘。1918 年于杭州虎跑定
慧寺剃度出家，受戒灵隐寺，法名演音，号弘一。后云游往来于江浙、
闽皖、上海一带，讲经说法，并致力于律宗研究，专弘南山律宗。弘一
大师多才多艺，诗词歌赋、书画、篆刻、音乐、戏剧的造诣皆深，著有
《弥陀义疏撷录》、《四分律比丘戒相表记》、《四分律含注戒本讲义》、
《南山律在家备览略篇》、《南山道祖略谱》、《国学唱歌集》、《清凉歌
集》、《李叔同歌曲集》、《李庐印谱》、《晚清空印聚》、《华严集联三
百》、《弘一法师语录》等。1937 年 5 月，青岛湛山寺梦参法师持倓虚
法师之函，到厦门邀请弘一法师赴青结夏安居，讲律弘法。弘一大师提
出三个条件：第一，不为人师；第二，不开欢迎会；第三，不登报吹

嘘。倓虚法师应允。5 月 20 日抵青，在湛山寺讲律半年，写有《随机羯磨别录》和《四分律含注戒本别录》。讲律之余，屏处一室，礼佛静坐，谢绝酬应。当时的青岛市市长沈鸿烈慕名来访和设斋宴请，均被拒绝。曾在倓虚法师陪同下，游览了崂山华严寺、潮海院、法海寺、大悲阁、十梅庵，并讲经说法。10 月返厦门。行前，提出五个条件：第一，不许预备盘缠钱；第二，不许准斋饯行；第三，不许派人去送；第四，不许规定或询问何时再来；第五，不许走后彼此再通信。并给僧众每人写了一幅"以戒为师"的小中堂，作为礼物，单独送给梦参法师手写经典《华严经净行品》作为纪念，末幅有跋云："居湛山半载，梦参法师为护法，特写此品报之。"1942 年 10 月 13 日，弘一大师于福建泉州圆寂。

【王金钰】（1884—1951），字湘亭，又字湘汀，山东省武城县人。光绪末年留学日本，入日本陆军士官学校骑兵科第九期，宣统二年（1910）毕业。归国后在王占元、孙传芳属下历任参谋长、旅长，继任两浙盐运使、安国军第一方面军团参议。1928 年投靠国民党，历任师长、军长、湘鄂赣边区剿共清乡督办、安徽省政府主席、国民革命军第五路总指挥、军事参议院参议等职。1931 年后，不再带兵及出仕，寓居青岛。1932 年，倓虚法师在青岛创建湛山寺，王金钰把自己的私宅、汽车、古玩、家具等变卖用于捐建大雄宝殿，1934 年，他又出资买了一块土地，兴建一处道场，捐施给倓虚法师供其在市内讲经和居士们诵经修行之所，初名"青岛佛学会"，王金钰被推为会长。后倓虚法师将其改为"湛山精舍"，作为湛山寺的下院。王金钰捐出房屋后，一家人迁到北平，但仍亲近高僧，潜心学佛。

【夏莲居】（1884—1965），本名夏继泉，字溥斋，号渠园，祖籍山东郓城，生于新疆于阗。父夏辛酉，为清季云南提督。清朝末年，夏继泉以科举进士出身，曾任直隶静海县知县、直隶知州、江苏知府、山东巡警道、山东团练副大臣等职。辛亥革命中被公推为山东省各界联合会会长，宣告山东独立。中华民国成立后，任山东都督府最高顾问，兼秘书长、参谋长等职，并当选国会议员。后调任河南豫西观察使，并历任汝阳道、河洛道道尹，1916 年辞职回乡。后又被聘为总统府秘书。1919 年 11 月，任山东监运使。1922 年 6 月辞职，任齐鲁金石书画馆监督，倾心于文化、教育及佛教事业。曾助办曲阜师范学院，首创私立东鲁中学，自任校长。1925 年，山东军阀张宗昌以宣传赤化罪通缉夏继泉，并抄没其家产，遂流亡日本。1927 年归国后，居住天津，从此专注佛学，并改名莲居，又号一翁。1929 年元旦，皈依白普仁喇嘛。1935 年举家迁往北京，常受邀在北京广济寺、广化寺、居士林宣讲净土法门，1939 年在北京倡建"净宗学会"。1955 年曾当选北京市西城区政协副主席。喜收藏，尤擅金石书画、文物考古、鉴赏，且能诗善文，除著有《大经》、《阿弥陀经》、《会译引证记》、《校经随笔》、《一翁幻语》、《入道三字笺》等十数种佛教著述外，还有《渠园诗文集》、《渠园外篇十种》、《明湖片影》、《鲁东剩稿》、《欢喜念佛斋诗钞》等。归佛后，时到青岛湛山寺做法事，并写有《冒雨东发抵青岛已霁闻涛声不寐》诗云："海气能消万种哀，观澜三度又重回。欲乘风浪浮槎去，可有鱼龙识我来。涛影黑联新壁垒，夕阳红煞旧楼台。横流如许凭谁挽，为底乾坤闷此才。"（转引自王揖唐《今传是楼诗话》）

【本成】（1892—1959），俗名杨小程，胶南杨家山牛湾村人。左胳膊残疾，未出嫁。1910 年到青岛崂山于姑庵出家，落发为尼，后接任主持。圆寂后葬在庵前山上。1935 年曾集资修庵，现天王殿前一块石碑正面刻有"万善同归"，后面刻写化缘修庵人员名单。

【真法】（1894—1978），俗名孙绍安，山东莱阳人。幼年赴东北谋生，后在辽宁省辽阳县千山佛爷洞（今鞍山市千山）出家。1932 年来青岛协助虚筹建湛山寺，1934 年任湛山寺副司（即会计）。善波还俗后，倓虚从香港来信委托真法负责湛山寺的工作。1949 年后，真法曾任青岛市第一届政协委员，"文化大革命"期间被遣返原籍，1978 年病逝。

【周叔迦】（1899—1970），原名明夑，字志和，后易名叔迦，笔名演济、沧珊、水月光、云者等，安徽省至德县（今东至县）人，近代实业家周学熙之三子。1912 年随家族迁至青岛，1918 年肄业于上海同济大学，在上海经营实业失败后回到青岛，乃转向佛学，潜心佛乘，博涉经藏。自 1930 年后历任北京大学、清华大学、中国大学、辅仁大学教授，1940 年在北京创办中国佛教学院，任院长，主编《佛学月刊》。新中国成立后，组织发起成立中国佛教协会，曾任中国佛教协会副会长、中国佛学院副院长、中国尼泊尔友好协会副会长、中国民主同盟北京市委第五支部负责人等职，当选为第三届、四届全国人大代表。著有《中国佛教史》、《唯识研究》、《法华经安乐品义记》、《新唯识三论判》、《因明新例》、《牟子丛残》、《法苑谈丛》等，有《周叔迦佛学论文集》、《周叔迦佛学论著全集》传世。1931 年夏，与南京国民政府交通部长叶恭绰、中东铁路稽查局长陈飞青等倡议筹建湛山寺，得到时任青岛市长胡若愚和继任市长沈鸿烈等人的积极支持和鼎力相助，著名高僧倓虚法师应邀前来主持建寺工作。1932 年，湛山寺开建，周叔迦偕兄弟周明泰（字志辅）、周明焯（字志俊）不仅捐资兴建藏经楼、药师塔，而且还捐献了三部不同版本的《大藏经》。同时，他还担任了青岛佛学会副会长。

【觉真】（1909—1966），俗名赵玉芳，益都县北城（今属青州市）人。20 世纪 20 年代与母亲一起来到青岛，在大英烟草公司工作。因不堪地痞流氓骚扰，到于姑庵落发为尼，取法名觉真。1959 年，本成法师病故后继任于姑庵主持。1965 年，青岛市房产局接管于姑庵，庵内神像被毁，觉真被送至崂山王哥庄学习改造，还俗安家于即墨金口。

【保贤】（1909—1987），俗姓郑，法名隆安，字保贤，笔名火头僧，山东东平人。自幼出家汶上蜀山寺，1928年到北京广济寺受具足戒，就学于弘慈佛学院。1935年来山东青岛，入湛山寺佛学院学习深造，正式皈依倓虚法师修学天台教观，并任助教辅讲，负责记录倓虚法师法语，后在北京出版的《同愿》月刊和《佛学》月刊上发表。又编辑讲录《观世音菩萨普门品》、《般若心经》单印本。1936年，慈舟法师在湛山寺讲《四分律戒本》，参加听讲。1937年，弘一大师来湛山寺讲《四分律随机羯磨》，随众听讲。1942年，弘一大师在福建省泉州示寂，南方佛教界征文纪念，保贤以"火头僧"为笔名，初用白话文体裁写成《弘一律师在青岛》一文，被选入纪念特刊，成为弘一大师史实的一部分。1944年到济南，在净居寺创办"瑜伽佛学院"。1947年，挂单杭州凤林寺。1951年到上海，寄居老西门关帝庙，1953年受邀为上海佛教青年会导师。1957年抵香港，依倓虚法师住在弘法精舍。1958年移居道慈佛社，组织"香港佛教青年中心"，引导青年信仰佛教。1963年6月，倓虚法师圆寂，撰写《追思倓公》一文追悼，并撰写《湛山倓虚衔公大师略传》。1987年旧历7月16日，保贤法师于香港示寂。著有《保贤法师选文集》。

【圆拙】（1909—1997），俗名贺道生，福建连江人。1926年毕业于福建省立第一中学，后任小学教员。1934年到福建莆田县广化寺剃度出家，翌年于福州西禅寺受具足戒。1936年，入厦门南普陀寺的闽南佛学院受学。次年转入青岛湛山寺佛学院，依倓虚法师学天台教观，并依受请于湛山寺讲律的弘一大师学律半年。1938年离开湛山寺，到苏州灵岩山寺。1949年，因父病无人奉养，退戒返俗。1952年，父殁后重返浦田广化寺二度出家。1955年于南京宝华山重受具戒，返回莆田广化寺，随同大众劳动。1963年被调至泉州开元寺，主持弘一法师纪念室筹备工作，收集散失在全国各地的弘一大师文稿书法等作品。"文革"期间，被遣回原籍，下乡参加劳动生产。1979 年被宗部门召回寺院，先后在莆田广化寺及泉州承天寺任堂首。1990 年后任南京栖霞山寺住持，不久到海南岛弘法。1980 年后先后担任福建省佛教协会副会长、名誉会长，中国佛教协会副会长、中国佛教协会咨议委员会主任，福建省石狮市佛教慈善基金会名誉主任。1997 年 11 月 25 日，在福建莆田广化寺圆寂。

【善波】（1912—1978），俗名李宝俊，法号善波，北京人。幼年出家五台山普济寺，后求学于北京广济寺。1932 年来青岛协助倓虚筹建湛山寺，并先后担任过湛山寺知客、监院；1944 年接替倓虚任湛山寺第二任住持。1950 年 10 月还俗，改名李波，就业于台东区医院，1978 年 7 月 10 日在青岛病故。

【昌莲】（1915—1997），俗名王香桂，浙江永康杏花村人。家贫，8 岁为人当童养媳。19 岁丈夫病故，1934 年秋到青岛崂山于姑庵落发为尼。1965 年被遣返原籍，1985 年返回青岛，为修复于姑庵之事不遗余力，托人写信上书省、市政府及宗教部门言志，并在湛山寺内化缘募捐。1994 年原四方区政府和青岛市宗教事务管理局对于姑庵进行了保护性修复，2000 年推倒殿宇重建。1997 年，昌莲法师圆寂。

【梦参】（1915—   ），黑龙江省开通县（今属吉林省白城市）人。1928 年入东北讲武堂军校，1931 年在北京房山县上方山兜率寺出家，法名"觉醒"，后自取名为"梦参"。1932 年到福州鼓山涌泉寺入法界学苑，依止慈舟老法师学习《华严经》与戒律。1936 年到青岛湛山寺向倓虚老法师学习天台四教，并担任湛山寺书记，负责倓虚老法师的庶务以及对外联络事宜。1937 年至 1940 年间，随同倓虚老法师在长春般若寺传戒，并往来于东北各省、北京、天津、山东等地，讲经弘法。1941 年专赴西藏，在拉萨、西康等地学习经论。1950 年返回内地，被错判刑 15 年，劳动改造 18 年。1982 年平反出狱，回北京任教于北京中国佛学院。1984 年受邀到厦门南普陀寺，重建闽南佛学院，并担任教务长一职。多次应邀到美国、加拿大、纽西兰、新加坡、香港、台湾等地弘法。2001 年迄今常住五台山普寿寺静修讲经。整理出版有《修行》、《随缘》、《禅》、《浅说地藏经大意》、《浅说华严大意》、《妙法莲华经导读》、《占察善恶报经讲记》、《净行品讲述》、《梵行品讲述》、《普贤行愿品讲述》、《大乘起信论浅述》、《般若波罗蜜多心经讲述》、《金刚经讲述》、《大乘地藏十轮经讲记》、《浅说五十种禅定阴魔》、《华严经疏论导读》等讲经著作。

【乐渡】（1923—2011），安徽萧县人。10 岁出家，16 岁破例受足全戒，18 岁到山东青岛湛山寺，进入湛山佛学院深造，亲近倓虚大师。1948 年赴香港，并礼请和力助倓虚大师在香港树立湛山的法幢，并在香港参与创建湛山寺、弘法精舍、华南佛学院、谛闲大师纪念堂、中华佛教图书馆。1963 年赴美国旧金山弘法，成立了"美国佛教会"，当选为会长；创立大觉寺，出任首届住持。1974 年 9 月，辞去美国佛教会会长及大觉寺住持两项职务，在纽约另行创办"美国佛教青年会"，还成立美加译经会，将中文佛典译为英文。1980 年、1987 年回国探亲时曾到访青岛湛山寺。2011 年 9 月 2 日在美国纽约圆寂。

【明哲】（1925—2012），俗名张玉祥，字日晶，号云祥，山东省济宁人。7 岁读私塾，跟母亲吃素学佛，通读四书五经。15 岁时因家贫辍学，到万盛祥玻璃店学徒。1948 年在上海园明讲堂出家，1956 年考入中国佛学院，1959 年毕业，并分配回原籍。1979 年到中国佛教协会工作，1980 年，中国佛学院恢复，任副教务长，兼任讲师。1984 年调任广济寺任首座和尚，开办僧伽学习班。在中国佛协赵朴初会长领导下，经常参加外事活动，并出访日本、法国、美国等。1988 年 6 月应邀来湛山寺兼任方丈。多年来，湛山寺在他的带领下，多方募集善款，扩大寺院建设和绿化工程，并建起了"湛山佛学院"，培养佛界人才。湛山寺山门东侧山墙上"阿弥陀佛"四个金色大字，是明哲法师于2003年中秋题写的。他将毕生精力贡献给我国的佛教事业，同时为湛山寺的发展作出了巨大的贡献。曾任全国政协委员，山东省第六届政协委员，青岛市第七届政协常委，中国佛教协会常务理事，中国佛教协会咨议委员会副主席，中国佛学院副教务长，山东湛山佛学院院长，山东省佛教协会会长，青岛市佛教协会会长，山东省佛教协会名誉会长，青岛市佛教协会名誉会长等职。2012年9月16日于湛山寺圆寂。

五、附录

本部分收录人物：生平爵里不详，而又留有关于崂山的诗词、题刻、著作者；现当代（1949 年以后）记游崂山以及留有关于崂山的诗词、题刻、绘画、著述等的部分文化名人。

【蔡朱澄】 生平爵里不详。曾任登州司马。游崂山时，留有《华严庵》、《巨峰》、《黄石崮》、《上清宫》等诗。

【陶镕】 字郢声，生平爵里不详①。黄肇颚《崂山续志》和周至元《崂山志》等收有其游崂诗《登白云洞二仙山》："万顷松涛接海涛，海涛尽处阵云高。峰头放眼空三界，愿驭神虬上下翱。"

【冯观涛】 生平爵里不详。留有《游明霞洞》诗："地是神仙境，明霞古洞边。云光白似雪，树色碧于天。坐对松间月，闲听石上泉。茗余无一事，独阅逍遥篇。"

【野云道人】 名王守阳，生平爵里不详。上清宫留有题刻："千里追寻到海山，红尘不染伴林泉。自从得口传神药，壶内阴阳不往还。"

---

① 此陶镕疑为清代浙江会稽人，寄籍宛平，嘉庆十六年（1811）进士，曾任恩县知县。（清）恽毓鼎（1862—1917）《澄斋日记》光绪二十二年（1896）二月初二日记："答拜陶郢声大令，诣冯蓬塘前辈，均未晤。"

落款"野云道人王守阳立"。

【焦凤苞】清代文人,生平爵里不详。黄肇颚《崂山续志》收有其《明霞洞》诗:"峭峭明霞洞,山光压水隈。柴门关不住,放进白云来。"

【周乃一】字仲健,清代文人,生平爵里不详。诸生。留有咏崂诗《望华楼》:"仙子飘飘不可招,碧桃深处弄笙箫。道人笑指云中路,虹断南天十二桥。"

【吕润生】生平爵里不详,游崂山留有《黄石草堂》、《翠屏岩》、《登崂山绝顶》、《黄石宫》等诗。

【王澄江】生平爵里不详,清代举人。崂山华严寺门前石刻"烟岚高旷"为其所书。

【陈建熙】生平爵里不详。游崂山有《狮子峰》、《华表峰》等诗。《狮子峰》:"仙人桥过豁心胸,曳杖更登狮子峰。峭壁高悬沧海色,洪涛欲撼万山松。轻舟摇荡闲鸥逐,落日苍茫淡月溶。回首太平宫在处,翠微深壑白云封。"《华表峰》:"叠石崚嶒化作楼,太华而外更谁俦。年年只见桃花落,不见仙人在上头。"

【于笛楼】生平爵里不详,清代文人。游崂山有《赠白云洞道人》诗二首:"相见浑疑有宿缘,浪游飞凫说从前。神仙不惯红尘住,归卧白云又几年。""白云仙洞海西头,万里烟霞放眼收。方丈蓬莱如隐现,问君骑鹤几回游。"

【于宇宾】生平爵里不详,清代文人。留有《山居杂咏》:"萃律南山气象豪，一峰俯压万峰高。此中未许闲人到，静掩柴关听海涛。闲抱孤云伴鹤眠，梦中石上听流泉。醒来顿悟养生法，长啸一声月满天。"

【杜荫南】生平爵里不详，民国时期人。1941 年，曾于即墨城河南磨市街设"杜荫南律师事务所"。留有《游华楼梳洗楼》诗："何处神仙府，山名梳洗楼。峰高千丈秀，径曲一宫幽。桃子千年熟，金泉万古流。谁能登此上，朝夕与云游。"

【孙文彬】生平爵里不详，民国时期人。1937 年曾任即墨县长，太平宫前巨石留有其题刻"疑是幻境"。

【杜希儒】生平爵里不详，上清宫后山上留有其题刻"烟云胜景"四个楷书大字。

【李香亭】生平不详，崂山人。崂山九水留有其诗刻《靛缸湾》和《骆驼头》。《靛缸湾》诗云："瞻彼东崂麓海滨，老松怪石几千春。靛缸何年悬崖露，惹得游人说到今。"镌刻在观瀑亭下石壁上。《骆驼头》诗云："蜃楼不让骆驼头，高节知居水上流。一介生平木石伴，胜名洋溢遍全洲。"镌于骆驼头峰下石崮上。

【朱德】（1886—1976），字玉阶，四川仪陇人。1909 年考入云南陆军讲武堂，同年加入中国同盟会。曾参加辛亥革命、护国战争、护法战争。1922 年赴德国留学，同年加入中国共产党。曾任红四军军长、红军总司令、八路军总指挥、中国人民解放军总司令。新中国成立后，历任中央人民政府副主席，中共中央军委副主席，中共中央政治局常务委员，中共中央副主席，中国人民解放军总司令，中华人民共和国副主席，国防委员会副主席，全国人大常委会委员长。1955 年 9 月被授予中华人民共和国元帅军衔。曾多次来青岛，1957 年 7 月，在公安部长罗瑞卿陪同下游览崂山九水景区，将内二水俗名"太师椅"的山峰命名为"将军崮"，并即兴赋诗："将军解甲回山村，带领子孙勤造林；不图高官和厚禄，只为育树又育人。"另有吟咏："崂山宝地方，天然好牧场。高山栽松杉，矮岭植柞桑。坡地建果园，平川种菜粮。截流修水库，打坝建鱼塘。农村为城市，时刻不能忘。"1974年8月18日，曾视察崂山沙子口，并游览了太清宫。

【郭沫若】（1892—1978），原名郭开贞，字鼎堂，号尚武，笔名沫若，四川乐山人。1914年春赴日本留学学医。1923年，在日本帝国大学毕业后回国。1926年参加北伐，任国民革命军政治部副主任。1937年抗日战争爆发后，出任国民政府军事委员会政治部第三厅厅长、文化工作委员会主任。新中国成立后，历任中央人民政府委员，政务院副总理兼文化教育委员会主任，全国人大常委会副委员长，中国科学院院长，中国科学院哲学社会科学部主任，历史研究所第一所所长，中国科学技术大学校长，中国文联主席，中共第九届至十一届中央委员，第二至五届全国政协副主席。一生创作了大量诗歌、散文、小说、历史剧、传记文学、评论、史论、考古论文和译作，《郭沫若全集》收入其生前出版过的全部文学、历史、考古著作，共38卷，计2000余万字。1956年夏，郭沫若来青岛疗养并游崂山，在华严寺藏经阁发现有两部《册府元龟》，经带回阅读研究，鉴定其中一部是元代抄本，为国内罕见之珍本，另一部是明抄本，并叮嘱着意保护。现这两部《册府元龟》均收藏在青岛市博物馆，并入选《国家珍贵古籍名录》。崂山觅天洞上方通往天苑道路旁石壁上，有其诗刻《天上的街市》，隶书，1990年4月刻石。

【刘海粟】（1896—1994），原名槃，字季芳，号海翁，江苏省武进县（今常州市）人。自幼酷爱书画，1912年与张聿光等创办上海图画美术院（后改为上海美术专科学校）并任校长，改名为"海粟"。1918

年到北京大学讲学，并举办第一次个人画展，创办《美术》杂志。1919 年后，多次出访欧洲、日本和南洋，进行考察、讲学、举办展览。1949 年后，历任华东艺术专科学校校长，南京艺术学院院长、名誉院长、教授，全国文联委员，上海美术家协会名誉主席，中国美术家协会顾问，中国书法家协会名誉理事，第一届江苏省政协委员，第三届、四届、五届、六届上海市政协委员，第三届、四届、五届、八届全国政协委员，第六届、七届全国政协常委会委员。擅长油画、国画，著有《刘海粟画集》、《刘海粟油画选集》、《刘海粟国画》、《画学真诠》、《刘海粟艺术文选》、《存天阁谈艺录》等书籍数十种。1936 年 7 月，中国图书馆协会和博物馆协会联合年会在青岛举办，7 月 23 日，应当时青岛市政府邀请，刘海粟来青岛，并于 7 月 27 日赴崂山游览，同时在崂山写生创作了《明霞散绮》、《柳树台烟雨》、《九水晚瀑》、《巨峰飞霞》等画作。8 月 8 日，参加了由青岛市政府主办的"刘海粟近作展览会"，8 月 27 日离去。新中国成立后，他又多次来到青岛，进行绘画创作、艺术交流和休养度假。1985 年 10 月，应邀来青岛参加康有为迁葬墓碑揭幕仪式等活动，亲手题写了"康有为先生之墓"七个大字，撰写了四百余字的新《南海康公墓志铭》，曰："公生南海，归之黄海。吾从公兮上海，吾铭公兮历桑海。文章功业，彪炳千载！"并连夜赶写了《南海康师迁葬感赋》诗。

【成仿吾】（1897—1984），原名灏，笔名石厚生、芳坞、澄实，湖南新化人。早年留学日本。新中国成立后，历任中国人民大学副校长、校长，东北师范大学和山东大学校长等职。一生致力于宣传马克思主义，三次翻译《共产党宣言》，并校译了一批马克思主义经典著作，著有《成仿吾文集》、《长征回忆录》、《战火中的大学——从陕北公学到人民大学的回顾》和《成仿吾教育文选》等。成仿吾曾四次来青岛，1983 年 6 月，他最后一次来青岛时，主持召开了《成仿吾教育文选》的定稿会议，并游览了崂山。

【张伯驹】（1898—1982），原名张家骐，字丛碧，别号游春主人。河南项城人。历任陕西督军公署参议，盐业银行董事、总稽核，华北文法学院教授，故宫博物院专门委员，北平市美术分会理事长，国家文物局鉴定委员会委员，第一届北京市政协委员，吉林省博物馆副研究员、副馆长，中央文史馆馆员等职。是我国著名的收藏鉴赏家、书画家、诗词学家、京剧艺术研究家，著有《丛碧词》、《春游词》、《秦游词》、《雾中词》、《无名词》、《续断词》和《氍毹纪梦诗》、《氍毹纪梦诗注》、《洪宪纪事诗注》及《乱弹音韵辑要》、《丛碧书画录》、《素月楼联语》、《京剧音韵》等。曾多次来青岛旅游休养，20世纪50年代游崂山时题有著名对联："迎来海外三千履，望尽齐州九点烟。"

【楚图南】（1899—1994），云南文山人。1919年，考入北京高等师范学校，毕业后先后在云南、黑龙江、吉林、山东、河南等地中学任教。1935年后，曾任暨南大学、云南大学、上海法学院教授。1949年后，历任北京师大教授，西南文教委员会主任，对外文化协会会长，第一届至第六届全国人大代表，第一届全国政协委员，第二届至第五届全国政协常委，第五届全国人大常委，第六届全国人大常委会副委员长，民盟中央主席等职。著有《楚图南集》、《难忘三迤》等。今崂山北九水有楚图南题刻"驼峰烟云"和"山高水长"，分别镌于外六水骆驼峰之石崮和内六水北岸之悬崖峭壁上，1982年6月刻。

【陈毅】（1901—1972），原名陈世俊，字仲弘，四川乐至人。1916年考入成都甲种工业学校，1919年赴法国勤工俭学，1921年回国。1923年加入中国共产党。曾参加南昌起义和湘南暴动，领导了南方三年游击战争。1945年8月任新四军军长、华中局副书记。解放战争时期，任华东军区司令员、华东野战军司令员兼政委、中原军区和中原野战军副司令员，第三野战军司令员兼政治委员。中华人民共和国成立后，先后任华东军区司令员兼上海市市长，国务院副总理。1955 年被授予元帅军衔。1956 年 9 月在中共八届一中全会上当选为中央政治局委员。1958 年以后兼任外交部部长，1959 年起任第三届、第四届全国政协副主席，1966 年任中央军委副主席。博学多才，著有《陈毅军事文选》、《陈毅诗词选集》和《陈毅诗稿》等。1954 年 5 月，陈毅到山东视察，第一次来青岛，写有长诗《初游青岛》，现镌刻于五四广场，诗云："群山海中峙，远岛似规圆。隐约尚可见，幢幢影相联。""试看海天青，其青照市廛。试看松柏青，其青染峰峦。伟哉胶莱青，千里美良田。"

【李予昂】（1901—1985），原名育智，字遇庵，亦作愚庵、遇安，山西省平遥西达蒲村人。1927 年加入中国共产党。中华人民共和国成立后，任国家税务总局局长兼党委书记，财政部部长助理、党组成员，中央税务学院校长。1958 年后，任中共山东省委财贸部部长、省委常委、副省长兼山东省财办主任，山东财经学院院长，山东省计划委员会副主任，山东省第五届人大常委会副主任等职。工诗词、书法，尤精隶书，为中国书法家协会会员，曾组织"历山诗社"并任社长，办有不定期刊物《历山诗刊》，出版有诗集《拾贝集》。曾多次来青岛并游崂山，1979 年 8 月游崂山时，留有《重访崂山即句》诗，其中有"危岩俯海羊肠路，迂回直上见云雾。崂山胜迹数千年，汉松唐柏证非误"之句。今崂山九水景区有其留题刻"玉笋峰"和"二龙门"，仰口景区留有题刻"狮峰观日"。

【杜宗甫】（1901—1980），又名杜嘉、宗佛，号无咎居士，山东掖县（今莱州市）西杜家村人。幼时即入私塾学习绘画、篆刻，后又习雕刻，先后在济南、青岛、上海、河南开封等地谋生，1939 年定居青岛。1951 年应聘为青岛市美术学校国画教员，1962 年任青岛市工艺美术研究所副所长，曾被聘为青岛画院理事。精雕刻，善绘画，工书法，与黄孝纾（公渚）、赫保真同被誉为岛城画界三老。代表作品有牙雕《美国大总统罗斯福像》、《清高宗刺虎图》、《灵山大会图》、《斯大林像》、《毛泽东像》等。他多次到崂山写生创作，代表作品有《崂山明霞洞》、《崂山北九水》、《崂东漩心河》等。1954 年，游崂山后所绘《崂山长卷》，卷长 6 丈，自荷花村至下清宫共绘名胜古迹 16 处。崂山蟠桃峰绝顶巨石有其手书"瑶池"二字题刻。

【杨慕唐】（1902—1991），自号师苦老人、老唐，河北束鹿县（今河北省辛集市）人。自幼即擅写毛笔字，早年曾参加"天津华世奎楷书励进社"，1936 年，考入南京国民政府文官处任政府主席林森的秘书。后从南京流落青岛，先后在青岛火柴公司、青岛钟表厂、台东文具厂做工。曾任青岛画院院士，青岛逸仙书画社顾问，青岛市文史资料研究室研究员，中国书法家协会会员。今崂山太清宫逢仙桥北端古榆树旁石上有其题刻"龙头榆"；在青山口之北巨石上有其题刻"狮子岩"；沿梯子石登山通往明霞洞和上清宫路口有其题刻"听涛"；在太平宫东门外有其题刻"绵羊石"；眠龙石右上方镌有其书王集钦"太平宫诗"："最爱松长在，犹忆月华西。人间百事好，翘首太平时。"

【沙可夫】（1903—1961），原名陈微明，又名维敏，字树人，号有圭，笔名克夫、古夫、明、冥冥、萨柯等，浙江海宁人。1926 年去法国学习音乐，同年参加中国共产党。中华人民共和国成立后，任全国文联秘书长，中国作家协会常务理事，文化部办公厅主任，人民文学出版社社长，中央戏剧学院党委书记、副院长等职。著有《沙可夫诗文选》，译著有《渔夫和金鱼的故事》、《埃及之夜》、《意大利童话》、《伪善者》等。1961 年，沙可夫来青岛在青岛疗养院进行疗养，曾游北九水。9 月 1 日，在青岛逝世。9 月 6 日，《人民日报》刊载其遗诗《海边抒情》。

【赫保真】（1904—1987），字聘卿，号蓬庐，山东潍城（今潍坊市）南关人。幼年即酷爱绘画艺术，为潍县画家丁东斋、刘秩东弟子。1922 年成立"同志画社"，1924 年来到青岛，在基督教青年会模范小学任音乐及图画教员，两年后因学校关闭而返回潍县。1928 年春再度来青，在钟渊纱厂子弟小学任教，其间，加入艺术社团"少海书画社"，并举办画展。1930 年赴高密应聘任小学教师，1937 年回青岛，先后在青岛市立中学、青岛私立青年中学（后改为青岛第十二中学）、青岛教师进修学院任教。退休后于 1973 年受聘山东工艺美术学校。擅长花卉，兼画人物、山水，代表作有《和平鸽》、《碧海巧绣海带田》、《神州山川处处春》、《牡丹》等，并为人民大会堂山东厅创作了《满堂红》、《十里荷香》等巨幅画屏。出版有《赫保真画集》、《赫保真画选》等。多次深入崂山写生，创作有《崂山新貌》、《崂山潮音瀑》、《崂山鱼鳞峡》、《崂山明霞洞》等许多以崂山为题材的山水画。

【邓颖超】（1904—1992），原名邓文淑，祖籍河南省光山县，出生于广西南宁。1913 年至 1920 年，先后在北京平民学校、天津直隶第一女子师范学校读书，后在北平师大附小、天津达仁女校任教。1919 年参加五四运动，1924 年加入中国社会主义青年团，次年转为中共党员。1949 年后，曾任全国妇联副主席、名誉主席，中共中央政治局委员，中纪委第二书记，全国人大常委会副委员长，全国政协主席等职。1986 年，应青岛市妇联之请，为巨峰西北之美女峰（原名孝女石）题名"虔女峰"，现镌刻在峰北的峭壁上。下面刻有时任青岛市委书记刘鹏于 1987 年 2 月的题字："黑风口东南里余有巨石，面西南而立，朝晖夕霭，影姿绰约，状如虔女，邓颖超同志八六年为此岩题字，今刻石以志。"

【刘开渠】（1904—1993），安徽萧县（今安徽省淮北市杜集区刘窑村）人。早年入北平美术专科学校学习油画，毕业后任杭州艺术院图书馆馆长。后赴法国，入巴黎高等美术学校雕塑系学习。归国后任杭州艺术专科学校教授兼雕塑系主任。中华人民共和国成立后，参加并领导人民英雄纪念碑浮雕的创作工作。先后任杭州艺术专科学校校长，杭州市副市长，中央美术学院华东分院院长，中央美术学院副院长，中国美术馆馆长，等。出版有《刘开渠美术论文集》、《刘开渠雕塑集》、《刘开渠雕塑选集》等。崂山仰口景区觅天洞洞额石壁上摩崖题刻"觅天洞"三个大字，为其手书。

【黄文欢】（1905—1991），越南义安省人。1930 年加入印度支那共产党，早期曾在泰国、中国从事革命活动，1945 年八月革命胜利后任越南国防部副部长。1950 年 12 月任驻华大使；后任越共中央政治局委员，国会常务委员会副主席，祖国战线中央委员会主席团委员。1979年 7 月因受到打击和迫害，离开越南至中国。1991 年在中国去世。1982 年 8 月黄文欢曾至青岛休养，游览崂山太清宫时，挥毫题词："崂山风景，乐而忘归。"此后，黄文欢又分别于 1983 年和 1984 年两次到青岛休养，并写有《重游青岛》、《海岸看渔舟》等诗。

【山之南】（1906—1997），原名昌庭，号陈堪、师伊、郑亭，山东省龙口市人。1930 年任上海齐鲁公学国文、书法教师，后客居上海专心研究书法篆刻。曾任中国书法家协会会员，山东省书法家协会理事，山东省文史研究馆馆员，烟台市政协常委。精于书法、篆刻，以甲骨、金文、篆书、隶书名重于世，其书法、篆刻作品多次在国内外展览，并在多种刊物上发表。曾为崂山风景区题写"锦屏岩"三字题刻，镌于北九水外二水南岸岩壁上。

【武中奇】（1907—2006），山东长清人。曾任上海市监狱副典狱长、南京市文管会副主任，江苏省人大常务委员会委员，江苏省画院副院长，中国书法家协会理事，中国书法家协会江苏分会主席。擅长草书，对篆、隶均有所涉猎，著有《武中奇书法篆刻集》等。95 岁时曾为崂山题写"海上名山第一"石刻，镌刻在巨峰景区摩崖石壁上。

【陈伯吹】（1906—1997），原名陈汝埙，曾用笔名夏雷，原江苏省宝山县（今属上海市）人。曾任少年儿童出版社编审、副社长，人民教育出版社编审，华东师范大学、北京师范大学教授，上海市政协委员，上海市文联委员，中国作家协会上海分会理事、书记处书记。著有童话集、评论集、诗集、散文集、小说集、译著童话多种。被誉为"东方安徒生"，"中国现代儿童文学的先驱与奠基人"。陈伯吹多次到过青岛，并曾游崂山，写有《长夏忆青岛》（1956）、《樱花之忆》（1960）、《石子》（1962）等散文作品。

【王蕴华】（1906—1984），又名王希仁，山东蓬莱人。青年时拜师学医，在蓬莱、烟台等地坐堂行医 20 余年。曾在青岛十四中任教，1960 年后在青岛市立中医院内科任医师、主治医师、副主任医师。曾被选为青岛市政协委员。少时曾研习书法，擅隶书和钟鼎，精诗词、书画、篆刻。著有《李德修小儿推拿技法》、《脉象别述》等。崂山太清宫北山隶书题刻"道教全真天下第二丛林"，太清宫盘道北侧巨石上隶书题刻"云山道家"，梯子石石阶南楷书题刻"太白石"，犹龙洞西巨石上题刻"上苑仙境"，眠龙石左下方明代山东提学邹善"眠龙石"诗刻，均为其所书。

【燕遇明】 （1907—1982），原名燕志儁，字秀夫，笔名燕燕、燕慕、燕素、黄叶、落叶等，泰安颜张村（今属泰安市泰山区邱家店镇）人。1932 年 6 月加入中国共产党，曾任《鲁南日报》副社长，新华社鲁南分社所长，中共滨北地委民运部长等职。1949 年后，历任山东省青岛纺织管理局党委宣传部长，中共青岛市委宣传部副部长，山东省委宣传部文艺处处长，省委文教部副部长，省革委文教办公室副主任，山东省文学艺术界联合会党组书记、副主席、主席等职。曾被选为山东省政协常务委员，全国文联第三届、四届委员。自幼酷爱文学，从事写作50余年，有《燕遇明文集》存世。曾多次游崂山，写有《崂山风景》等诗歌。

【溥杰】（1907—1994），字俊之，清朝末代皇帝爱新觉罗·溥仪的弟弟。多次赴日本留学，回国后在伪满任军职。1945年与溥仪一同被解往苏联，1950年回国在战犯管理所改造，1960年11月获特赦释放。先后任全国政协文史资料研究委员会专员，全国人大第五届代表，全国人大第六届常务委员，全国人大民族委员会副主任等职。精书法、诗词，著有《溥杰诗词选》、《溥杰自传》。1983年夏，曾来青岛并游崂山，留有《崂山即兴》诗："齐东首擘崂山胜，到处风光别有天。盘径凿岩延路网，联峰沿海叠梯天。云森道祖犹龙洞，波渺秦皇觅药船。尽日攀跻看不厌，真疑羽化欲登仙。"

【钱君匋】（1907—1998），原名玉堂，学名锦堂，字君匋，号豫堂，以字行，浙江桐乡人。曾任上海音乐出版社副总编辑，上海文艺出版社编审，华东师范大学艺术教育系教授，西泠印社副社长等。擅长诗词、篆刻、书籍装帧、书法、绘画、散文、收藏鉴赏及音乐创作，出版有《钱君匋作品集》、《钱君匋书籍装帧艺术选》、《钱君匋印存》、《钱君匋画集》、《钱君匋篆刻选》、《钱君匋书画篆刻精品集》、《冰壶韵墨》、《艺苑论微》等。先后两次将毕生所藏书画、印章、文物和自作字画数千件悉数捐给家乡，艺德之高，世人所仰。1980年秋曾应邀赴青岛为崂山题字，今崂山内九水之三水中巨大石崮上有其书清代高凤翰诗刻"鹰窠涧"，在内九水之五水南岸大夫石附近圆崮上有其书题刻"飞凤崖"，在内八水入口处南壁上有其书题刻"金华谷"，在内七水亭东南岸峡口石上有其书题刻"冷翠峡"，在靛缸湾西壁上有其书清代高凤翰诗刻"鱼鳞口观瀑布"。

【秦瘦鸥】（1908—1993），原名秦浩，上海嘉定人。曾任香港《文汇报》副刊部主任，集文出版社编辑，上海文化出版社编辑室主任，上海文艺出版社、上海辞书出版社编审，上海市文联委员。著有长篇小说、散文集、文学评论集、短篇小说集、译著等多种。1980 年夏，秦瘦鸥来青岛休养，写下了著名的散文《江南人来青岛》。

【王朝闻】（1909—2004），原名王昭文，笔名席斯柯、汶石、廖化，四川合江人。历任延安鲁迅艺术学院、华北联合大学教师，中央美术学院副教务长、教授，《美术》月刊主编，中国艺术研究院副院长，中国美术家协会副主席，中华美学学会会长、全国政协委员。撰有《新艺术创作论》等 20 多部理论著作，1998 年辑为《王朝闻集》（22 卷）出版。曾多次来青岛并游崂山，留有散文《青岛记游》，发表在《风景名胜》1996 年第 5 期。

【张伏山】（1910—1987），名存恒，号横河老人，青岛即墨城阁里人。曾执教于青岛女子中学等校。1979 年后到即墨县文化馆从事专业美术工作。擅长诗词绘画，尤精山水，兼工仕女、花鸟。1980 年至 1983 年几度居留崂山，画有上千幅山水画，他所开创的画派被称为"横河画派"，亦称"崂山画派"。代表作品有《画虾图》、《竹林幽居图》、《游仙图》、《崂山棋盘石图》、《崂山册》、《东崂探胜卷》、《华岩梦游》、《鱼鳞峡道中》、《狮峰凌云》等，编著有《指头怎样画山水画》、《樗散庐诗词题跋草稿》，黄济显编纂有《张伏山题画诗文选》、《张伏山画集》。

【蔡若虹】（1910—2002），原名蔡雍，笔名雷萌、张再学，江西九江人。1949 年后，历任《人民日报》美术编辑、文化部艺术局副局长、中国画研究院副院长。著有画集《苦从何来》、诗画集《若虹诗画》和

《蔡若虹美术论文集》，回忆录《上海亭子间时代风习》及《赤脚天堂》。崂山觅天洞题刻"咫尺天涯"为其所书。

【冯凭】（1910—2013），号展公，曾用名冯子祥、冯寄禅，山东省莱阳市人。1931年毕业于华北大学美术专修科，曾任青岛市国立图书馆总务部主任，青岛沧口文化馆馆长，青岛市群众艺术馆副馆长，山东省青岛工艺美术学校教授兼副校长，青岛科技大学教授等。擅诗词绘画，出版有《冯凭画选》、《诗书画印》、《冯凭书画选集》、《冯凭书画作品集》、《冯凭书画篆刻集》等。多次到崂山写生，创作有《崂山百合》等书画作品。

【余修】（1911—1984），原名鲁广益，曾用名鲁方明、鲁伯谦、鲁灵光，山东济南人。1923年随父迁居青岛，就读于胶澳中学。1932年考入北平中国大学国学系。1936年2月加入中国共产党。1949年任华东大学教务长、党组成员。1950年底，率华东大学济南师生来青岛，与山东大学合并，任山东大学党组副书记、副教务长。1952年调任山东师范学院（今山东师范大学）院长兼党委书记。后历任山东省委文教部长，山东省副省长，山东省政协副主席，山东省人民政府顾问等职。著有散文《往事集》和诗歌《扬帆集》、《鹊华诗草》以及《余修文集》等。1958年，视察崂山脚下登瀛小学时，曾题诗一首："崂山脚下登瀛村，面海环山隐丘林。七百春华齐向阳，灿烂缤纷笑相迎。"1960年夏，写有诗歌《游崂山水库》。崂山狮子峰顶"狮子峰"三个草书大字，为余修手书，1982年秋刻。

【杨得志】（1911—1994），原名杨敬堂，湖南醴陵县南阳桥（今属株洲）人。1928年1月加入中国工农红军，并于同年10月加入中国共产党。曾任八路军第二纵队司令员、冀鲁豫军区司令员、晋察冀野战军司令员、济南军区司令员，武汉军区司令员、昆明军区司令员、国防部副部长、中国人民解放军总参谋长、中央军委常委兼副秘书长等职，1955 年被授予上将军衔。著有《杨得志回忆录》。1961 年 5 月 9 日，来崂山视察部队战备及海防工程时，曾登上崂山顶，并留有《登巨峰顶》藏头诗："登望黄海，巨志城成。峰注云霄，顶灭来敌。"镌刻在崂山巨峰顶部西南侧哨所下正面的石壁上。

【柳倩】（1911—2004），原名刘智明，四川省荣县人。早年就读于国立成都大学，1933 年加入左翼作家联盟。1949 年参加中国人民解放军，后在上海军管会文艺处和华东文化部工作。1953 年调北京市戏曲编导委员会，后在文化部工作。工诗词书法，曾任中国书法家协会常务理事，中国书法家协会北京分会副主席，中国艺术研究院院长等职。创作有大量诗词、歌曲，代表著作有：《柳倩诗词选》、《柳倩绝句选》、《柳倩律诗选》、《柳倩词曲选》、《柳倩草书千字文》等。曾游崂山，留有《登崂山狮子峰有感》诗："绝顶临流听海潮，岚光云气透青霄。眼前浩瀚浓雾重，身后家山万里遥。愁见敌兵登仰口，恨无野炮对屠刀。硝烟宁静澄边患，望崂巍峨足自豪。"

【力群】（1912—2012），原名郝丽春，山西灵石人。曾任人民美术出版社副总编辑、中国美术家协会书记处书记、《美术》月刊副主编，《版画》杂志主编，山西省文联副主席等。擅长版画、中国画，最具代表性的作品是木刻版画《鲁迅像》，成为流传最广的鲁迅像。出版有《力群木刻集》、《力群版画选集》、《力群美术文学评论集》、《力群美术论文集》、《木刻讲座》等。崂山仰口景区觅天洞峰巅巨石上镌刻有其题写"天苑"二字，1982 年刻石。

【蔡省庐】（1912—2015），原名祖培，字述庭，后字峀瞻，号省庐，1949 年后以号为名。祖籍山东高密，后迁居胶州，再移居青岛。青岛当代书法发展的开拓者和奠基人之一，尤擅小楷及行草。作品曾多

274

次参加国内外展览，并培养了大批书法人才。曾受青岛市政府所邀为重修崂山太平宫书写《重修太平宫记》，镌于太平宫迎壁之背面，1982年刻石，楷书，落款"胶东邓山撰，高密蔡省庐书"。另为下清宫书写魏体碑铭《海印寺遗址》，文为："明万历十三年憨山大师建海印寺于宫前，二十八年降旨毁寺复宫"。在仰口犹龙洞石阶顶端之崖石上有其题刻"鳌老龙苍"，在狮峰西侧有其书清代高密文人孙凤云《狮峰观日出》诗刻，在太清景区有其题刻"连环洞"、"翠澜"等。

【杨北荣】(1913—1981)，字兴贵，山东牟平人。曾供职于青岛市博物馆，后在青岛职工业余书法研究会授课。自幼酷爱书法，工楷、隶，为逸仙书画社社员。作品多次参加全国和省市美术书法作品展览。崂山三清殿前龙头榆树荫下的"步月廊"隶书石刻、仰口景区"候仙石"隶书石刻，即为杨北荣所书。

【草明】(1913—2002)，原名吴绚文，广东顺德人。1931年开始文学创作，1940年加入中国共产党。曾任鞍山一炼钢厂任党委副书记，辽宁作协主席，北京第一机床厂党委副书记，北京市作协专业作家，全国政协第二届至七届委员，全国妇联执委。著有《草明全集》、《草明短篇小说集》、《草明小说选》、《草明散文集》等作品30余部。曾多次到青岛，1956年到青岛工人疗养院疗养时，到崂山北九水游览，写有散文《崂山和妇女》。

【孙犁】(1913—2002)，原名孙树勋，河北衡水安平人。曾用笔名芸夫，1938年开始使用笔名孙犁。1949年后，在天津日报社工作，历任天津日报社副刊科副科长、报社编委、顾问，长期主持天津日报文艺副刊编辑工作，创办并主持了天津日报《文艺周刊》。著有长篇小说《风云初纪》，小说、散文集《白洋淀纪事》，中篇小说《铁木前传》，文学评论集《文学短论》，散文集《芸斋小说》、《秀露集》、《耕堂杂录》等。1958 年 1 月到 1959 年春节前后，孙犁至青岛疗养，并曾游览崂山。1962 年他以"病期琐事"为副题，写了散文名篇《石子》、《黄鹂》，此后又写了《青岛》、《春天的风》、《病期经历》、《无花果》等文章，记述其在青岛的这段经历。

【黄苗子】（1913—2012），本名黄祖耀，广东中山人。早年就读于香港中华中学，20 世纪 30 年代初到上海，从事美术漫画活动。1939 年至 1949 年，曾任香港《国民日报》经理、国民党中央海外部部长室总干事，中央秘书处秘书长办公室总干事，兼广东省银行监察人、中央信托局秘书处处长。1950 年后，定居北京。任政务院秘书厅秘书，《新民报》总管理处副总经理，人民美术出版社编辑，等。著有散文集、诗集、美术论著、书画集多种。1981 年夏，黄苗子、郁风夫妇游览崂山时，应邀书写了郁达夫 1934 年咏蔚竹庵的诗，后刻在内九水的二水路边双石屋村中的巨石上。留有诗"游鱼鳞峡"："游踪不到鱼鳞峡，不识崂山风景奇。三面苍崖紫碧树，千重涧水汇清溪。我初目眩疑迷幻，泉作琴音引梦思。觅句艰难终未惬，故应写出无声诗。"落款"一九八一年七月二十五日苗子时客青岛。"镌于潮音瀑水左侧。另在龙潭瀑泻水口处有其隶书题刻"龙吟"，在太清宫东山路中有其隶书题刻"东海雄风"，在内三水有其题刻"鹰窠河"。

【弭菊田】（1914—2000），原名育咸，号秋景斋、梧雨楼，晚号菊翁，山东济南人。自幼酷爱绘画，早年毕业于北平美术专科学校，1946 年受聘为南华学院美术系教授，新中国成立后执教于济南第五中学。1961 年调入济南市文联为专业画家。擅山水，工书法，善篆刻，喜吟诗。出版有《怎样画山水》、《弭菊田画选》、《山水画技法》等。曾多次赴崂山进行写生，创作了《崂山鱼鳞峡》、《崂山北九水》、《崂山一景》、《绿树红楼》、《山海奇观》等山水画作品。

【周而复】（1914—2004），原名周祖式，祖籍安徽旌德，出生于江苏南京。自幼入私塾学诗词习书法，1933 年考入上海光华大学英国文学系，毕业后在延安、重庆等地从事文艺和编辑工作。1949 年 5 月后，历任华东局统战部秘书长，上海市委统战部第一副部长，上海市政府交际处处长、人事局副局长，文化部副部长，对外文委副主任，中国人民对外友好协会副会长，等。出版有《上海的早晨》等小说、散文、诗歌、戏剧、报告文学、文艺评论作品共计 1200 万字。1982 年 8 月曾游崂山，留有《与戈宝权教授畅游崂山》："崂山千仞，云雾缭绕。雄风万里，碧海浩淼，高山临海，分外妖娆。"

【高启云】（1914—1988），原名高启方，又名高云青，号云翁，山东临朐人。1934 年考入济南山东第一乡村师范学校，1936 年加入中国共产党。1949 年后，历任中共济南市委常委，工业部长，市委副书记、书记，山东省政府秘书长、省计划委员会主任、副省长、省委常委、省委书记等职。1983 年离职休养。自幼酷爱书画，出版有《高启云书画集》。1982 年，曾应崂山风景管理处之邀，为北九水题写"马首是瞻"四字，镌于内六水马头崖下岩壁上，又题写"华盖迎宾"，刻于登太平宫盘道之巨石上。

【曹和浵】（1914—　），山东济宁人。曾在青岛邮电局工作。工书法，擅隶书，与著名书画家冯凭、蔡省庐、张杰三一起，被称为岛城书坛"九秩四老"。为中国国民党革命委员会青岛市委员会副主任委员，青岛市逸仙书画社副社长，山东省书法协会会员。崂山太清宫三官殿与三清殿之间逢仙桥北端巨石上题刻"逢仙桥"及左下小字"宋建隆元年庚申敕封华盖刘真人若拙建"、太清宫后山巨石上题刻"三步天"、太平宫后犹龙洞洞额上题刻"别有洞天"、太平晓钟阴面碑刻清代进士潍县韩梦周七绝一首，均为曹和浵书。

【蒋维崧】（1915—2006），字峻斋，江苏常州人。1938 年毕业于南京中央大学中文系，历任中央大学助教，广西大学讲师，山东大学中文系副教授、教授。曾任山东省文史馆馆员，西泠印社顾问，山东省书法家协会主席等职。长期从事古文字学研究，精于训诂、书法、篆刻，著有《汉字浅学》、《蒋维崧印存》、《蒋维崧临商周金文》、《蒋维崧书迹》、《蒋维崧书法集》等。1981 年，曾草书明代御史即墨人蓝田所作《登狮子峰》诗，镌于狮子峰前胸。

【潘素】（1915—1992），字慧素，江苏苏州人。著名山水画家，尤擅长工笔重彩山水画。曾任吉林艺术学院教授，北京中山书画社副社长，有《张伯驹、潘素书画集》行世。1952 年国庆之后，潘素曾随中国美术家协会组织的画家团来青岛崂山写生。20 世纪 80 年代初来青岛休养时曾创作了画作《崂山潮音瀑》（金笺墨笔）。

【张逊三】（1915—　），号齐里谦翁、黄桑痴翁、黄桑店野人，斋号舜山草庐、舞墨斋，山东淄博人。曾任青岛市第四届、第五届各界人民代表会议代表，青岛市商业局长，山东省计划委员会副主任等职。自幼入私塾临摹书法，后又遍览历代石刻碑帖，擅大字行草。崂山北九水双石屋村东之河谷中有其题刻"江山如画"，七水连云崖石壁上有其题刻"一步三回头"。

【陈野苹】（1915—1994），原名陈荣檀，四川冕宁人。15 岁考入四川省立第二师范学校，1933 年加入中国共产党。曾任中共中央组织部财贸干部处处长、干部训练处长，中共中央组织部常务副部长兼秘书长，中组部部长、顾问。发表过大量的政论文章、诗词、散文作品，出版有《野草》、《野苹诗选》诗集及《河汉日记》、《陈野苹日记》、《陈野苹文选》等。1988 年，来青岛时曾游崂山，写有《崂山太清宫耐冬花》、《青岛海游》等诗篇。

【**萧华**】（1916—1985），原名萧以尊，江西省兴国县人，1928 年加入中国共产主义青年团，1929 年转为中共党员。1930 年参加中国工农红军，曾任八路军第一一五师政治部主任兼山东军区政治部主任，东北野战军第一兵团政治委员，第四野战军特种兵司令员，中国人民解放军空军政治委员，总政治部主任，中央监察委员会副书记，中共中央军委副秘书长，1955 年被授予上将军衔。1983 年当选为全国政协副主席，著有《长征组歌》、《铁流之歌》、《艰苦岁月》等。曾多次来青岛，1984 年 7 月 24 日，同全国首届青少年集邮夏令营的小朋友们一道到崂山游览，饱赏海山风光，特留诗句："奇峰怪石横苍穹，古木参天隐清宫。白鸥翱翔拍激浪，仙女缥缈彩云中。雄山胜景冠北国，信鸽游兴情更浓。海山沸腾迎喜客，红旗招展跃高峰。"

【**梁天柱**】（1916—2001），原名梁善玺，号天柱山人，青岛平度大泽山人。早年从医，1940 年在青岛平度路创办"大安医院"并任院长，1957 年调入青岛市北区医院，任外科主治医师。自幼喜爱绘画艺术，60 岁始正式作画，自学成家，曾经常深入崂山去作画，创作了《崂山小道》、《崂山纪游》等大量的优秀山水画作品。作品先后被中国美术馆、中国画研究院、中央美院等收藏。曾任中国画研究院特约画家、青岛中国画研究会副会长。出版有《梁天柱画集》。

【**陈寿荣**】（1916—2003），字春甫，号春翁，山东潍坊人。自幼喜爱书画，1932 年考入济南国画学社，1935 年考入北平北华美专。1936 年毕业后曾任北京故宫第一期古画研究员。1939 年后任潍县和青岛中学美术教师。除诗书画印以外，还喜考古，精鉴赏，擅长巧雕及设计绘制风筝。出版有《怎样刻印章》、《陈春翁印谱》、《现代印选》、《历代画家书法选》、《陈寿荣飞鹰集》等多部画册与著述。多次到崂山写生，创作有《崂山潮音瀑》、《崂山胜景》、《崂山烟云》等作品。

【杜颂琴】（1917—2001），又名松琴，号老琴，山东莱州人。早年供职于青岛金融界，后到中国科学院海洋研究所工作，1978 年退休后开始学习研究书法艺术。1982 年，曾为崂山题写"太清水月"四字，镌刻在入太清宫盘道北侧巨石上；书明代即墨文人杨泽《上苑》诗，镌刻在太平宫门前路南巨石上；书明代即墨知县周璠《劈石口》诗，镌刻在劈石之东半；另在太清景区桃园旧址有其题刻"桃园口"。

【鲁特】（1917—1996），本名鲁建秋，笔名剑秋、田禾等，山东海阳人。1940 年参加革命，中共山东省委宣传部文艺处处长，山东省文联副主席，山东省文化局副局长，山东省文管会副主任兼文物局局长，等。擅行草，崂山太平宫中眠龙石下龙涎泉旁石上有其题刻"龙涎"，太平宫之西峰有其题刻"海天一色"。

【溥任】（1918—2015），又名金友之，清醇亲王载沣之子，宣统帝爱新觉罗·溥仪之弟。1947 年他利用旧宅创办北京竞业小学，并自任校长，后将学校赠予政府。先后在西什库小学、厂桥小学任教，1988 年退休后致力清史研究，擅长诗文书画，曾来游崂山，写有《崂山九水》诗。

【张彦青】（1918—2007），曾用名张焕，字剑进，号无愠斋主人，山东临清人。先后在北平辅仁大学美术系和重庆中央大学艺术系国画专业学习。1949 年后，历任湖南军区人民剧院经理、政治部宣传部干事、画报美术编辑，山东省博物馆美术员、山东省艺术专科学校教员，山东省艺术馆、山东省美术馆美术创作员，山东艺术学院副教授、教授，1987 年退休。擅长中国画，其作品为国内外博物馆、美术馆所收藏。出版有《张彦青画选》、《山东革命纪念地画册》、《张彦青山水写生集》、《张彦青国画作品集》等。曾多次游崂山，有《崂山道士》、《崂山斐然亭》、《崂山鱼鳞峡一景》、《崂山龙潭水库》、《崂山之后山写真》、《崂山潮音瀑》等作品传世。

【吴丈蜀】（1919—2006），字恂子，别署荀芷，四川泸州人。先后从事中学国文教员、秘书、编辑、新闻记者等工作，1978年后，曾任湖北省社会科学院文学研究所研究员，湖北省文史研究馆馆长，中华诗词学会副会长，湖北省诗词学会会长，湖北省书法家协会副主席等职。著有《吴丈蜀书兰亭序》、《吴丈蜀书法集》、《吴丈蜀书法辑》、《读诗常识》、《词学概说》、《诗词曲格律讲话》、《回春诗词抄》等。曾游崂山，留有《访崂山》诗："胶东胜地有崂山，道是神仙住此间。峰插紫霄浓雾拥，岩封黄海碧波环。上清宫里千年树，梳洗楼前百丈泉。最爱风光奇绝处，天来飞瀑涨龙潭。"

【吴冠中】（1919—2010），江苏宜兴人。1942年毕业于国立杭州艺术专科学校，学习油画与中国画。1947年入法国巴黎国立高等美术学院研习油画，1950年回国后，先后任教于中央美术学院、清华大学建筑系、北京艺术学院、中央工艺美术学院。曾任中国美术家协会常务理事、顾问，全国政协委员、常委等职。曾多次来青岛写生，并创作了《误入崂山》、《崂山松石》、《崂山新屋》、《崂山山村》、《青岛红楼》等精美画作，写下了《崂山渔村》等游记美文。《误入崂山》创作于1988年，题记云："一九七五年，黑云犹压城，不忘写生乐，偕德侬等误入崂山，迷途深山。松石间竟日不过人影，偶见狼蛇，渐惶恐，呼道士无应。数度攀峰，窥大海，测方位。傍晚，遥闻村落广播声，踏月奔跑，午夜出山，已抵他县，庆活命。十余年后忆前事，纵横交错入画图。一九八八年十二月，吴冠中，龙潭湖畔。"

【李子超】（1920—2002），山东省沂南县人。1939年8月加入中国共产党。新中国成立后，历任共青团山东省委秘书长，山东分局工业部处长，山东省交通厅副厅长、山东省委副秘书长、城市工作部副部长，省政协副主席，省委书记兼秘书长，省政协主席、党组书记等。一生酷爱文学，出版有诗集《心印集》、《白驹集》、《无邪集》等。1981 年游崂山时，留有《太平宫》、《北九水》、《崂山云雨》、《崂山水》四绝句诗。《北九水》云："连环九曲水潺潺，深涧仰看一线天。过海云飞冷翠霞，潮音瀑下掬寒泉。"

【高小岩】（1919—2011），名煜，字筱岩，亦字小岩，号谦斋，山东潍县（今潍坊市潍城区）人。1940 年来到青岛首次举办个人书展，其后辗转青岛、北京等地谋生，最后定居青岛。先后在青岛港务局、青岛市人民政府秘书处、青岛市总工会工人文化宫、民革青岛市委工作。工书法，以魏、隶著称，兼擅甲骨、籀篆、小楷、行草诸体。崂山太清宫北有其魏碑题刻"拜斗台"，下附小字："本宫始祖李真人哲玄号守中子，敕封道化普济真人，于唐天元年甲子至本宫拜北斗于此。"太清宫北老道坟旁有其篆书题刻"三清门"，在蟠桃峰摩崖上有其隶书题刻"蟠桃峰"，在八水河畔梯子石路左玄武洞三块洞石上有其篆书题刻"玄武洞"，在登梯子石石阶路北巨石上有其书"李白赠王屋山人"诗刻，在北九水外三水石壁有其隶书题刻"绕绿送青"。

【郑芝晨】（1919—　），字珍南，号奇夫，山东莱阳（今莱西市）人。1939 年参加中国共产党，中华人民共和国成立后，曾任南京军区后勤部运输部部长。1980 年离休后自费游历全国 29 个省、自治区、直辖市的高山大川、名胜古迹。精于武术，擅诗词书法绘画篆刻，著有《百花吟草》、《爱晚行吟草》、《即事吟草》、《郑芝晨印集》等。1983 年 8 月曾游青岛，留有《青岛赞》六首、《崂山颂》四首，收录在《爱晚行吟草》。

【修德】（1920—1992），字石竹，山东即墨人。16 岁时，到青岛日商上海纱厂做工。1950年后，先后任青岛国棉五厂瓦工、供销员、工会美工。自幼学书画，工于楷书与行书，见长于草书，被誉为"工人书法家"。中国书协和十梅庵村委会联合在其家乡修建有"当代书圣修德书法碑林"，赵朴初亲自为"碑林"题写了"修德书法碑林"六个大字。1988年曾为青岛市政府题写"青岛市人民政府"。崂山劈石口题刻"劈石天开"、梯子石东端登山路南巨石上题刻光绪举人林钟柱"梯子石记"、"田横岛五百壮士碑"等为其所书。

【魏启后】（1920—2009），山东济南人。早年就读于北京辅仁大学中文系，课余兼习书法。后从事金融工作，公余之暇以书画自娱。曾任山东书协副主席、济南市政协常委，出版有《魏启后书法选》、《魏启后书画集》、《魏启后书画述录》等。崂山北九水外四水天梯峡断崖处，旧有"明天启四年刻天开异境"10字，为北九水最古老的刻石，今已不存。1981年，魏启后应邀题写"天开异境"四字，重新镌刻于崖壁上。

【董海山】（1922—1986），又名邓志荣、邓志营，山东省昌邑县人。1940年加入中国共产党，从事地下工作，曾任中共青岛特支宣传委员、大康纱厂特支书记。1949年后，历任中共青岛市委党校副校长，中共青岛市委宣传部长兼青岛市文联主席等职。"文革"后，时任青岛市委宣传部长的董海山，作为崂山风景点恢复领导小组成员，曾多次深入崂山，指导崂山殿宇的修复，恢复并增加新的刻石，并亲自撰写题记"太平宫记"，请蔡省庐先生书后，镌于太平宫迎壁之背面，落款"邓山撰，蔡省庐书"。邓山即董海山。另有题刻"绛雪"和"寻真门"，前者置于太清宫三官殿院中古耐冬树下，后者镌于俗称"狗洞"洞额横石上。

【刘鹏】（1924—2014），山东省曲阜人。1939年7月参加革命，

1940 年 1 月加入中国共产党。新中国成立后，曾任山东省政府副省长，
山东省委常委，青岛市委书记兼青岛大学校务委员会主任，山东省顾委
副主任等。为纪念在 1985 年 5 月 4 日抢险救人中牺牲的石建烈士
（1965—1985，原名石剑，山东长岛县人）和其他英雄群体，青岛市政
府在崂山龙潭瀑旁立纪念碑，时任山东省副省长、青岛市委书记的刘鹏
题写碑名"崂山五四抢险救人英雄群体纪念碑"，镌刻于副碑上，并于
1985 年 12 月 30 日举行了纪念碑揭幕仪式。1987 年 2 月，曾题写："黑
风口东南里余有巨石，面西南而立，朝晖夕霭，影姿绰约，状如虔女，
邓颖超同志八六年为此岩题字，今刻石以志。"镌刻在虔女峰北峭壁邓
颖超题刻下。

【贺敬之】（1924—   ），别名贺进，笔名荆直、艾漠等，山东峄县
（今枣庄）人。1940 年赴延安，进鲁迅艺术学院学习。历任鲁艺文工团
创作组成员，华北联大文学院教师，中央戏剧学院创作室主任，《人民
日报》文艺部副主任，文化部副部长兼文学艺术研究院院长，中共中央
宣传部副部长，文化部副部长、代部长，第七届全国人大常委，第八届
全国政协常委。著有诗集《放歌集》、《笑》、《朝阳花开》、《乡村的
夜》、《贺敬之诗选》，评论集《贺敬之文艺论集》等。1985 年 5 月，
贺敬之曾来游崂山，留有《望石老人礁岩》、《游崂山》、《咏崂山英雄
群体》、《田横岛》诗四首。《游崂山》云："黄山尽美恐非真，山川各
异似才人。崂山逊君云如海，君无崂山海上云。"《咏崂山英雄群体》
云："西望华岳颂群英，东望崂山又一峰。神州生气终可赖，思飞瀑洪
热泪倾。"该诗镌刻于崂山龙潭瀑"崂山五四抢险救人英雄群体纪念
碑"主碑上。

【孔孚】（1925—1997），原名孔令桓，字笑白，山东曲阜人。1947
年毕业于山东师范学院史地系。1949 年后，历任《大众日报》文艺编
辑、山东师范大学中文系副教授、教授，1986 年离休。著有诗集《山

水清音》、《山水灵音》、《孔孚山水诗选》、《孔孚诗：透视本》，诗论集《远龙之扪》、《孔孚山水诗研究论集》，诗文集《孔孚集》等。曾游崂山，写有《崂山采撷》组诗：《过锦帆幛》、《仙人髻》、《过鹰嘴石》、《云瀑》、《骆驼峰》、《崂山行》等。

【丁芒】（1925—　），原名陈炎，又名陈轶明，笔名轶明、田复离、艾洛莱、岑中逸等，江苏南通人。1946 年参加革命，在解放军各级政治机关担任书报编辑，1955 年在总政治部担任革命回忆录巨著《星火燎原》编辑。1979 年调入江苏人民出版社工作，1987 年离休。一生从事文学创作，出版有《丁芒文集》、《丁芒诗论》、《当代诗词学》等著作 40 余部。曾多次游览崂山，留有《崂山玉清宫》、《崂山头》、《劈石》、《九水观山》、《再访崂山》、《巨峰云海》、《巨峰观雷》、《九水十八潭》等数十首咏崂诗，《丁芒文集》收入其《崂山掇拾》七绝二十首。

【李立】（1925—2014），字石庵，号立翁，湖南省株洲市人。毕业于华中美术学校，后入杭州国立艺专深造，师从齐白石、潘天寿等大师。曾担任湖南省书协副主席，湖南高等轻工业专科学校教授等。精金石篆刻，出版有《毛主席诗词印谱选》、《李立金石书画集》、《文天祥正气歌印谱》等。崂山华严寺放生池北面的"缘"字石刻，为其所书。

【苏白】（1926—1983），原名英心，别署陈风，号"不三不四楼居士"，山东烟台福山人。幼习书法、绘画、篆刻，曾到山东省团校学习，毕业后到德州一中工作，后到青岛十八中、四十二中、十中等中学任教。"文革"后，就职于青岛工艺美术研究所。出版有《苏白印蜕》、《苏白印稿》、《苏白仿古玺汉印》、《古代科学家印谱》、《可染楼印存》、《不三不四楼印集》、《肖形印谱》、《鲁迅笔名印谱》等。曾为崂山九水景区设计并篆书路标"内九水之一水"，镌刻在自九水界石沿水东行南岸石上。

【王梦凡】（1926—2007），本名王幻，字梦凡，以字行，山东高密人。1939 年至青岛入杜宗甫门下专习书法、篆刻和微雕，1944 年设宝隆图章行。1959 年到青岛市博物馆工作，随张公制、黄公渚学习书法、文史及文物鉴定。历任青岛印社社长，青岛博物馆研究员，华东师范大学艺术学院教授等。擅行楷书法、篆刻、微雕，亦善诗词，书法篆刻作品曾多次参加国内外展出。青岛许多商号、景点都有其墨迹，崂山题刻"汉柏凌霄"、"劈石洞"、"太清胜境，海上名山第一"、"碧海仙居"、"石猪峰"、"观象"、"天梯"、"劈石洞"、"鳌首金龟"、"太平晓钟"等，均为其所书。

【许评】（1926—2012），山东鄄城人。1943 年毕业于冀鲁豫边区第一中学，曾任山东省委宣传部报刊处处长，《人民日报》山东记者站站长，山东省出版局副局长，山东人民出版社副总编辑，山东省出版总社副总编辑。出版有《许评散文选集》、《心灵与世界的对话》等散文集、小说集、文学评论集等数十部。曾多次来青岛，并游崂山。1980 年游崂山时，写有著名散文《崂山散记》。

【晏文正】（1926—   ），字兆庆，祖籍山东濮县（今属河南省濮阳市）。自幼酷爱美术，1949 年始从事美术教育，1959 年调青岛教育学院任教，任艺术系主任、教授。擅长水彩画、油画、中国水墨画等，为青岛水彩画的奠基人之一。出版有《晏文正画集》、《晏文正水粉画选》、《水彩画技法》、《怎样画水彩画》、《晏文正写生散记》、《追梦一生》等。创作有《崂山九水风景》、《崂山明霞洞途中》、《崂山仰口湾》、《华严鸟瞰》、《雨中栈桥》、《海水浴场》、《海滨》等大量以青岛和崂山自然风光为主题的绘画作品。

【林永堂】（1927— ），山东即墨（今鳌山卫镇北泊子村）人。高小毕业后，先在即东县政府从事文秘工作，后在即东、即墨文教局、文化馆工作，为青岛市美术家协会会员、即墨市文化馆副研究员。擅书画，鹤山题刻"朝阳洞"为其所书。

【叶楠】（1930—2003），原名陈佐华，河南信阳人。1954年毕业于苏联太平洋舰队潜艇学习队机电军官大学班，历任河南军区军政干校参谋，海军北海舰队潜艇独立大队政治部创作员，海军政治部创作室主任等。著有长篇小说《花之殇》，中短篇小说集《海之屋》、《叶楠小说集》、《血红的雪》，散文集《苍老的蓝》、《浪花集》、《海殇》，电影文学剧本集《白桦叶楠电影剧本选》等。曾游崂山，并写有著名散文游记《崂山绛雪》，发表在《山东文学》1980年第7期。

【王太捷】（1930— ），山东省惠民县人。1953年后在山东省文联工作，曾任《山东文学》编辑部编辑。从1979年起，先后担任山东省民间文艺家协会秘书长、副主席、主席、名誉主席，《新聊斋》主编、编审等职。撰写有《狐狸精的故事》、《水泊梁山的传说》等大量民间文学、诗歌、散文、小说、曲艺、报告文学作品。曾游崂山，并撰有散文《崂山观瀑》。

【王集钦】（1931—2008），山东省青岛市人。在青岛市美术专科学校学习时任学生会主席，曾为青岛市博物馆研究员、山东美术家协会会员。"文革"中，利用工作之便保存了康有为的颅骨以及一些墓葬品，并于1984年上缴给了青岛市文物管理委员会。1979年，崂山风景点恢复领导小组成立后，负责崂山刻石总体设计，历时4年，修复和新刻石共227处，发表了《康有为头颅骨保藏及迁墓记》、《北魏石造像迁徙记》、《崂山刻石纪实》、《"琴岛画会"始末》、《试金滩玄玉与黄培》、《崂山康有为赋诗刻石探释》、《旧日海云庵》等文章，主编出版了《崂山碑碣与刻石》、《万古崂山千首诗》等著作，遗著有《崂山古今文史论丛》。崂山太平宫眠龙石右上方镌刻有其题诗："最爱松长在，犹忆月华西。人间百事好，翘首太平时。"杨慕唐书。

【沈鹏】（1931— ），江苏江阴人。幼习诗词书画，大学攻读文学，后转攻新闻。1950年起在人民画报社工作，曾任人民美术出版社总编室主任、副总编辑并兼任编审委员会常务副主任，中国文联副主席。擅诗词书法，书法作品遍及世界各地，刻于国内各名胜古迹和旅游景点。出版有《沈鹏书法选》、《沈鹏书画谈》、《沈鹏书法作品集》、《沈鹏书归去来辞》、《沈鹏诗词选》、《三余吟草》等。1981年，游崂山时草书"潜龙飞瀑"四字，镌刻在龙潭瀑左侧下方。草书顾炎武《劳山歌》中诗句"云是老子曾过①此，后有济北黄石公"，镌于犹龙洞洞额，落款"辛酉书顾炎武句沈鹏"。1993年，崂山风景区管委会在仰口游览区的太平峰的石壁上，镌刻了一个高20米，宽16米的巨大"寿"字，系撷取于唐欧阳询所书《九成宫醴泉铭》放大而上石，沈鹏欣然命笔"天下第一寿"，一并放大镌刻于石。1996年，又在此基础上兼收柳公权、颜真卿、赵孟頫及现代数十位书法名家的墨迹，并蓄隶、篆、行、草、楷等多种字体，构成了一幅壮观的群"寿"刻石景观。1994年，还曾为田横岛田横雕塑像题写"齐王田横"四个大字。

【鲁海】（1932— ），祖籍山东泰安，出生于青岛市。曾在青岛私立礼贤中学读书，后到青岛图书馆工作，在北京大学图书馆系进修学习，曾任青岛市图书馆馆长，山东大学、武汉大学等兼职教授，青岛市炎黄文化研究会等学会顾问、理事。1946年起在报刊上发表文学作品，后致力于史学、图书馆学研究，在青岛文史研究领域成就尤为突出，被称为"青岛文史活字典"。著有《鲁海文集》、《中国古代图书》、《琴

---

① 有著者将"过"误作"到"。

岛书话》、《海城青岛》、《老街故事》、《青岛老别墅》、《青岛文艺漫话》、《青岛老建筑》、《作家与青岛》等40余部书籍，还主持编著有《青岛旅游指南》、《青岛名人游踪》、《青岛风景名胜》等旅游丛书，发表各类文章两千余篇，其中有许多关于崂山及崂山文化名人的内容。此外，他还积极关注青岛文化名人故居的挖掘与保护，参与制定八大关历史建筑修复规划，建议将安徽路小公园定名为"老舍公园"，提议五四广场立石碑并铭刻陈毅元帅当年描写青岛的诗句。

【王桂云】（1932— ），祖籍山东省文登市，现居青岛市。1947年参加革命，先后在沧口区委、沧口剧院、青岛市文联、市文化局、市博物馆等处任职，曾任沧口区委办公室副主任，青岛市文化局办公室主任。1979年任青岛市博物馆副馆长，1992年离休后曾任沧口区地方志办公室副主任兼《沧口区志》主编。喜爱藏书，曾被授予"青岛市十大藏书家"、"山东省十大书香人家"等称号；一生勤于著述，长期致力于青岛文史和地方志的研究，先后发表论文数百篇，出版有《王桂云论文选》、《山东方志汇要》、《青岛清季官宦轶闻》、《青岛近代名人逸事》、《青岛崂山闻人录》、《古籍书目举要》、《室名斋号辑要》、《历代方志名家事略》、《青岛崂山闻人觅综》、《游览崂山闻人志》等著作，其中《游览崂山闻人志》收录了上古至近现代600余位游览、寓居、记述及关注崂山的人物，"既有较强的科学性和知识性，又有较强的文学性和趣味性"（王明谊序）。

【杨在茂】（1934— ），山东省乳山市人。曾在烟台汽车运输公司、山东省交通厅、山东省委工业交通政治部干部处、省委组织部工作。1985年任中共青岛市委副书记兼组织部部长，1993年任青岛市政协主席、党组书记。酷爱书画，著有《杨在茂书画集》、《杨在茂画集》等，有《崂山小景》、《观海》等书画作品。1991年，曾为崂山共青团林纪念碑手书"共青团林"四个大字题刻，立于八水河西。

【邵大箴】（1934—　），江苏镇江人。1960 年毕业于苏联时期列宁格勒列宾美术学院。历任中央美术学院教师、美术史系教授，中国美术家协会书记处书记，兼《美术》月刊、《美术研究》、《世界美术》杂志主编。著有《现代派美术浅议》、《传统美术与现代派》、《欧洲绘画简史》、《西方现代美术思潮》、《雾里看花——当代中国美术问题》等。崂山觅天洞摩崖石刻"山高无风暑自消，洞幽不雨草常湿"为其所题。

【刘思志】（1935—1997），山东即墨吴家沟岔村（今属即墨市通济街道）人。1951 年初中毕业后，在崂山供销系统及农业、财政、行政、企业做财会工作。同时，利用业余时间，深入民间，搜集整理民间故事，1979 年加入中国民间文艺家协会，曾任青岛市民间文艺家协会顾问、名誉主席等职务。先后在《民间文学》等刊物发表作品数百篇，出版有《崂山志异》、《黑二斩妖》等民间故事集，并著有 20 余万字的散文与其他作品。其搜集整理的崂山民间故事，不仅有着较高的文学价值，而且对研究崂山地区的历史民俗文化也具有一定参考价值。其中《枣核儿》、《鲤鱼精》、《梳洗楼》、《蒲松龄逐鬼》、《郑板桥画烛》被收入 1949—1966 年和 1976—1982 年中国新文艺大系的民间文学集中，《枣核儿》还被收入高等学校文科教材；《崂山茶》等七篇故事和专著《崂山志异》连续二次获全国民间文学二等奖及山东省泰山文艺奖和青岛市府特别荣誉奖①。2004 年，其遗著《刘思志民间故事集》由作家出版社出版。

【西川文夫】（1935—1997），日本大阪府贝冢市人。1937—1946 年曾随家人在青岛居住。1992 年春，中日邦交正常化 20 周年之际，他来到青岛市崂山区王哥庄镇港东村野鸡山义务植树，并正式创建"中日民

---

① 刘思志：《我与崂山民间文学》，《青大师院学报》1995 年第 2 期。

间友好林"，被港东村授予荣誉村民称号。他先后出资 400 万日元，义务植树 200 亩，近 3 万株，坚持每年在港东村居住 6 个月，亲自参加植树、护树，悉心管理这片友好林。1997 年 6 月病逝后，根据其遗嘱，骨灰安放在崂山港东村的野鸡山墓地。

【张崇纲】（1935— ），山东省青岛市崂山区中韩街道办事处张家下庄村人。曾在青岛市李沧区图书馆、崂山区文化馆、李沧区文化馆工作，历任《青岛文艺》编委会委员、诗歌组政治组长、编辑，崂山县文化馆文艺组组长、文学部主任、民间文学部主任、崂山县民间文学三集成办公室主任，李沧区文化馆文艺部主任，中国民间文艺家协会会员，青岛市民间文艺家协会副主席。从 1979 年开始，先后二十多次带队到乡村采风，深入崂山的山村和渔村搜集民间传说、故事、谚语、歇后语、民间曲艺等，发表诗歌、散文、报告文学、论文共 800 余篇（首），整理出版了《崂山歌谣集》、《崂山民俗大观》、《崂山民俗故事》、《崂山谚语集》、《崂山对联选》、《崂山历代名人故事》、《崂山民间故事全集》、《青岛奇观》、《会说话的石头》、《青岛民间爱情故事集》、《崂山道士》、《张崇纲自选诗》、《崂山民俗志》、《二龙山的传说》、《青岛海洋民间故事》、《石老人的传说》等，被称为"崂山最会讲故事的人"。2000 年 5 月，他协助新成立的崂山区文化局总结崂山民间故事集，成功申报"民间文学之乡"。2008 年，崂山民间故事被国务院公布为国家级第二批非物质文化遗产。

【刘文泉】（1935— ），山东招远人。曾任《海鸥》文学月刊美术编辑、艺术部主任，青岛画院院长、名誉院长，青岛市美术家协会主席、名誉主席，青岛市文联副主席，青岛印社副社长等。擅长中国画、篆刻，出版有《刘文泉画集》、《刘文泉印痕》等。善画崂山，创作有《崂山图》、《崂山亦有江南景》、《山海奇观》等大量崂山山水画作品。

【姜宏钧】（1936—2009），字钧天，山东省烟台市人。长期在青岛市工人文化宫从事书法教育和培训工作，副研究员。擅长大书榜书，五四广场陈毅《初游青岛》的碑刻题记、崂山仰口的天下第一"寿"字题记均为其所书。其多幅作品为青岛博物馆收藏。

【茹桂】（1936—　），原名乐生，陕西长安人。历任西安美术学院教授、书法研究中心主任，陕西省书法家协会副主席等。著有《书法十讲》、《艺术美学纲要》、《茹桂书法教学手记》、《美术辞林·书法卷》、《砚边絮语》、《文学创作常识》等。1981年10月游崂山时，草书刘勰《文心雕龙》句："登山则情满于山，观海则意溢于海"，镌刻在瑶池下。

【刘栋伦】（1938—　），山东青岛人。毕业于青岛教育学院美术专业，曾在青岛临清路小学、青岛第十四中学、青岛师专任美术教师。1982后任青岛教育学院美术系主任、教授。擅长山水画，兼工花鸟、书法篆刻等。出版有《青岛风景写生》、《刘栋伦山水画集》、《刘栋伦国画作品选》等。先后数十次上崂山写生，创作了《茶绿崂山谷》、《崂山雪梨》、《崂山石门亭》、《春绿崂山谷》、《山海奇观》、《潮音瀑》等大量描绘崂山的作品。

【管同池】（1938—　），山东青岛人。1960年毕业于青岛艺术专科学校，先后在青岛市群众艺术馆、青岛市南文化馆、青岛市少年宫从事美术创作和教育工作。创作有《崂山骆驼峰》、《崂山野鸭赏荷花》书画作品。1991年3月，曾为崂山共青团林纪念碑书写"共青团林碑志"，立于八水河西公路旁。

【吴顺章】（1938—　），山东青岛人。自幼酷爱绘画，师承画家王仙坡。作品尤以崂山山水画见长，被誉为"崂山之子"。

【范曾】（1938—　），字十翼，别署抱冲斋主，江苏南通人。1962年中央美术学院毕业后到中国历史博物馆工作，1978年调入中央工艺美术学院任教。1984年调入天津南开大学东方艺术系，任系主任。2004年后，受聘担任中国艺术研究院研究员，北京大学中国画法研究院院长、教授，南开大学终身教授等。在许多领域都有成就，已出版画集、书法集、诗集、散文集、艺术论、演讲集、哲学著作等160余种。曾多次到崂山游览考察，应邀对崂山内九水"九水十八潭"分别进行了命名和文化阐释，从老子《道德经》和《庄子》内外篇中选取章句，将九水分别命名为上善、抱一、大方、齐物、养生、坐忘、逍遥、安期、许由等，将18个水潭分别阐释为至柔、居卑、未封、未始、无隅、无极、自取、俱化、中虚、有间、得鱼、得意、无己、不滞、餐霞、饮露、清心、洗耳得等，并撰写了《崂泉铭》、《题崂山十八潭》、《崂山山门联》等。另绘有《老子悟道图》、《庄子晓梦图》、《太白寻仙图》、《邱祖说法图》等简墨作品，镌刻在崂山景区石壁上；此外，还留有《游崂山松龄书屋》等诗歌作品。

【王中才】（1940—　），笔名老宁，山东宁津人，出生于大连。1961年应征入伍，曾任总政《解放军文艺》散文组编辑、副组长，沈阳军区政治部创作室主任，专业作家，著有《晓星集》、《光斑集》、《何处觅天涯》、《朔方履痕》、《遥远女儿岛》、《龙凤砚传奇》、《三角梅》、《战神的橄榄树》等。曾来青岛并游崂山，1978年至1980年，先后在《山东文艺》发表散文《神水泉记——崂山即景之一》、《教子园记——崂山即景之二》、《龙潭瀑记——崂山即景之三》。

【刘大钧】（1943—　），山东邹平人。高中毕业后，自学研究《易经》，1980年被山东大学破格聘为教师，从事易学教学与研究。历任山东大学易学与中国古代哲学研究中心主任，中国周易学会会长，山东大

学终身教授,《周易研究》主编,全国政协委员等。2012 年 6 月受聘为
中央文史研究馆馆员。著有《周易概论》、《周易古经白话解》、《周易
传文白话解》、《周易讲座》、《纳甲筮法》、《今、帛、竹书〈周易〉综
考》等。2001 年,他受青岛市委、市政府和青岛崂山风景区管委会之
邀,对崂山巨峰游览区进行了"八卦门"和山门等的文化内涵设计,
并根据八卦卦义为八卦门撰写了联语,将周易文化和崂山历史文化以人
文景观的形式展示出来。巨峰景区门口牌坊上有其所题"天地淳和"
四字及左右楹联:"鳌崂独壮哉,海抱神山山抱海;诸子俱来矣,贤传
大道道传贤。"巨峰入口处对面巨石上题刻"嘉会"二字,亦其所书。

【戴保华】(1944—1996),河北青县人。1962 年中学毕业后参军,
在部队从事美术创作,擅长油画,1979 年转业到青岛市展览工作室,
曾任青岛市展览工作室美术编辑部主任、美术科科长、美术师,1985
年,曾为崂山龙潭瀑旁所立"崂山五四抢险救人英雄群体纪念碑"创
作雕刻英雄群体长幅浮雕。

【张白波】(1944—　),山东青岛人。1962 年开始自学版画,曾任
教于青岛六中,长期从事版画艺术创作,并首创石膏拓彩版画新形式、
新技法,有《崂山春》、《崂山夏》、《崂山秋》、《崂山冬》等版画
作品。

【孟庆泰】(1948—　),字康若,别署追来室悟子、闲敏楼主人,
祖籍山东诸城,出生于青岛,孟昭鸿之孙。早年致力书印,兼及文史考
古之学,富收藏,精于鉴赏,擅书法篆刻,作品多次参加国内外展览并
获奖。出版有《孟庆泰书法篆刻集》等著作。曾为崂山、琅琊台、青
岛天后宫等风景名胜题匾书碑,崂山太清宫三官殿后有其篆书题刻"聚
仙台",崂山龙潭瀑旁"崂山五四抢险救人英雄群体纪念碑"碑文由青
岛市张挺撰文,孟庆泰书写。

【韩乃桂】（1952—2013），字直芳，号东崂，山东省青岛市即墨人。1975年即墨师范学校毕业后，曾任即墨三中、即墨二中教师，后历任即墨县史志办公室主任，即墨市文联主席，中共即墨市委宣传部副部长，即墨市文化局局长，即墨市民政局局长，即墨市政府办公室副主任等职。喜诗文，好历史，一生笔耕不辍，曾任《即墨古今》、《即墨文化》主编，著有《即墨走笔》、《雪夜酣语》、《蝉音余绕》、《东崂浪吟》、《崂庵秘事》、《树见景》、《听琴耕读堂》、《栖幽如馨》、《即墨语林摭叶》、《不弃集》等散文集、诗集、电影文学剧本作品，主编或参编有《即墨简志》、《即墨县志》、《即墨市志》、《即墨市村庄志》等，其中包括大量对即墨历史和崂山文化进行整理研究的文字，还有许多其创作的吟咏即墨和崂山的诗文。

【贺中祥】（1952—　），字祯之，山东青岛人。毕业于青岛教育学院中文系，幼习书法，擅楷行书，为青岛画院专业书法家，出版有《贺中祥小楷》等著作。崂山青山口停车场转盘处有其题刻"梯子石"①，新修的崂山太和观门楣系其所书。

---

① 八水河西有明代题刻"梯子石"，书者不详。

附:崂山名人录

一、本籍文化名人

即墨大夫	(1)	王纳善	(9)	周如纶	(15)	黄宗昌	(20)
房风	(1)	王镐	(9)	周如锦	(15)	黄宗扬	(21)
王吉	(2)	王邦直	(9)	袁燿然	(15)	黄宗庠	(21)
王骏	(2)	王英教	(9)	王楫	(16)	孙兆禧	(22)
王崇	(2)	黄作孚	(9)	杨嘉祜	(16)	范养蒙	(22)
张步	(2)	黄作圣	(10)	杨兆鲲	(16)	王泽洽	(22)
朱仲明	(3)	周民	(11)	孙绳武	(16)	范炼金	(22)
孙仁鉴	(3)	杨舟	(11)	周鸿图	(17)	黄培	(23)
杨泽	(3)	杨盐	(11)	周鸿谟	(17)	蓝深	(23)
蓝章	(4)	杨懋科	(12)	周士皋	(17)	黄宗臣	(23)
杨良臣	(5)	蓝柱孙	(12)	周燦	(17)	黄坦	(24)
杨良佐	(5)	蓝史孙	(12)	周旭	(17)	蓝润	(24)
牛鸣世	(5)	王禄兆	(12)	黄宗晓	(18)	袁肇基	(25)
蓝田	(6)	王纳策	(13)	宋统殷	(18)	杨遇吉	(25)
蓝囷	(7)	胡从宾	(13)	蓝再茂	(18)	王柱今	(25)
蓝因	(7)	黄锡善	(13)	江之澡	(19)	蓝泟	(26)
王兴	(7)	黄嘉善	(13)	王曦如	(19)	蓝漪	(26)
王九成	(7)	王心学	(14)	黄宗瑗	(19)	蓝湄	(26)
王九思	(8)	周如砥	(14)	黄宗辅	(20)	姜元衡	(26)

杨进吉	(27)	蓝启蘂	(35)	杨士钥	(41)	黄 榛	(46)
杨连吉	(27)	蓝启华	(36)	杨士镤	(41)	蓝中璈	(46)
杨还吉	(27)	黄美中	(36)	杨士铝	(41)	蓝中琮	(46)
黄 熏	(28)	黄鸿中	(36)	杨士銮	(41)	蓝中珪	(46)
黄 堣	(28)	黄彦中	(36)	杨士钫	(41)	蓝中高	(46)
黄 壊	(28)	黄理中	(37)	周泽京	(41)	蓝中璨	(47)
黄 珆	(29)	黄敬中	(37)	周泽曾	(42)	蓝用和	(47)
黄贞麟	(30)	解 瑶	(37)	蓝重毅	(42)	黄 植	(47)
黄贞固	(30)	范汝琦	(37)	蓝重蕃	(42)	江如瑛	(48)
黄贞观	(30)	王肇祚	(37)	蓝重祐	(42)	江用渶	(48)
黄宗崇	(30)	周 澂	(38)	蓝重煜	(42)	江淑榘	(48)
周日灿	(31)	周知非	(38)	冯文炌	(42)	江 炳	(48)
郭 琇	(31)	周 璛	(38)	范九皋	(43)	吕克箎	(48)
胡 瑄	(32)	江横舟	(38)	黄济世	(43)	周来馨	(48)
胡翔瀛	(32)	孙士斗	(38)	黄靖世	(43)	周志让	(49)
范士骥	(32)	周 绁	(38)	黄棐世	(43)	黄立世	(49)
韩邻佐	(32)	周毓正	(38)	黄簪世	(43)	初之朴	(49)
纪 润	(33)	周日采	(39)	黄晟世	(44)	张 鹤	(50)
宋绍先	(33)	周逢源	(39)	黄芳世	(44)	周知伭	(50)
宋肇麒	(33)	蓝昌後	(39)	黄宏世	(44)	王鸿泰	(50)
蓝启亮	(33)	蓝昌伦	(39)	黄恩世	(44)	黄如琯	(50)
蓝启延	(34)	黄克中	(39)	黄偕世	(44)	黄玉书	(50)
蓝启晃	(34)	黄体中	(39)	郭廷翼	(44)	黄玉瑚	(51)
杨铭鼎	(34)	黄致中	(40)	初元方	(45)	黄玉衡	(51)
周祚显	(34)	黄统中	(40)	郭廷鬵	(45)	黄如珂	(51)
黄大中	(34)	杨 瑛	(40)	蓝中玮	(45)	黄如钧	(51)
王 懿	(35)	杨 玠	(40)	郭廷翕	(45)	段 琨	(52)
蓝启肃	(35)	杨士鑑	(40)	杜延闾	(46)	周葆光	(52)

解竹苍	(75)	宋瑞珂	(76)	蓝 水	(77)	高芳先	(78)
黄象崙	(75)	周至元	(76)	刘作廉	(78)	赵书堂	(79)

二、寓居文化名人

田 横	(80)	康霖生	(90)	吴郁生	(97)	曹蕴键	(108)
逄 萌	(81)	宋 琏	(90)	徐世昌	(98)	路朝銮	(108)
伏 湛	(82)	吴 旦	(90)	洪述祖	(98)	葛光庭	(108)
童 恢	(82)	左 灿	(91)	萧应椿	(99)	袁荣叜	(109)
王 扶	(83)	李一壶	(91)	张士珩	(99)	宋怡素	(109)
张恭祖	(83)	高 琭	(91)	王 墒	(100)	沈鸿烈	(110)
郑 玄	(83)	尤淑孝	(91)	康有为	(100)	吕美荪	(111)
明僧绍	(84)	叶栖凤	(92)	升 允	(101)	赵 琪	(111)
王伯恭	(85)	沈则文	(92)	岑春煊	(102)	陈兴亚	(112)
杨 愔	(85)	刘锡信	(92)	章 棁	(102)	陈纪云	(113)
栾克刚	(85)	欧阳大勋	(93)	周学熙	(102)	孟昭鸿	(113)
董守中	(85)	秦锡九	(93)	刘廷琛	(103)	刘迎洲	(113)
高允中	(86)	赵似祖	(93)	丁麟年	(103)	蒋丙然	(114)
马存仁	(86)	林 溥	(93)	李家驹	(104)	刘锡三	(114)
杨方升	(86)	王大来	(94)	庄陔兰	(104)	刘菊园	(115)
许 铤	(86)	尹琳基	(94)	傅增湘	(104)	邢契莘	(115)
杜为栋	(87)	靳 林	(94)	赵德三	(105)	于春圃	(116)
赵 任	(87)	花之安	(95)	卫礼贤	(105)	叶春墀	(116)
周 璠	(87)	陆润庠	(95)	陈笋禅	(106)	刘 筠	(117)
陈文德	(88)	劳乃宣	(95)	陈心源	(106)	崔士杰	(117)
高宏图	(88)	赵尔巽	(96)	钟惺吾	(106)	高平子	(117)
宋继澄	(88)	郭蓉江	(96)	李经迈	(107)	魏 镜	(118)
张允抡	(89)	张人骏	(96)	张公制	(107)	杨振声	(118)
法若真	(89)	林 纾	(97)	溥 伟	(108)	张铮夫	(119)

三、记游文化名人

四、宗教文化名人

五、附录

参考文献

（东汉）班固撰：《汉书》，中华书局1962年版。

董光和、张国乔编：《孤本明代人物小传》，全国图书馆文献缩微中心，2003年版。

窦秀艳等著：《青岛历代著述考》，中国社会科学出版社2012年版。

（南朝宋）范晔撰：《后汉书》，中华书局1982年版。

（民国）房兆楹、杜联喆编：《增校清朝进士题名碑录》，引得编纂处1941年版。

郭德利主编：《崂山文化通览》，青岛出版社2013年版。

（明）黄宗昌撰、（明末）黄坦续编：《崂山志》，江苏古籍出版社2000年版。

万历、同治、乾隆《即墨县志》（点校本），中国和平出版社2005年版。

（清）黄肇颚辑：《崂山续志》，（清）宣统三年手抄本。

（清）黄肇颚辑：《崂山续志》，山东省地图出版社2008年版。

（清）纪昀等纂：《钦定四库全书总目》，中华书局1997年版。

李宝金著：《青岛历史古迹》，青岛出版社1998年版。

（宋）李昉等：《太平御览》，中华书局影印本1960年版。

（唐）李吉甫：《元和郡县图志》，中华书局1983年版。

（清）李世昌纂修：康熙《平度州志》，山东人民出版社2005年版。

李淑芹主编：《胶州历代著述考略》，山东友谊出版社1997年版。

（西汉）刘向集录：《战国策》，上海古籍出版社1985年版。

鲁海著：《话说青岛》，青岛出版社2008年版。

马西沙著:《中国民间宗教史》,中国社会科学出版社2004年版。

潘荣胜主编:《明清进士录》,中华书局2006年版。

蒲亨强著:《仙乐风飘处处闻:中国重要宫观道乐》,巴蜀书社2005年版。

青岛即墨县志编纂委员会编:《即墨县志》,新华出版社1991年版。

青岛即墨市史志纂委员会编:《即墨简志》,五洲传播出版社2002年版。

青岛即墨市史志编纂委员会编:《即墨市志》,方志出版社2007年版。

青岛胶州市史志纂委员会编:《胶州简志》,五洲传播出版社2002年版。

青岛莱西县志编纂委员会编:《莱西县志》,山东人民出版社1990年版。

青岛莱西市史志纂委员会编:《莱西简志》,五洲传播出版社2002年版。

青岛崂山县志编委会编:《崂山县志》,青岛出版社1990年版。

青岛崂山区史志编委会编:《崂山简志》,五洲传播出版社2002年版。

青岛崂山区志编委会编:《崂山区志》,方志出版社2008年版。

青岛市崂山志编委会编:《崂山志》,五洲传播出版社2003年版。

青岛崂山区档案局编:《崂山概况》,五洲传播出版社2004年版。

青岛市崂山文化研究会编:《崂山餐霞诗选》,中国海洋大学出版社2005年版。

青岛市崂山文化研究会编:《崂山研究》第1辑,中国海洋大学出版社2006年版。

青岛市崂山文化研究会编:《崂山研究》第2辑,中国海洋大学出版社2008年版。

青岛市崂山区史志办公室编:《游览崂山闻人志》,方志出版社2010年版。

青岛市史志办公室编:《青岛市志·崂山志》,新华出版社1999年版。

青岛市诗词学会编:《万古崂山千首诗》,新华出版社 2002 年版。

青岛市政协文史资料委员会编:《青岛文物与名胜保护纪实》,青岛出版社 2000 年版。

(元)丘处机著:《丘处机集》,齐鲁书社 2005 年版。

曲宝光著:《青岛崂山风景名胜资源调查评价与保护的研究》,山东省地图出版社,2001 年版。

任颖卮著:《崂山道教史》,中央编译出版社 2009 年版。

山东省地方史志编纂委员会编:《山东省志? 少数民族志·宗教志》,山东人民出版社 1998 年版。

山东省地方史志编纂委员会编:《山东省志·人物志》,山东人民出版社 2004 年版。

(西汉)司马迁撰:《史记》,中华书局 1982 年版。

苏晋仁等选辑:《历代释道人物志——百部地方志选辑》,巴蜀书社 1998 年版。

(清)苏潜修纂、彭煜文等校:《灵山卫志校注》,五洲传播出版社 2002 年版。

孙鹏主编:《即墨史乘》,方志出版社 2010 年版。

孙守信、王玉华著:《青岛崂山》,青岛出版社 1997 年版。

孙文昌、张崇纲等编著:《崂山与名人》,旅游教育出版社 1997 年版。

史新民编著:《道教音乐》,人民音乐出版社 2004 年版。

王集钦主编:《崂山碑碣与刻石》,青岛出版社 1999 年版。

王桂云著:《青岛崂山闻人觅踪》,中国戏剧出版社 2009 年版。

王瑞竹编:《崂山诗刻今存》,中国海洋大学出版社 2013 年版。

王学典、杜泽逊主编:《山东文献集成》(1 至 4 辑),山东大学出版社 2006—2009 年版。

吴澄渊主编:《新编中国书法大字典》,世界图书出版公司 2001 年版。

谢兆有等编《山东书画家汇传》,中国文联出版社 2003 年版。

(民国)徐世昌编《晚晴簃诗汇》,中华书局 1990 年版。

（民国）徐世昌：《大清畿辅先哲传》，北京古籍出版社 1993 年版。

许木铎著：《古今青岛》，中国展望出版社 1989 年版。

苑秀丽、刘怀荣著：《崂山道教与崂山志研究》，中国社会科学出版社 2011 年版。

（宋）乐史：《太平寰宇记》，中华书局 2007 年版。

翟广顺编著：《半个世纪风雨：1891 – 1949 青岛教育大事记述》，青岛出版社 2009 年版。

张茂华等编：《齐鲁山水诗文大观》，山东友谊出版社 2003 年版。

（清）赵尔巽主编：《清史稿》，中华书局 1977 年版。

（民国）赵琪、袁荣叟等编纂：《胶澳志》，民国十七年铅印本。

周至元编著：《崂山名胜介绍》，山东人民出版社 1959 年版。

周至元编著：《崂山志》，齐鲁书社 1993 年版。

朱保炯、谢沛霖编《明清进士题名碑录索引》，上海古籍出版社 1979 年版。

中国人民政治协商会议青岛市城阳区委员会编：《青岛新区城阳》，青岛出版社 1995 年版。

中国科学院图书馆整理：《续修四库全书总目提要》，齐鲁书社 1996 年版。

《明清历科进士题名碑录》，（台北）华文书局出版有限公司 1969 年版。

《清实录》，中华书局 1986 年影印版。

《影印文渊阁四库全书》，台湾商务印书馆 1986 年版。

《中国地方志集成·江苏府县志辑》，江苏古籍出版社 1991 年版。

《中国地方志集成·安徽府县志辑》，江苏古籍出版社 1998 年版。

《中国地方志集成·山东府县志辑》，凤凰出版社 2004 年版。

《中国地方志集成·山西府县志辑》，凤凰出版社 2005 年版。

《中国地方志集成·陕西府县志辑》，凤凰出版社 2007 版。

《中国地方志集成·河南府县志辑》，上海书店出版社 2012 年版。

《中国地方志集成·上海府县志辑》,上海书店出版社 1991 年版。

《中国地方志集成·河北府县志辑》,上海书店出版社 2006 年版。

《中国地方志集成·广东府县志辑》,上海书店出版社 2003 年版。

《中国地方志集成·天津府县志辑》,上海书店出版社 2004 年版。

责任编辑:贺 畅
责任校对:吕 飞

图书在版编目(CIP)数据

崂山文化名人考略/窦秀艳,杜中新 著. -北京:人民出版社,2015.7
(崂山文化研究丛书/刘怀荣主编)
ISBN 978－7－01－014704－8

Ⅰ.①崂… Ⅱ.①窦…②杜… Ⅲ.①文化-名人-人物研究-青岛市 Ⅳ.①K825.4

中国版本图书馆 CIP 数据核字(2015)第 060531 号

崂山文化名人考略
LAOSHAN WENHUA MINGREN KAOLÜE

窦秀艳　杜中新　著

人民大出版社 出版发行
(100706　北京市东城区隆福寺街 99 号)

北京市大兴县新魏印刷厂印刷　新华书店经销

2015 年 7 月第 1 版　2015 年 7 月北京第 1 次印刷
开本:710 毫米×1000 毫米 1/16　印张:20.5
字数:283 千字

ISBN 978－7－01－014704－8　定价:57.00 元

邮购地址 100706　北京市东城区隆福寺街 99 号
人民东方图书销售中心　电话 (010)65250042　65289539